浙江省社科规划课题成果
（项目名称：乡村营商环境影响企业参与乡村振兴的机理和路径研究；

企业参与乡村振兴及其财务替代效应研究

—— 杨义东/著 ——

四川大学出版社
SICHUAN UNIVERSITY PRESS

图书在版编目（CIP）数据

企业参与乡村振兴及其财务替代效应研究 / 杨义东
著 . -- 成都：四川大学出版社，2024.7
ISBN 978-7-5690-6908-2

Ⅰ . ①企… Ⅱ . ①杨… Ⅲ . ①企业—参与管理—农村
—社会主义建设—研究—中国 Ⅳ . ① F279.23 ② F320.3

中国国家版本馆 CIP 数据核字（2024）第 112221 号

书　　名：	企业参与乡村振兴及其财务替代效应研究
	Qiye Canyu Xiangcun Zhenxing ji Qi Caiwu Tidai Xiaoying Yanjiu
著　　者：	杨义东

选题策划：梁　平　杨　果
责任编辑：梁　平
责任校对：李　梅
装帧设计：裴菊红
责任印制：李金兰

出版发行：四川大学出版社有限责任公司
　　　　　地址：成都市一环路南一段 24 号（610065）
　　　　　电话：（028）85408311（发行部）、85400276（总编室）
　　　　　电子邮箱：scupress@vip.163.com
　　　　　网址：https://press.scu.edu.cn
印前制作：四川胜翔数码印务设计有限公司
印刷装订：成都金龙印务有限责任公司

成品尺寸：170 mm×240 mm
印　　张：13.75
字　　数：263 千字

扫码获取数字资源

版　　次：2024 年 10 月 第 1 版
印　　次：2024 年 10 月 第 1 次印刷
定　　价：68.00 元

四川大学出版社
微信公众号

本社图书如有印装质量问题，请联系发行部调换

前　言

　　公益支出尤偿性与资本逐利性之间的矛盾是企业社会责任研究领域广泛关注的焦点问题。在有为政府和有为市场背景下，政企的资源配置形成协同系统，而配置资源的主体和方式取决于社会效率最大化，最大化的社会效率又反哺企业主体，以纾解资本的逐利性与公益性的矛盾。企业参与乡村振兴不能忽视影响企业行为的"环境悖论"。一方面，国家在改革开放肇始既已布局的"先富帮后富"共富路线，使企业在发展中享受"先富"政策红利的同时也在成就中担负着"帮后富"的历史使命。另一方面，企业的生存发展也处于残酷竞争的市场经济环境中，市场规则赋予企业逐利的本性，只有利益才能维系资本的生存需要。从上市公司近几年的乡村振兴表现来看，似乎印证了政企资源配置协同系统在调和矛盾上发挥了一定作用。那么，又是什么在帮助企业实现逐利目标呢？需要回到问题的本源去探究企业乡村振兴的驱动因素。本书以外部因素的指导理论为切入点，揭示了政策性资源对企业乡村振兴的驱动作用。

　　在政策性资源驱动下企业乡村振兴会呈现什么样的行为特征呢？本书提出企业应合式乡村振兴概念，将其定义为企业受到具有关键资源禀赋的利益相关者影响而表现出的顺应趋势或联合共赢的乡村振兴行为方式。企业应合式乡村振兴能够较准确地刻画政策性资源驱动下企业独特的乡村振兴表现形式。同时，企业应合式乡村振兴概念的引入也衍生出以下问题：企业应合式乡村振兴在产权性质上是否存在差异化表现？如果存在，那么这些差异化表现是否具有一些规律性的特征？本书提出产权定式假说阐述这一问题。进而，一个自然延伸出的关键逻辑问题是，企业应合式乡村振兴作为理性的财务决策一定能够伴随预期的财务回报吗？为此，本书运用财务替代效应集中反映企业应合式乡村振兴行为预期的财务效果。那么，企业应合式乡村振兴会带来哪些财务替代效应？这些财务替代效应在产权定式假说作用下的具体表现是什么？财务替代效应的动态表现又是什么？以上问题构成本书的研究逻辑主线，渐进式地揭示企业应合式乡村振兴的概念、决定因素、基本内容和财务效果，并伴以翔实的实

1

证检验来透视企业应合式乡村振兴行为逻辑的全貌。

乡村振兴作为社会热点问题而备受学者关注，研究成果主要集中于经济学、社会学等领域，主要探讨乡村振兴模型创新、乡村振兴宏观成效等，而针对微观企业乡村振兴的研究仍处于草创阶段，代表性的文献并不多现，并且对本书提出的以上问题进行系统性解答的更是凤毛麟角。鉴于此，本书紧紧围绕"动机—行为—效果"这一更符合揭示事物演变规律的逻辑顺序对上述问题开展渐进式的研究。

本书可能在以下几个方面做出了创新：

第一，提出外部因素是企业乡村振兴前置决定因素的观点，并以制度理论为主线，串联资源依赖理论和利益相关者理论，开展多理论多层次研究，构建了企业乡村振兴的解释性理论框架，弥补了该领域理论研究不足的局面；在理论分析中引入连和利益相关者概念，摆脱了贫困人员是否为企业利益相关者的争议困局，连和利益相关者是制度嵌入形态下对利益相关者概念的一次延展。这些研究拓展了企业乡村振兴社会责任研究领域，为后续研究奠定了新基础。

第二，以政策性资源驱动为主线，系统探讨了企业应合式乡村振兴的概念、决定因素和基本内容，形成较为连贯的理论框架，并对理论分析结论进行严谨的实证检验。企业应合式乡村振兴概念的提出拓展了企业社会责任行为表现的认知框架；在基本内容的研究中提出产权定式假说，阐明了企业乡村振兴行为在产权性质上的差异表现，丰富企业应合式乡村振兴理论框架的同时，也为深入理解企业社会责任的行为逻辑提供了新观点。

第三，在衔接"动机—行为—效果"研究逻辑时引入财务替代效应概念，揭示了企业应合式乡村振兴行为效果的实质，并从纳税替代效应和融资替代效应两个方面开展翔实的理论分析和实证检验。研究结论在支撑逻辑链上游企业应合式乡村振兴理论框架的同时，也透视了逻辑链下游企业应合式乡村振兴对财务行为产生的影响。财务替代效应的实质为研究企业社会责任对财务行为的作用机制开阔了新视野。

目　　录

第一章 导言

第一节 研究背景

　　企业参与乡村振兴能否不违背市场规则赋予的逐利本性？企业参与乡村振兴的支出作为一项财务决策，其本质是企业在冲突和妥协中对外部环境做出的理性回应。那回答这一问题就不能忽视制约企业乡村振兴行为的"环境悖论"。一方面，国家在改革开放肇始既已布局"先富帮后富"的社会主义共富路线，企业在发展中享受"先富"政策红利，同时也在成就中担负着"帮后富"的历史使命。此外，扶贫开发演进至乡村振兴阶段，关键利益相关者——政府的高度期待和政策强度对企业参与乡村振兴也会产生巨大的推动作用。另一方面，企业的生存发展不仅置于历史和政治环境中，还处于残酷竞争的市场经济环境中。市场规则赋予企业逐利的本性，只有利益才能维系资本的生存需要（鲁品越，2005）。企业参与乡村振兴的支出至少在短期内会挤占企业营运资源，长期内能否转化为企业价值存在诸多不确定性，这与资本天生的增值意志不相容。两方面共同作用，形成企业乡村振兴的环境悖论。相比之下，历史和政治因素对企业乡村振兴的推动力可能还不足以改变市场的生存法则，那么，企业参与乡村振兴的支出决策只有符合成本－效益原则并为企业创造利益增值，才能纾解环境悖论对企业参与乡村振兴的制约。从上市公司近几年高歌猛进地参与乡村振兴表现来看，似乎印证了这一说法，也表明企业参与乡村振兴能够从某些方面促进经营环境的改善。那又是什么在帮助企业实现经营环境的改善呢？回答这个问题需要回到问题的本源，去探究企业乡村振兴的驱动因素。本书以外部因素的指导理论为切入点，揭示了政策性资源对企业乡村振兴的驱动作用。

　　那么，在政策性资源驱动下，企业乡村振兴会呈现什么样的行为特征呢？

现有研究对企业参与乡村振兴具体的行为表现仍较少涉及，但回答这一问题对准确洞察和深入理解企业乡村振兴行为逻辑有重要意义。企业乡村振兴是对政府实施贫困治理需求的回应。毋庸置疑，政府是企业关键的利益相关者，尤其在处于经济转型期的中国，政府对市场资源、经济资源、市场运行等仍保持较高的控制和影响水平（李四海等，2012；Feng, et al.，2016），这些方面大多关乎企业的生存发展，政府拥有的政策性资源配置权可以影响企业对待乡村振兴国家战略的回应态度和参与方式。本书提出企业应合式乡村振兴概念，它是指企业受到具有关键资源禀赋的利益相关者影响而表现出的顺应趋势或联合共赢的乡村振兴行为方式。在定义中，关键资源在本书中指的是企业经营环境中所需的政策性资源，而资源禀赋的利益相关者指政府。企业应合式乡村振兴能够较准确地刻画政策性资源驱动下企业独特的乡村振兴表现形式。政策性资源既然能够驱动企业参与乡村振兴，那么政企间就形成了能够推动贫困治理的高适配共益型共同体，较高的适配性像是一种隐形契约，政策性资源可有效推动企业采取应合方式参与乡村振兴，满足贫困治理的社会需求。

在政策性资源驱动视角下，产生的一个值得关注的问题是企业应合式乡村振兴在产权性质上是否存在差异化表现？产权性质差异带来的企业行为差异一直是国内学界重点关注的课题，管理学领域的大部分研究都对产权性质带来的异质性做了充分考虑，企业应合式乡村振兴的研究同样不能回避这个问题。政策性资源动机是企业应合式乡村振兴行为表现产生的前提，但是不同产权性质的企业对政府的依赖程度存在差异（Tan, et al.，2007；周林洁和邱汛，2013），对待政策性资源的态度也将不同，企业应合式乡村振兴行为表现亦会产生差异。对国有企业而言，所有权的属性特征使政策性资源已内嵌于日常生产经营中，其获取政策性资源的渠道较多，获取难度也相对较小，对通过乡村振兴行为改善经营环境的期待没有民营企业迫切。对民营企业而言，其对政策性资源的依赖程度更大（梁建等，2010；张建君和张志学，2005），政策性资源给民营企业带来的合法性等关键作用对生产经营的影响不言而喻，也表明政策性资源对民营企业参与乡村振兴的驱动力更强。考虑到产权性质差异带来的行为复杂性，有必要深入探讨不同产权性质企业在乡村振兴上的差异化表现，以及这些表现是否具有一些规律性的特征。为此，本书提出企业应合式乡村振兴产权定式假说来诠释产权性质差异对乡村振兴行为带来的异质性影响，假说指出国有企业表现出观念共识－顺应模式的乡村振兴行为，民营企业则表现出机会共创－联合模式的乡村振兴行为。产权定式假说构成了企业应合式乡村振兴的基本内容。

在企业应合式乡村振兴研究框架下，一个自然延伸出的关键逻辑问题是，企业应合式乡村振兴作为理性的财务决策能够改善企业经营环境吗？基于政策性资源驱动的企业应合式乡村振兴行为如果缺少对行为效果的讨论和检验，研究结论将缺乏稳立之基。政策性资源在企业所发挥的作用时常以其实现的财务效果作为评价，为此，本书将政策性资源发挥的财务效用称为财务替代效应，而在政策性资源推动下企业参与乡村振兴而产生的财务效果称为企业乡村振兴的财务替代效应。用财务替代效应填补"动机—行为—效果"逻辑链在"效果"层面上的空缺。那么，企业应合式乡村振兴将带来哪些财务替代效应？这些财务替代效应在产权定式假说作用下的具体表现是什么？财务替代效应的动态表现又是什么？本书主要以纳税替代效应和融资替代效应为代表深入解答上述问题。

乡村振兴作为社会热点问题而备受学者关注，现有研究成果主要集中于经济学、社会学等领域，主要探讨乡村振兴模型创新、乡村振兴宏观成效等，而针对微观企业乡村振兴的研究仍处于起步阶段，代表性的文献并不多见，并且对本书提出的以上问题进行系统性解答的更是凤毛麟角。以上研究问题遵循"动机—行为—效果"逻辑链，以渐进的方式较完整地揭示企业应合式乡村振兴的概念、决定因素、基本内容和财务效果，并伴以翔实的实证检验来透视企业应合式乡村振兴行为逻辑的全貌。

第二节　研究意义

企业积极参与乡村振兴是极具中国特色的一个社会现象，对其开展研究蕴含着一定的理论价值和实践价值。

一、理论价值

第一，虽然中国企业的扶贫实践几乎同步于国家层面的扶贫实践，但是相对于宏观层面丰富的反贫困理论来说，微观企业扶贫的理论解释发展速度却严重滞后，主要原因是这方面的研究偏少。那么对企业乡村振兴进行研究，有利于拓宽对乡村振兴行为的认知框架，积累理论分析经验，这对理论进展大有益处。书中提及的连和利益相关者就是从基本理论的探讨中积累的一点思想性经验。第二，企业乡村振兴涉及面广，有利于整合相关理论。企业乡村振兴涉及历史、政治、制度、市场等多个方面，不仅是企业处理市场与社会之间关系的结果，也是政企间动态博弈的均衡过程，开展企业乡村振兴的研究，可以丰富理论运用的视角，进行多理论多层次研究，有利于形成框架性的研究思路，进而促进理论发展。本书以制度理论为主线，联合资源依赖理论和利益相关者理论，提出了企业乡村振兴的解释性理论框架。第三，中国独特的制度环境和特色的体制设计都为研究政企关系提供了良好的条件，是研究企业乡村振兴的契机，即立足本国实际研究本国特色的社会现象，有利于形成具有本国特色的研究结论，甚至是理论创新。本书在分析产权性质对企业乡村振兴产生的异质性影响时提出的产权定式假说，即借助这种良好的研究契机产生的一点思想启发。第四，企业应合式乡村振兴财务替代效应的研究突出了乡村振兴行为对企业财务行为的影响，这对从企业社会责任视角完善会计和财务相关理论提供了重要突破口。

二、实践价值

国家层面的乡村振兴对多元扶贫主体的内生需要超过了以往各个扶贫阶段，政府通过不断加大政策强度向各个领域发出了积极参与乡村振兴的"邀请函"，形成"政府、市场、社会协同的扶贫格局"对贫困治理至关重要。企业作为重要的乡村振兴主体之一，是国家层面乡村振兴的合理补充，开展这方面的研究有利于厘清企业乡村振兴行为决策背后的动因和形成规律，揭示企业乡村振兴的行为逻辑，有利于政府和企业隐性契约的有效执行，从而降低契约的交易成本（信息搜集、谈判、缔约、履约和违约等相关成本），这将加快政企动态博弈演化稳定策略的形成。企业乡村振兴的研究结论可以为政府制定乡村振兴政策以调动社会各界力量服务脱贫攻坚提供决策依据，优化政策性资源配置机制以促进企业乡村振兴的健康、可持续发展。企业参与乡村振兴已经进入常态化、持久化和制度化阶段，开展企业乡村振兴的研究对推动贫困治理取得最终胜利有重要实践意义。从企业层面来看，作为一项财务决策，企业应合式乡村振兴支出隐含着企业在决策过程中的各种冲突和妥协，理论分析和实证分析的研究结论对揭示这些内在矛盾和塑造企业财务行为有一定的实践意义，对管理层制定理性财务决策亦有借鉴意义。

第三节　研究内容、方法与思路

一、研究内容

（一）基本概念界定

基本概念是点缀理论贡献的基本元素，亦是连接研究逻辑的桥梁。为避免概念混淆和研究逻辑识别中可能产生的突兀感，本节对书中提出的核心概念予以汇总并简要界定，在相应章节也会对这些概念做进一步详细阐述。

企业扶贫。企业扶贫是指在自愿、无偿原则下，企业运用有权支配的合法资源直接或间接地帮助那些收入在国家贫困线以下的人的行为。从 20 世纪 80 年代开始，各类基金会等非营利性社会团体的成立以及国家定点扶贫工作的启动，为企业参与扶贫奠定了制度和环境基础。企业扶贫发展至今，受到国家扶贫层面不同阶段的扶贫方针和战略的影响，表现出不同的阶段特征。

企业乡村振兴。企业乡村振兴是指在国家扶贫层面发展至乡村振兴阶段时，企业在乡村振兴思想和行为准则指引下开展的扶贫行为。2017 年 10 月，党的十九大报告首次提出实施乡村振兴战略，党的二十大报告明确全面推进乡村振兴。乡村振兴思想的提出高度契合当下中国相对贫困时期帮扶总体发展需求，是新时代中国扶贫开发的方向指引和行为准则，是对中国共产党扶贫共富思想的重大创新。党和国家对多元主体参与扶贫的空前态度以及与此相对应的政策强度对企业乡村振兴产生深远影响，企业乡村振兴也表现出独特的行为方式。2016 年，沪深交易所分别下发《关于进一步完善上市公司扶贫工作信息披露的通知》和《关于做好上市公司扶贫工作信息披露的通知》，要求自愿参与乡村振兴的上市公司在年报中披露相关信息，这为深入探析企业乡村振兴行为提供了便利。上市公司乡村振兴信息披露形式多样，根据会计报表及时性、准确性和完整性原则，本书将上市公司乡村振兴分成三种表现形式，即实质乡村振兴、形式乡村振兴和暂无乡村振兴。实质乡村振兴指有具体的资金（含物资折价）支出的乡村振兴行为；形式乡村振兴指虽没有具体的资金支出，但通过文字或图片在公司年报或社会责任报告中表达了乡村振兴意愿；暂无乡村振兴指既没有实质乡村振兴又没有形式乡村振兴。为确保研究范围的一致性，在秉持实质重于形式原则下，本书将企业乡村振兴的研究样本框定为实质乡村振兴的 A 股上市公司。

企业应合式乡村振兴。企业应合式乡村振兴是本书总结性概念，也是核心概念之一，是指企业受到具有关键资源禀赋的利益相关者影响而表现出的顺应趋势或联合共赢的乡村振兴行为方式。利益相关者禀赋的关键资源可能是银行控制的信贷资源、政府配置的政策性资源、客户掌控的市场资源等，本书从"动机—行为"的逻辑链出发，分析认为政策性资源是企业乡村振兴的前置决定因素。因此，概念所涉及的关键资源在本书中指的是政府控制的政策性资源，资源禀赋的利益相关者指的是政府，企业应合式乡村振兴即政策性资源驱使下企业应合心理在乡村振兴行为上的体现。从产权性质视角分析得出企业应合式乡村振兴包含两层含义：第一，国有企业与政府在乡村振兴上存在观念共识，表现出认同感和义务感，并由此产生了国有企业顺应式乡村振兴，即企业乡村振兴观念共识的顺应模式，是一种持续发挥政策性资源作用的保险机制。在国有企业乡村振兴的观念共识—顺应模式下，政策性资源驱动企业在总体上的表现是，有较高的乡村振兴参与度和较低的乡村振兴投入规模。第二，民营企业与政府在乡村振兴上存在共赢机会和协同互助的关系，并由此产生了民营企业联合式乡村振兴，即企业乡村振兴机会共创的联合模式，是一种创建和维系政策性资源的增值机制。在民营企业乡村振兴的机会共创—联合模式下，政策性资源驱动企业在总体上的表现是，有较低的乡村振兴参与度和较高的乡村振兴投入规模。本书将国有企业的观念共识—顺应模式和民营企业的机会共创—联合模式这一行为逻辑定义为企业应合式乡村振兴产权定式假说，假说构成了企业应合式乡村振兴的基本内容。

财务替代效应。履行契约为主体带来的各种效用可以看作履约主体投入资源的替代效应。政策性资源对企业乡村振兴的驱动力，促使政企间形成贫困治理共益型共同体，共同体主体间形成了一种隐性契约。鉴于此，本书将政企间因履行隐性契约而为契约主体带来的各种效用统称为替代效应，而带来的财务效果方面的替代效应称为财务替代效应。企业应合式乡村振兴的财务替代效应指企业主体通过参与乡村振兴，行为标的推动了政企间观念共识或机会共创，充分发挥政策性资源作用而为企业带来的效用或达到渴望的财务效果。财务替代效应是"动机—行为"逻辑链向"行为—效果"逻辑链的自然延伸。归因于政策性资源带来的效用往往是隐性的（比如合法性地位等），甚至一些行为是难以察觉的（比如信贷资源等），财务替代效应的验证需要结合理论分析与经验数据。鉴于此，本书从税收筹划、债务融资两个较具代表性的财务行为入手，通过观察避税程度和债务融资水平的差异和变化趋势来判断企业应合式乡村振兴的财务替代效应，并分别定义为纳税替代效应和融资替代效应。

（二）研究内容逻辑

因循"动机—行为—效果"的研究逻辑，本书主要以外部因素指导理论（制度理论、资源依赖理论、利益相关者理论）为切入点诠释企业应合式乡村振兴的驱动因素，并在此基础上探讨企业应合式乡村振兴的概念和基本内容，最后通过财务替代效应的研究揭示企业应合式乡村振兴对企业行为产生的影响。本书研究内容的具体安排如下。

第　章：导言。本章简要介绍本书的选题背景，在此基础上提出研究问题，并阐述研究的意义；接着简述研究内容、研究思路及所运用的研究方法。

第二章：企业乡村振兴研究动态。本章主要对研究主题相关领域的研究文献进行系统梳理。首先，对企业乡村振兴进行界定，明确其归属的研究领域，并理顺其与企业精准扶贫、企业社会责任、企业慈善捐赠的关系。其次，对解释企业乡村振兴社会责任的相关理论按内部因素和外部因素两个层次进行归纳整理和文献综述，并针对理论解释部分做了简要评述。最后，对企业社会责任的驱动因素从经济动机、政治动机、其他动机三个方面进行文献梳理，并对企业社会责任驱动因素的研究现状做了简要评述，指出未来研究可能改进的几个方面，这也是本书后面章节重点关注和解决的问题。

第三章：企业乡村振兴的历史沿革与现状分析。本章主要研究企业乡村振兴的现状，为后续研究提供制度和实践基础。首先从国家层面和企业层面对企业乡村振兴的制度背景和历史沿革做了系统的归纳整理，认识到企业扶贫的渊源和国家扶贫行为对企业产生的影响。其次从数量分布、资金支出分布和企业特质三个维度解析企业乡村振兴的结构特征，为解释企业乡村振兴行为提供了丰富的视角，成为后续研究的重要铺垫。

第四章：企业应合式乡村振兴的产生和理论分析。本章是"动机—行为"研究逻辑的理论分析部分，主要揭示企业应合式乡村振兴的概念、决定因素和基本内容，并在分析结论基础上提出先验性假设。首先论证了企业应合式乡村振兴的概念，即企业受具有关键资源禀赋的利益相关者影响而表现出的顺应趋势或联合共赢的乡村振兴行为方式。其次以制度理论、资源依赖理论和利益相关者理论为切入点，开展多理论多层次的分析，并构建了企业乡村振兴解释性理论框架。理论分析认为外部因素是企业乡村振兴的前置决定因素，而政策性资源是核心的驱动力。在此基础上，运用演化博弈方法分析了政企间隐形契约履约行为，通过动态博弈系统演绎了政企博弈的演化稳定策略形成过程，并运用 MATLAB 软件进行数值仿真，为政策性资源驱动下的企业应合式乡村振兴行为提供了学理依据。最后在论证产权性质对政策性资源动机下的企业乡村振兴行为产生的异质性影响基础上，提出产权定式假说并构成了企业应合式乡村振兴的基本内容。

第五章：企业应合式乡村振兴的实证研究。本章是"动机—行为"研究逻辑的实证分析部分，主要运用上市公司乡村振兴经验数据，借助回归模型对政策性资源与企业应合式乡村振兴的理论分析部分提出的研究假设进行严谨的实证检验。首先证实了政策性资源是企业乡村振兴的驱动因素，并且政策性资源的价值越高，对企业乡村振兴的驱动力越大。这一实证结论为企业应合式乡村振兴提供了支撑。其次验证了不同产权性质对乡村振兴行为产生的异质性影响，检验结果表明国有企业比民营企业有更大的乡村振兴参与度，但民营企业比国有企业有更大的乡村振兴投入规模。实证结果符合国有企业观念共识－顺应模式和民营企业机会共创－联合模式的乡村振兴行为逻辑，支持了企业应合式乡村振兴产权定式假说。

第六章：企业应合式乡村振兴的财务替代效应研究。作为"动机—行为—效果"逻辑链的最后一个环节，本章主要研究企业应合式乡村振兴是否对企业行为产生影响，以及这种影响在产权定式假说框架下的具体表现。首先，本章对政府和企业两个隐性契约主体在履约行为中产生的替代效应做了简要解释，替代效应是因履行政企间隐性契约而为契约主体带来的各种效用的统称。其次分别从纳税替代效应和融资替代效应两个方面论证了企业应合式乡村振兴的财务替代效应，并对分析结果进行了系统的实证检验。

第七章：研究结论、建议及展望。首先对本书的研究结论进行系统性总结。其次在研究结论的启发下提出具有针对性的政策建议。最后对本书研究的不足和局限进行阐述，并在此基础上提出对未来研究的展望。

图 1.1 展示了本书的研究内容逻辑框架。

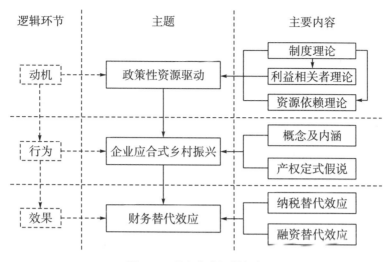

图 1.1　研究内容逻辑框架

二、研究方法和思路

本书以实证研究方法为主，并辅以文献分析法、演化博弈分析法等研究方法，对主题展开渐进式研究。

第一，文献分析法。广泛收集、整理与企业社会责任、慈善捐赠和企业乡村振兴相关的中英文文献，英文文献以 SSCI 来源期刊文献为主，中文文献以国内经管类权威期刊为主，比如《管理世界》《经济研究》《中国工业经济》《会计研究》等。文献资料来源主要是学术性文献，辅以媒体报道、自媒体和研究报告。

第二，实证分析法。在理论和文献支撑下提出先验性假设并运用实证分析法进行检验。通过模型构建、经验数据和统计工具对研究假设进行检验，以提升研究结论的可靠性。本书在第四章运用了演化博弈分析模型，并结合MATLAB 进行了仿真分析；除此之外，本书在第五章和第六章主要运用了固定效应模型、随机效应模型、Tobit 归并回归模型，Probit 和 Logit 二值选择模型、工具变量模式（IV）、倾向得分匹配模式（PSM）、双重差分模式（DID）、非参数检验法等统计模型。

统计工具主要为 Stata15.0、Excel2010 等，运用 Stata15.0 进行描述性统计分析、实证分析等，运用 Excel 2010 进行原始数据的汇总和整理。数据主要通过手工收集、统计年鉴和数据库提取的方式获取，在下文实证环节会具体介绍，此处不再赘述。图 1.2 展示了本书的研究思路。

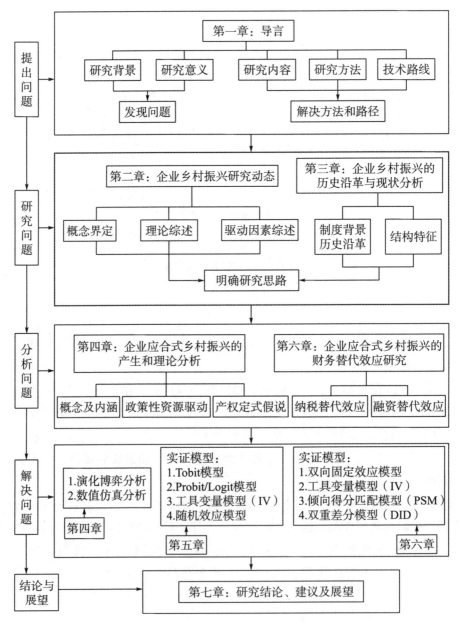

图 1.2　研究思路

第二章　企业乡村振兴研究动态

第一节　企业乡村振兴的界定

　　企业乡村振兴是指在乡村振兴思想和行为准则指引下，企业开展的一系列有助于贫困治理的扶贫行为。企业乡村振兴实质上是企业参与贫困治理在国家层面演进基础上的企业层面的具体呈现。鉴于此，有必要对企业扶贫做一个更广泛的界定，企业扶贫是指在自愿、无偿原则下，企业运用有权支配的合法资源直接或间接地帮助那些收入在国家贫困线以下的人的行为。那么，企业扶贫涵盖了国家扶贫层面的各个阶段企业实施的扶贫行为。而企业乡村振兴则特指国家贫困程度从绝对贫困阶段发展至相对贫困阶段时企业的扶贫行为，图2.1展示了国家层面扶贫治理演变路径。因此，企业扶贫是更广义的概念，内含企业乡村振兴；若将时间长轴缩短至乡村振兴阶段，企业扶贫与企业乡村振兴两个概念的内涵一致。关于企业层面和国家层面贫困治理的协同程度问题，将在本书第三章重点回答。为突出研究主题，本书尽可能使用企业乡村振兴的概念。但是在书中企业扶贫概念也会多次出现，比如下文将回顾国内外非乡村振兴阶段的文献、阐述制度背景与历史沿革等，这些时候比较适用于企业扶贫概念来表达广义的企业扶贫，在此做出说明以免概念混淆。

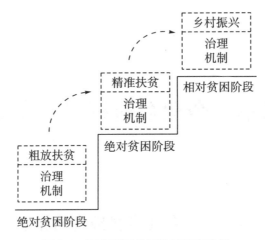

图 2.1　国家层面贫困治理演变路径

国内外学者、机构在分析企业对消除贫困的作用时，普遍把企业在消除贫困上做出的努力视为企业在履行社会责任。比如，联合国《2030 年可持续发展议程》强调企业要积极参与实现包括消除贫困在内的 17 项可持续发展目标，显然将消除贫困划定为企业社会责任范畴。Ragodoo（2009）曾指出企业社会责任不仅仅是保护利益相关者、遵守法律和一系列其他活动，还旨在消除贫困。郭沛源和于永达（2006）正是以光彩扶贫项目为案例研究了公私合作方式对企业社会责任实践的有效性。国务院制定并下发的《中国农村扶贫开发纲要（2001—2010）》把大力倡导的企业扶贫也定性为企业社会责任。按照沪深交易所的相关文件要求，上市公司披露乡村振兴信息的位置也在年报的社会责任栏目下。此外，大量学者强调企业作为社会的重要参与者应该对社会贫困问题表达出善意，并承担一定程度消除贫困的社会责任（Barkemeyer and Figge，2014；Hahn，2012；Jenkins，2005；Okpara and Wynn，2012；Pater and Lierop，2006；Ragodoo，2009；Raimi, et al.，2015；郭沛源和于永达，2006）。毋庸置疑，理论界和实务界对企业扶贫行为的社会责任属性几乎不存在争议，基本遵循了企业社会责任的研究范畴。关于企业社会责任的定义，本书所支持的是 Carroll（1991）提出的，也是迄今影响力最大和被学者引用次数最多的定义。他认为企业社会责任体现了一定时期内社会对经济实体在经济、法律、伦理和利他行为的期望，并在他提出的金字塔模型中将企业社会责任按照企业的需求次序分为四个层次，由下往上分别是经济责任、法律责任、伦理责任和慈善责任（详见图 2.2）。Carroll 强调企业应首先满足最底层的经济责任，这是其他责任的物质基础，慈善责任是最高层次。

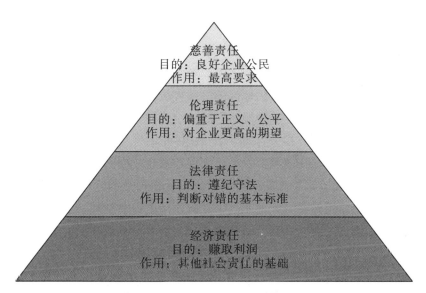

图 2.2　企业社会责任的金字塔模型

Carroll 的金字塔模型展示了一个内涵广泛的企业社会责任框架，需求次序决定了企业社会责任的层次级别，为更清晰地透视乡村振兴的企业需求层次，需要对企业乡村振兴做进一步的领域界定。《中华人民共和国公益事业捐赠法》（1999）规定的企业捐赠范围包括"救助灾害、救济贫困、扶助残疾人等困难的社会群体和个人的活动"，企业乡村振兴的对象属于这一范围。结合 Carroll 的观点，企业慈善捐赠可以定义为在企业满足其他社会责任基础上，将有权配置的合法财产（包括资金、实物、服务等）捐赠给需要帮助的对象（田利华和陈晓东，2007；赵琼和张应祥，2007），体现出自愿性、无偿性和单向性特征。由此，企业乡村振兴的资金支出①从表现形式上等同于企业慈善捐赠或者是企业慈善捐赠的一种类型。

然而，企业乡村振兴与慈善捐赠既有相同之处，也存在一些差异，主要体现为：第一，受众群体有区别。目前国内代表性研究在度量企业慈善捐赠时大部分使用的数据取自报表附注中公益性捐赠支出数据（戴亦一等，2014；李四海，2010；李维安等，2015；张敏等，2013），还有一些研究虽使用调查问卷数据，但调查方式往往是让企业反映出各种捐赠的支出情况等（黄伟，2014）。

---

① 企业乡村振兴内涵丰富且形式多样，除了资金支出形式外，还包括捐物、技术支持、培训、派驻人员等非资金支出形式。考虑到数据的可得性，本书研究所涉企业乡村振兴指的是资金支出形式，也是企业乡村振兴的主要表现形式。其他形式从本质上与资金支出无异，未做关注并不影响研究结论的代表性。

通过公益性捐赠支出的明细可以看出，企业慈善捐赠所包含的受众范围非常广，捐赠的名目繁多，比如一场自然灾害、一次扶贫帮困活动、供销商的一次体育赛事、校企合作的一个知识竞赛等，救济贫困只是慈善捐赠中的一项。而企业乡村振兴的受众主要是贫困地区的贫困人员，不易混淆。第二，主体指向性有区别。由于慈善捐赠的受众群体广泛，企业在一年中的慈善捐赠支出几乎是对全部或者大部分利益相关者的反馈，主体指向性分散，因此针对企业慈善捐赠的研究结论可能存在内涵交织，产生混杂效应〔同向增益（损）或反向对冲〕。比如环境公益支出带来的公司声誉的提升很可能因管理层道德风险问题投入的无偿捐赠而损失耗尽，因此很难将研究结论归结于某一主体的社会责任实践。也就是说，企业慈善捐赠能够增加企业价值并不等同于企业积极实施乡村振兴也能够增加企业价值。这个困境会使得针对慈善捐赠整体的研究结果缺乏更深层次的指导意义。将研究领域扩大至企业社会责任，同样存在这个困境。而企业乡村振兴则不存在混杂效应，受众单一，指向性明确，自然筛除了其他利益相关者的反馈产生的干扰，能更加细致和准确地捕捉企业社会责任行为的内在逻辑，研究结论的针对性更强。需要强调的是，本书并非否定前人对企业社会责任和企业慈善捐赠方面的研究成果，相反，前人的研究成果之于本书，就像水之于生命，是作者思想和灵感的源泉。

综上所述，尽管企业社会责任（包括慈善捐赠）的研究成果俯拾即是，但受众群体和主体指向性的差异使大量企业社会责任的研究成果并不能简单地代入企业乡村振兴社会责任的场景中，也充分体现出对企业乡村振兴开展研究的必要性，这对推动企业社会责任细分领域的发展有重要意义。

第二节　企业乡村振兴社会责任的理论指导

理论是解释实践的最好工具，先验性假设的提出离不开理论的支撑。本节主要梳理企业社会责任实践的相关理论，为后续开展的企业乡村振兴研究奠定理论基础。企业扶贫社会责任仍是较新的研究领域，相对于企业社会责任和企业慈善捐赠的研究来说，该领域的研究成果比较少，针对企业乡村振兴的研究更是寥寥可数，造成这一局面的原因有：第一，被忽略。扶贫的社会问题在企业社会责任举措或实践中并未被充分涵盖（Barkemeyer，2009；Barkemeyer and Figge，2014；Blowfield，2005；Hahn，2012；Lobel，2013），属于被长期忽视的企业社会责任领域。正如 Blowfield（2005）在研究中所说的那样，企业和穷人的利益并不一致，企业社会责任对解决贫困问题无能为力，企业很少甚至没有资源去服务贫困的群体（Banerjee，2014）。国内外对企业扶贫社会责任的研究起步均比较晚，较早进行相关研究的郭沛源和于永达（2006）将光彩扶贫项目作为企业社会责任，此后针对企业扶贫社会责任的研究零零星星，具有代表性的不多见。国外对此问题的研究也基本在 2000 年联合国千年发展目标（Millennium Development Goals）提出之后，整体上文献数量也相对较少。第二，数据较难获取。实证研究是目前的主流研究方法，企业扶贫的数据搜集异常困难，即便是信息披露完善的上市公司，企业扶贫支出也仅作为企业捐赠的一部分被合并反映在财务报表附注的"对外捐赠（或公益性捐赠）"中，而对外捐赠会计科目大多没有列出明细内容，只有很少一部分上市公司会在社会责任报告中反映具体的捐赠明细，显然达不到实证检验的要求。2016 年证监会要求上市公司在年报中自愿披露精准扶贫信息；2021 年 5 月，证监会公布修订后的《公开发行证券的公司信息披露内容与格式准则第 2 号——年度报告的内容与格式》，鼓励上市公司自愿披露在报告期内为巩固拓展脱贫攻坚成果、乡村振兴等工作情况。这些信息披露举措有效缓解了数据难获取的问题。遗憾的是目前代表性的研究成果依然寥寥。

鉴于此，本书主要以企业社会责任（包括企业慈善捐赠）整体视角为基础，对与研究主题相关的文献进行综述，并梳理、筛选为数不多的扶贫社会责任代表性文献，将其融入相对适合的理论和内容中。这样做具有一定的合理性：首先，企业乡村振兴与企业社会责任同质同畴，企业社会责任的理论和实践同样可以用来指导更细分领域的企业乡村振兴（上文所提及的混杂效应只是对研究结论可能产生的影响，但它们的理论支撑和实践指导是一脉相承的）；其次，企业扶贫社会责任文献较少，单独进行综述不利于透视该领域的全貌，采用大视角可有效规避这一问题；再次，对文献相对完善、丰富的企业社会责任领域进行系统梳理，有利于觉察企业扶贫领域研究的缺口与不足，以便于发掘更多的研究契机；最后，企业社会责任整体视角越完善、越系统，越能体现企业乡村振兴细分领域研究的必要性。

在企业社会责任的发展历程中，经济学、管理学和社会学等相关学科的理论对解释企业社会责任实践起着非常重要的作用。许多学者对企业社会责任的成因做出了多角度的归纳和分类，比较有代表性的如 Swanson（1995）曾指出企业社会责任的三类动机：①经济动机，认为企业社会责任是实现经济效益的手段（Baudot, et al., 2019; Godfrey, 2005; Jo and Harjoto, 2012; Jones,

1995；李增福等，2016）；②积极义务动机，以帮助他人为目的而履行社会责任（Aguilera，et al.，2007；Donaldson and Dunfee，1995）；③消极义务动机，出于利益相关者的压力、社会规制或道德规范等外部压力去履行社会责任（Aguilera，et al.，2007；Bhatt，et al.，2019；Detomasi，2008）。相对于其他动机，经济动机对企业社会责任的影响更大（Aguilera，et al.，2007；Campbell，et al.，1999）。在此基础上，Aguilera，et al.（2007）类似地将企业社会责任描述成三种价值：工具性价值、关系性价值以及伦理性价值。Campbell，et al.（2002）将企业慈善捐赠行为的动机划分为四类：战略性动机、政治性动机、利他动机和管理效用动机。Schwartz and Carroll（2003）将企业慈善捐赠行为归结为四类动因：经济动因主导型、制度动因主导型、道德动因主导型和平衡型。潘奇（2011）从经济性、管理性、社会性、伦理性和综合性五个维度对企业慈善捐赠的理论解释进行归类阐述。Vashchenko（2017）从利益相关者理论和制度理论视角探讨了影响企业社会责任决策的外部决定因素。借鉴他们对企业社会责任成因的划分方法，结合研究主题的客观需要，本书主要从企业社会责任的内外部因素两个层次进行理论部分的文献综述。

一、外部因素的相关理论

（一）制度理论

制度理论（Meyer and Rowan，1977）认为企业是嵌入在社会网络和政治规则环境中的。一方面，企业在受这些环境制约的同时要采取主动策略增强自身适应环境的能力；另一方面，企业必须遵守社会准则和规范，获取外部社会的认可来维持企业的生存所需（DiMaggio and Powell，1983）。人们逐渐认同，利润最大化不再是企业的唯一目标（Meyer，2015）；企业并非活动于真空中，而需要与周围环境互动，将外部环境融入企业运营中，才能确保发展的动力（Carroll and Shabana，2010；Garriga and Melé，2004）。在制度理论的观点下，企业社会责任实践被视为一个由外部因素决定的过程（Athanasopoulou and Selsky，2015），这些外部因素主要包括历史传承、制度法规、监督企业行为的非政府组织或个人的存在、企业行为方面具体的制度化规范、社会偏好等（Campbell，2007），这些因素给企业带来的外部压力会推动企业履行社会责任以调和股东价值与社会价值之间的矛盾（Brammer，et al.，2011）。

Brammer，et al.（2011）指出制度理论能够把企业社会责任放在以市场、国家监管等不同模式为特征的更广泛的经济治理领域，有效回答了为什么不同地区和国家的企业社会责任形式差异如此之大的问题，显然仅仅把企业社会责任看作增加利润的手段是无法回答这一问题的。这一观点与 Detomasi（2008）类似，Detomasi 认为不同国家的制度环境（包括社会准则、法律标准等）决定了企业获取政策性资源的方式，进而影响企业的慈善捐赠等社会责任决策（贾明和张喆，2010）。正如 Idemudia（2011）所讨论的，不同经济、社会、文化和环境条件对企业社会责任实践提出了不同的挑战。因此，贫困率越高的地区或国家，企业扶贫社会责任实践的重要性越大（Metzger，et al.，2010；Renouard and Lado，2012）。Valor（2012）指出国家发展的优先事项会对企业社会责任履行方式产生影响。相应地，Lobel（2013）在其预测组织对贫困反映程度的模型中提出，国家对贫困问题的关注对企业社会责任的履行起着积极作用。

制度理论相关的研究文献表明制度环境的完善程度对企业履行社会责任起着关键作用，这也是制度理论关注的核心问题之一，然而对于这个作用力的方向存在一些不同的观点。第一个观点认为制度环境不健全情况下企业社会责任行为会弱化（Baughn，et al.，2007；Jamali and Mirshak，2007；Matten and Moon，2008）。Jamali and Mirshak（2007）的研究表明，在政府不推动企业社会责任、社会组织不健全、公众和媒体监督无效的环境中，企业履行社会责任的可能性很小。Halme，et al.（2009）的观点更犀利，认为企业社会责任的概念、理论和实践都根植于市场经济发达的国家，归因于这些国家有完善的制度环境；相反地，在制度环境薄弱、官僚主义盛行、腐败滋生的国家中，企业社会责任的行为是不正常的。第二个观点则认为制度环境不完善能够推动企业社会责任的履行（Idemudia，2011；Ite，2004；Jamali，et al.，2017；贾明和张喆，2010；李四海，2010；张建君，2013）。贾明和张喆（2010）的分析认为当法制健全时契约的执行可得到有效保障，这会降低企业向政府寻租的空间，从而降低政策性资源的价值。企业建立政治关联的动机下降将减少企业的慈善捐赠，这也说明制度环境不健全时企业慈善捐赠会增加。李四海（2010）在分析中支持了这一观点，认为制度环境越差的地区政府干预越严重，企业捐赠的可能性就越大。张建君（2013）的分析指出由政治联系形成的规范性压力作为替代机制能够弥补中国在企业社会责任制度层面的不完善，对企业社会责任起到促进作用。一些针对企业扶贫社会责任开展研究的文献也得出了相似的结论，他们认为在政府和其他社会组织无力或未能发挥减轻贫困的作用时，企业会启动更多的有利于贫困人员的社会责任举措（Jamali，et al.，2017）。本书认为两种观点都有其适用的情境，制度环境会不断变化，企业社会责任实践也会随之变化，展现出多样性特征。

为在企业扶贫社会责任中发挥制度作用，一些学者倡导建立监管体系来调和和减轻贫困等可持续发展目标与股东价值短期目标间的不相容，作为扶贫社会责任的驱动力（Banerjee，2014；Blowfield，2005）。Osuji and Obibuaku（2016）认为企业社会责任与人权存在紧密关系，而贫困是对人权的侵犯（厄内斯特-玛丽·姆邦达，秦喜清，2005），可以通过政策、法律等手段加以规范以获取权利，限制企业借助社会责任谋求自身利益的行为。

还有一些研究探讨了"制度同构"（institutional isomorphism）现象，基本观点是，类似的企业在面临类似的制度压力时表现出类似的企业社会责任战略和实践（Doh and Guay，2006；Fransen，2013；Holder-Webb and Cohen，2012；Marquis，et al.，2007），可以用来解释不同区域的企业社会责任的异质性（Husted，et al.，2016；Matten and Moon，2008）。Husted，et al.（2016）也指出企业社会责任密度高的地区的企业社会责任表现更好，从侧面反映出"制度同构"对区域的影响。McElory and Siegfried（1985）研究发现同地区企业的慈善捐赠行为对本地区企业的慈善捐赠也有促进作用，也证实了"制度同构"在区域中发挥的作用。"制度同构"还会在其他领域发挥作用，比如Marquis，et al.（2007）在"社区同构"模型中验证了社区层面的制度压力如何作用于企业社会责任实践的。刘柏和卢家锐（2018）的研究发现企业社会责任具有行业传染性，进一步研究表明这种传染性普遍存在于国有企业中，非国有企业不存在传染机制。虽然作者没有指出行业传染性与制度环境的关系，但我们认为这是行业传染性需要考虑的重要因素，因为行业间面临的制度环境类似，因此行业传染性很可能来自制度因素的同构效应。

（二）利益相关者理论

在企业社会责任的演进过程中，利益相关者理论做出了巨大贡献，成为企业履行社会责任最重要的理论依据之一，这归功于两者的核心观点比较契合，强调企业不能只考虑股东的利益，还要对利益相关者的诉求予以回馈，因为企业的生存发展高度依赖于这些为企业提供财富、创造价值、满足其需求的利益相关者（Clarkson，1995；Freeman，1984；Jawahar and Mclaughlin，2001；Mitchell，et al.，1997）。利益相关者理论被公认为是可用于评估企业社会责任的最为密切相关的理论框架（沈洪涛和沈艺峰，2007）。利益相关者理论的开拓者 Freeman（1984）在其著作《战略管理：相关利益者管理的分析方法》中给出了一个比较广义的利益相关者概念（任何能够影响或受公司目标实现影响的团体或个人），并进一步指出利益相关者应该包括员工、客户、供应商、股东、银行、环保人士、政府和其他能够帮助或损害公司的团体。显然，这个定义涉及面实在太广，几乎涵盖了能想到的所有人，使得一些边缘化的利益相关者缺乏清晰的辨别界线，在社会责任实践中缺乏解释力（Gray，et al.，1995）。也正因为此，学者们开展了大量研究，不断具体和深化这一概念（Buysse and Verbeke，2003；Griffin，2017；Jones and Wicks，1999；Mainardes，et al.，2011；Mitchell，et al.，1997；Scott and Lane，2000）。但利益相关者究竟是哪些人至今仍缺乏共识。

虽然企业乡村振兴属于企业社会责任研究范畴，但作为企业乡村振兴对象的贫困人员（尤其是特困地区的贫困人员）是否属于企业利益相关者仍尚无定论（Barkemeyer，2009；Jenkins，2005；Lobel，2013）。Okpara and Wynn（2012）指出，企业社会责任不仅仅是保护利益相关者，还有消除贫困。这一描述无形中把贫困人员排除在利益相关者之外，使消除贫困脱离了利益相关者理论的支撑范围。Jenkins（2005）指出贫困人员是那些对企业没有利害关系的群体，通过大部分企业的选址、产品市场定位、投资布局等行为可以轻易得出这一结论。贫困人员确实很难与企业有清晰的利益牵连，企业甚至根本没有多余的资源去服务他们（Banerjee，2014），即便企业有心为减贫做出贡献，也会优先考虑利益相关者的贫困问题（Lobel，2013），比如减少员工及其家庭的贫困（Medina-Muñoz，et al.，2016）。如果贫困人员不属于利益相关者，考虑到既定利益相关者的利益，管理层会慎重做出乡村振兴的支出决策，利益相关者理论反而可能成为企业乡村振兴的一股限制力量（Blowfield and Frynas，2005；Jenkins，2005）。事实上，一些研究表明，企业对社会责任的承诺很可能会将贫困人员或其他边缘化利益相关者视为实现承诺的威胁，而对贫困人员产生消极影响（Blowfield and Frynas，2005）。

针对利益相关者的解释和分类，Mitchell，et al.（1997）提出的利益相关者显著性理论是最具代表性和被广泛认可的。显著性理论将权力、合法性和紧迫感作为利益相关者的三大属性，依据管理者感知的利益相关者拥有属性的数量判断其对企业的显著性及资源反馈次第，管理者感知是利益相关者显著性判断的重要前提。显著性理论把利益相关者划分为三种类别7个类型（详见图2.3）。根据显著性理论，企业乡村振兴可以看作对利益相关者——政府的反馈，政府具备权力、合法性和紧迫感三项属性，属于决定型利益相关者，企业应优先回馈政府的利益诉求。而对于还没有采取行动的企业，显著性理论可能给出的解释有两点：第一，这些无动于衷的企业管理层还没有感知到政府已经具备三项属性，比如还没有察觉政府对企业乡村振兴诉求的紧迫感；第二，企业并没有把乡村振兴看作对政府的反馈，也没有将贫困人员视为利益相关者。

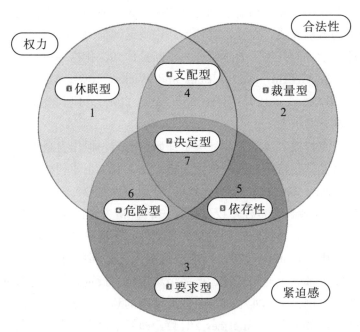

图 2.3　利益相关者类型划分

Mitchell，et al.（1997）在论及依存型利益相关者类型时提到依存型利益相关者"依赖于其他人执行其意愿所需的权力"，一方面，这在一定程度上体现了与制度理论结合的迹象，制度作为权力关系的安排可以视为依存型利益相关者所需的权力。另一方面，制度、机构在赋予利益相关者权力时，企业面临的外部压力会加大，需要借助社会责任举措减压并合法化那些受到关注的行为（Aguilera，et al.，2007；Campbell，2007）。

企业行为是来自不同利益相关者压力的直接结果（Clarkson，1995；Jawahar and Mclaughlin，2001）。陈宏辉和贾生华（2003）从综合性社会契约的视角分析了企业社会责任的演进。他们认为企业行为是处理经营者、所有者、政府、雇员、债权人、债务人、供应商、消费者之间的复杂契约系统的过程，而这个系统中目标不一致的利益相关者不断向企业提出很可能相互冲突的社会需求（Oliver，1991）。利益相关者（政府、社会公众等）会根据企业的特征（规模、盈利能力、社会声誉等）对企业形成履责内容和履责程度的预期（黄敏学等，2008）。贾明和张喆（2010）指出，利益相关者对具有政治关联的企业的社会责任预期更强，对这些企业的捐款行为和捐款数量要求更高。权小锋等（2015）提出企业如果重视与利益相关者的纽带关系，认真回馈他们的诉求，则企业社会责任会为企业带来诸多潜在利益；反之，极端的负面后果会令企业股价崩盘。陈宏辉和贾生华（2003）在分析企业社会责任工具性观点时也提到，企业忽视利益相关者对企业履行社会责任的利益诉求是一种冒险行为，与重要利益相关者形成对立更可能会危及企业的生存。

（三）资源依赖理论

资源依赖理论（Pfeffer and Salancik，1978）认为企业依赖于环境来维持其生存所需的关键资源的供给，因此，企业必须不断与拥有关键资源的个人或组织互动，从而寻求稳定获取关键资源的方法，同时采取措施降低对这些个人或组织的依赖程度，来抵抗外部环境变化带来的冲击。通常来说，企业所需资源越重要，越稀缺，越不可替代，企业对控制资源的个人或组织的依赖程度越高。资源依赖理论非常适用于理解不同类型的机构与企业之间的关系（Frooman，1999；Julian，et al.，2008）。Hendry（2005）指出不同类型的组织也会评估不同类型的企业对自身控制的资源的依赖程度，从而选择不同的策略影响这些企业的决策。张建君和张志学（2005）认为资源依赖理论是目前解释政企关系的最好工具，研究提出企业至少在商业机会、关键资源的获得、政府规制、政府推动、政府影响等方面存在对政府的依赖。与政府建立联系，成为接近政府控制的关键资源的最佳方法（Faccio，et al.，2006；贾明和张喆，2010；梁建等，2010；张敏等，2013），以降低企业获取关键资源的不确定性。大量学者通过研究表明企业社会责任的良好表现是与政府建立联系的有效前提（Berman，et al.，1999；Berman，et al.，2006；Haley，1991；Ma and Parish，2006；Sims，2003）。黎文靖（2011）在研究中指出企业社会责任有很强的获取或增强政治关联的动机，政治关联本身对企业就是一种非常关键的资源（Faccio，et al.，2006）。贾明和张喆（2010）结合资源依赖理论和代理理论分析了中国上市公司的慈善捐赠行为，研究指出，作为企业关键资源的政治关联能推动企业表现出更积极的慈善捐赠行为。梁建等（2010）运用资源依赖理论分析了中国民营企业对党组织的依赖关系，并进一步分析党组织的存在会促进民营企业的慈善捐赠行为。Ma and Parish（2006）指出慈善捐赠的合法性特点使企业乐于通过它来满足政府对企业的社会需求，从而增加政府对企业的好感，有利于加大政企资源互惠交换的可能。李维安等（2015）的研究表明政策性资源及其带来的收益都是影响企业生存发展的关键资源，因此，政企间的这种资源交换关系是不对等的，企业将更积极和主动地通过慈善捐赠来促成交换。张玉明和邢超（2019）运用资源依赖理论分析了产业精准扶贫方式在结合企业内部优势（资金、技术、管理、品牌等）和外部资源（土地、政策、劳动力等）上如何发挥协同效应，结论表明产业精准扶贫与企业绩效存在显著正相关关系。根据资源依赖理论，企业通过履行社会责任的方式有效建立了与政府的良好关系，这种关系可以帮助企业降低对政府控制的关键资源的依赖程度，实现关键资源的稳定供给。

（四）其他外部因素理论

一些学者在研究中运用社会交换理论分析了基于企业社会责任的政企资源交换关系（李四海，2010；李四海等，2012；李维安等，2015）。社会交换理论（Homans，1958）认为获得报酬或者减少惩罚的交换活动能够支配人类的行为，人或组织之间的依存和互动实质上是一种交换关系，社会的形成就是理性交换行为的直接结果。社会交换活动是本着公平和互惠的原则交换各自控制的可自由支配的资源，其核心是相互依存关系带来的自我利益（Aronson，et al.，2005；Lawler and Thye，1999）。用于交换的资源不仅包括物质资源，还包括非物质资源，并且交换形成的社会关系也是一种交换关系（Cropanzano，2005；李四海，2010；李维安等，2015）。郭沛源和于永达（2006）在研究中曾提出政企之间资源交换的可能，他们指出政府虽然对大部分公共资源形成垄断，但却不具备足够的管理经验和经营能力来实现资源增值，而企业拥有管理经验、市场经济的理念，但却没有足够的资源（土地、政策、市场准入等）施展抱负，两者的结合定能取长补短。李维安等（2015）运用社会交换理论分析了民营企业慈善捐赠与债务融资的关系，指出民营企业的慈善捐赠是为摆脱融资约束而与政府进行资源互惠交换的战略行为。除此以外，慈善捐赠还存在与消费者、投资人、债权人等利益相关者的社会交换，换回的良好声誉同样可以为企业融资带来便利。李四海等（2012）认为政府和企业作为隐性契约的主体，有足够的动机通过资源交换方式实现各自利益，比如政府希望企业承担社会责任，帮助维持社会稳定或实现政绩，企业为了保护隐性契约带来的经济利益会采取行动满足政府的需求。

社会交换理论与资源依赖理论密切相关，也存在显著的差异。田志龙和贺远琼（2003）从理论假设、资源转移动机和组织行为目的三个维度系统考察了两个理论的差异，主要有两点：第一，社会交换理论强调的是组织间的相互依赖性，而资源依赖理论只体现了企业对控制关键资源组织的单向依赖；第二，在资源依赖理论中企业的目的是降低依赖程度，而在社会交换理论中企业的目的是获得竞争优势。这些重要的理论思想对解释企业乡村振兴发挥了重要作用，大致的逻辑框架是企业乡村振兴以资源依赖理论为基础，政府（作为关键资源控制方）的资源交换动机通常并不明显，但由于政府面临脱贫攻坚的困难任务，对企业参与乡村振兴产生利益诉求且此诉求具备紧迫感属性，因此无形中提高了企业乡村振兴所提供资源的重要性。按照资源交换理论，双方在利益驱使下形成互为依赖关系，企业通过资源交换行为达到积累竞争优势的目的。

此外，肖红军等（2015）运用市场有效理论分析了企业社会责任信息披露在提高市场有效性方面发挥的作用，研究指出，企业社会责任信息是能够反映市场价值趋势的重要信息，提高信息披露质量可以有效提升市场有效性，从而降低资本成本。

二、内部因素的相关理论

（一）委托代理理论

20 世纪 30 年代，Berle and Means（1932）的著作《现代公司与私有财产》对委托代理理论做了开创性研究，在所有权与经营权分离的大背景下探讨了委托人（泛指股东）与代理人（泛指管理者）之间的关系。委托代理理论能够解决信息不对称、经营不确定性、激励和风险机制等方面形成的委托人和代理人之间的利益冲突或委托人无法有效监督代理人的代理问题（Eisenhardt，1989；Jensen and Meckling，1976）。它也被广泛用于分析其他代理关系，比如管理者与员工、企业与供应商等（Eisenhardt，1989）。

Berle（1931）提出管理者被赋予的经营股东资产的权力如果被用于股东利益之外（比如履行社会责任），那么这种权力就应该受到限制。他的观点也成为 20 世纪最著名的两次企业社会责任大争论的起源。Berle（1932，1962）从委托代理的视角强调自己并非支持管理者忽视服务社会的行为，而是担心管理者一旦拥有了履行除受托责任以外的其他责任的权力时，不能很好地承担社会责任，甚至令企业更糟。随后的一些观点和研究结果证实了 Berle 的担忧。Friedman（1962）认为管理层履行企业社会责任是种自利行为，受托责任中加入社会和环境目标会降低企业的利润，最终损害股东的利益。Atkinson and Galaskiewicz（1988）研究了所有权模式对企业慈善捐赠的影响，得出的结论是 CEO（Chief Executive Officer，首席执行官）持股会对慈善捐赠产生负作用（Oh, et al., 2011），意味着 CEO 持股越高，其利润驱动力越强，那么慈善捐赠的贡献将越小，说明管理层并不认为慈善捐赠能给企业带来收益。他们的研究还表明管理层与慈善名人的社会亲近度会对企业慈善捐赠有积极影响，进一步验证了管理层慈善捐赠决策的利己动机（Brown，et al.，2006；Galaskiewicz and Burt，1991；Hemingway and Maclagan，2004；Werbel and Carter，2002；贾明和张喆，2010）。Cofey and Wang（1998）的研究结果与Atkinson and Galaskiewicz（1988）截然相反，表明董事会成员的持股比例与慈善捐赠正相关（Oh，et al.，2011），企业所有者有意通过慈善捐赠的支出来减少管理层可自由支配的现金流，从而缓解代理问题。具体地，Barnea and Rubin（2010）的研究指出管理层出于获得私人声誉的目的，将表现出过度履行企业社会责任的行为。Buertey，et al.（2019）通过检验证实了企业社会责任与盈余管理水平存在显著的正相关关系，突出了企业社会责任的管理机会主义动机。黄送钦（2017）的实证研究表明代理成本与企业捐赠规模正相关，并且进一步分析表明外部制度环境改善可以缓解捐赠行为的代理问题。贾明和张喆（2010）结合委托代理理论和资源依赖理论分析了政治关联与慈善捐赠的关系，并通过实证检验得出它们之间的正相关关系。

一些学者从利益相关者角度开展研究，在刻画股东与管理层之间的利益冲突时基本延续了上述观点（Faleye and Trahan，2011；Pagano and Volpin，2005）。Wang（2008）、贾明和张喆（2010）指出利益相关者由于并不总是企业慈善捐赠的受益者，因此很多利益相关者并不知悉企业慈善捐赠的具体状况，这为管理层从中牟取私利创造了条件，在缺乏监督和决策自由度高的情况下更是如此（Bartkus，et al.，2002）。Pagano and Volpin（2005）认为管理层会通过向员工支付高额工资的方式与员工形成某种形式的隐性同盟，来抵御股东对自己利益的侵占。Faleye and Trahan（2011）的研究也表明管理层采取与员工联盟的策略来消除董事会层面的管理过度。陈冬华等（2011）指出高管与员工这种隐性契约将对企业未来绩效产生显著的消极影响。

针对中国企业股权结构特征，一些学者关注了第二类代理问题（企业大小股东之间的利益冲突），Tan and Tang（2016）以中国上市公司为研究对象，发现中国企业的最终控股股东几乎没有捐赠动机，即便有捐赠现象也是以少数股东的资源为代价，有明显的隧道效应（Johnson，et al.，2000）。江新峰和李四海（2019）的研究表明大股东持股比例与企业慈善捐赠数负相关，体现出大股东对中小股东的利益侵占。富钰媛和苑泽明（2019）分析指出大股东股权质押能促进企业捐赠，而大小股东代理问题可以削弱这种联系。

其他方面的代表性研究从不同层面提出了与企业社会责任相关的见解，比如Oh，et al.（2011）的研究表明，为了规避财务风险，大型机构的股东和具有长远战略意图的外国投资者更愿意投资负责任的企业，从而对企业的社会责任举措产生积极影响。还有一些研究从 CEO 个人特征（Chin, et al.，2013）、CEO 薪酬（Deckop, et al.，2006）等视角探讨其对企业社会责任的作用。

（二）寻租理论

寻租理论①（Krueger，1974）认为企业有足够的动机为获取政治租金而采取一系列的寻租行为。政府运用行政权力干预市场经济活动会形成各种形式的租金，个人和组织会对这些稀缺租金展开激烈竞争。Hellman, et al.（2003）在分析中指出在转型经济中的企业更热衷于通过贿赂、干预政府等方式开展寻租行为，获取足够的保护产权和促进利润增长的租金。余明桂等（2010）认为，民营企业通过建立政治关联的方式向政府寻租，从而获取政府在财政资源的倾斜，最终会导致社会福利水平的整体下降。黎文靖（2011）的分析支持了这一论点，认为企业社会责任是为了建立政治联系，达到寻租目的，进一步分析表明国有企业采用社会责任的寻租方式更为普遍。李增福等（2016）的研究指出，缺乏政治关联渠道获取政治租金的企业更愿意通过慈善捐赠的方式进行寻租，以获得税收优待。另外，政治家同样有向企业进行寻租的动机，从而为企业寻租行为提供了便利通道（Hellman, et al.，2003；Shleifer and Vishny，1994）。Shleifer and Vishny（1994）指出政治家通过向企业提供财政资源等方式向企业家寻租，以获取更多的政治选票，增加其连任和晋升的机会。赵璨等（2015）的分析也表明地方政府为实现所管辖区域的经济发展或自身晋升等政治利益，会妥善使用财政补贴这项"租金"，要求企业承担增加就业、提升收入、创造更多税收等社会责任，而企业通常会采取迎合方式向政府传递自己拥有承担社会责任能力的信号，增加获取政治租金的机会（Hellman, et al.，2003；Morck, et al.，2005）。Shleifer and Vishny（1993）指出，特别是拥有更多政策性资源的核心政府部门，很可能通过设计繁杂的审批程序来增强自己对市场的控制权，从而为企业创造更多的寻租机会。此外，邹萍（2018）认为

---

① 寻租理论划入内部因素理论可能会产生一些歧义，归因于寻租理论中租金的制度和资源特征，这些特征也属于制度理论和资源依赖理论考虑的范畴。站在企业视角和本书对寻租理论的理解，将其划入内部因素理论的原因有如下几点：第一，制度理论和资源依赖理论更多注重的是企业的外部环境和资源，而寻租理论更多注重的主要是政企互动中企业的策略［也包括企业与其他类型的机构，比如新闻媒体（李新颖，2014）、社会组织（Thomas and John，2006）等］；第二，前两者强调的是企业的被动适应性、主体依赖性，而寻租理论更强调的是企业的主动性、投机性；第三，前两者体现的是企业生存和发展所需所虑，而寻租理论体现更多的是企业获取的超额收入。因此，寻租理论作为解释企业行为的理论而划为内部因素理论有一定的合理性。

企业通过提高企业社会责任信息披露质量向政府机构寻租，从而降低被税务稽查的概率，为企业激进的避税行为提供掩护。

肖红军和张哲（2016）更为系统地从概念、特征、前提假设、租金来源和影响后果五个层面对企业社会责任寻租行为进行了研究。他们指出，企业拥有明确的社会责任绩效目标是寻租的前提，在具有公权力的个人或组织影响下，企业社会责任寻租挤出了正常的社会责任投入，却同样可以达到既定的绩效目标，但对于企业社会责任正常投入的受益者来说，无疑面临利益损失，由此寻租行为不利于企业社会责任的健康发展。

（三）其他理论

一些学者认为企业社会责任具有一定程度的信号传递作用。Glazer and Konrad（1996）曾用信号传递解释了私人捐赠行为，认为私人捐赠行为有一定的信号传递动机，而不完全是为了帮助受赠者。而较早将信号传递理论运用于企业社会责任研究领域的是 Shapira（2012）。他研究了企业慈善事业的信号传递机制，认为现金捐赠行为表明企业可自由支配的现金流充足到可以用到与利益无关的第三方，可以向外界传递经济实力的信号；企业捐赠水平越高，说明企业前景越好。随后学者们开展的一些研究从不同角度验证了这一观点（Chang，et al.，2018；Lys，et al.，2015；高帆等，2014；李四海等，2016；钱爱民和朱大鹏，2017）。李四海等（2016）的研究表明，企业慈善捐赠的信号传递效应可有效抚平利益相关者的风险感知和规避信贷资源流失的风险。Lys，et al.（2015）的研究表明，企业社会责任报告是向外界传递企业未来财务前景信息的一个渠道。肖红军等（2015）运用信号理论分析了企业社会责任信息披露对资本成本的影响，认为充分的信息披露向外界传递了利好信号，缓解了信息不对称带来的逆向选择问题，从而吸引更多的投资者，降低了资本成本。富钰媛和苑泽明（2019）的研究以大股东股权质押为切入点，分析指出企业通过实施慈善捐赠可以释放企业经营的正面信号，发挥"强心剂效应"，可有效冲抵股权质押带来的负面信号的影响。

肖红军等（2015）的研究也从信息不对称理论分析了企业社会责任信息披露对资本成本的作用机制，认为信息披露可以有效避免外部投资者逆向选择问题而降低企业资本成本。周黎安和陶婧（2009）指出，政府在配置政策性资源过程中缺乏合理的司法监督机制，信息往往也是不透明的，这为民营企业采取主动的策略以靠近政策性资源提供了机会。Qian，et al.（2014）运用中国上市公司的样本进行研究，发现企业慈善捐赠水平与财务透明度存在显著的正相关关系，意味着信息不对称程度越低，企业越负责，慈善捐赠水平就越高，尤其在民营企业中这种正相关关系更强。

三、研究评述

从外部因素来看，社会主义政治制度使中国企业的外部环境有别于西方国家，并且中国处于经济转型期，计划经济的遗留思想、行为惯性和体制转变的长周期等复杂因素共同决定了在中国研究企业问题必须把历史、政治和制度环境摆在适当的位置，甚至有必要将其作为很多问题研究的起点，否则很难找到合适的理论解释，研究结论也难免偏颇。比如通过对利益相关者理论的梳理，虽然我们能够按照 Mitchell, et al.（1997）的显著性理论清晰地把政府划在决定型利益相关者中，但我们很难为贫困人员在利益相关者类型中找到合适的位置，那也就很难回答企业如何化解支配型利益相关者对持续的乡村振兴支出（甚至是增长的支出）可能产生的不满情绪。遗憾的是，目前在这些方面的研究十分匮乏。此外，外部因素的理论是相辅相成的，比如，资源依赖理论强调企业多关注控制关键资源的个人或组织，按照利益相关者显著性理论，这部分个人或组织可能属于支配型利益相关者，这些个人或组织又纳入利益相关者理论分析模型中；再比如，制度理论强调的制度环境往往就是依存型利益相关者所需要的权力属性，而对权力属性的依赖正是资源依赖理论解决的问题。因此，需要对外部因素的理论融会贯通，开展多理论多层次的研究，而类似的研究并不多见。

从内部因素来看，根据现有文献的梳理结果，与企业社会责任外部因素相比，企业内部因素的理论解释偏少。这也验证了企业社会责任外部因素相关理论的主流地位（Brammer, et al., 2011；Vashchenko, 2017），而企业社会责任内部因素理论解释的发展速度相对滞后。这种不平衡的状态在企业扶贫社会责任细分领域更显著，比如，在查阅的大量文献中并没有找到委托代理理论视角下对企业扶贫社会责任开展的研究，事实上，在内部因素的大部分理论解释中都很难找到企业扶贫社会责任方面的文献。虽然这有可能是未来一个比较有吸引力的研究方向，但至少目前还没有太多学者关注。此外，本书的一个主要观点是并不认为内部因素是企业乡村振兴的前置决定因素[①]，形成这一观点主

---

① 为便于理解，本书把决定事物（包括组织、思想、行为等）产生和发展的影响因素划分为前置决定因素和后置演化因素。前置决定因素是指那些决定事物诞生方面的决定因素，是事物发展的前提；而后置演化因素是指决定事物运动规律和行为逻辑的因素。显然，没有前置决定因素决定事物的产生，事物本身就不存在，就更谈不上后置演化因素如何决定事物发展走向。

要是因为内部因素的相关理论无法解释为什么上市公司参与贫困治理不是普遍启动于精准扶贫思想诞生的 2013 年或精准扶贫思想落地的 2014 年，而是大面积产生于 2016 年贫困治理信息年报披露政策之后。例如，2014 年 11 月国务院颁发的《关于进一步动员社会各方面力量参与扶贫开发的意见》已经明确传递了政府对多元扶贫主体的利益诉求，这一诉求强度直观上看已经超过政府对企业慈善捐赠的诉求强度，从委托代理理论等内部理论视角，管理层通过参与乡村振兴的决策更有利于实现各种利己动机，诸如向外界传递更多的利好信息、塑造良好个人形象等。鉴于此，企业理应积极参与，但事实并非如此。钟宏武等（2016）的研究报告展示了国有企业和民营企业各 100 强共 200 个企业 2015 年的扶贫情况，数据显示 63 家定点扶贫企业中仅有 27 家企业存在扶贫支出，占比 42.86%。如果将 27 家企业放在 200 个企业样本中来看，占比仅有 13.50%，这一比例还不足 2016 年上市公司总体样本的扶贫比例（21.43%）。

因此，内部因素理论解释这些问题的局限性迫使我们只能从外部因素理论中去寻求突破，一个可行的思路是：外部因素构成企业乡村振兴的前置决定因素，同时外部因素又作为后置演化因素与内部因素共同决定着企业乡村振兴以及整体行为的运动逻辑。毕竟，虽然本书不认为内部因素是前置决定因素，但也绝不否认其具备后置演化因素对事物行为的决定作用。从目前掌握的文献信息来看，仍缺乏按照这些思路开展的研究。

第三节　企业乡村振兴社会责任的驱动因素

如上节所述原因，本节从企业社会责任整体视角对文献进行梳理，并将企业扶贫相关文献融入其中，充分展示包括企业扶贫细分领域在内的企业社会责任研究动态。许多研究对企业社会责任驱动因素的归纳和分类做出了诠释（Aguilera, et al., 2007; Campbell, et al., 2002; Garriga and Melé, 2004; Schwartz and Carroll, 2003; Swanson, 1995; Zhang, et al., 2010; 李增福等, 2016; 张敏等, 2013），除上节所提及的文献外，Zhang, et al. (2010) 将企业慈善捐赠的动机划分为战略动机、政治动机、利他动机和管理层自利动机；张敏等（2013）在研究中将企业慈善捐赠动机分为三种，即利他动机、利润最大化动机、政治和制度力量动机；Garriga and Melé (2004) 将企业社会责任的主要理论和相关研究方法分为四类，分别为工具理论、政治理论、综合理论和伦理理论，并指出每一种企业社会责任理论都呈现出与利润、政治绩效、社会需求和伦理价值等四个维度中一种或几种的相关性。

一些学者认为经济动机相对于其他动机来说，对企业社会责任的影响更大（Aguilera，et al.，2007；Campbell，et al.，1999；Moir and Taffler，2004；Stendardi，1992；姜志华和沈奇泰松，2013）。尤其对于发展中国家，政府的政策方针更倾向于促进经济增长，会忽视环境等更长远的社会发展问题（Kusku，2007；Marsden，2002；高勇强等，2012），在氛围上不利于企业形成长远的社会责任战略意识。李增福等（2016）提出学者们在研究中国企业慈善捐赠行为时结论更多指向的是慈善捐赠的工具动机，并再次将工具动机划分为经济目标和政治目标。李四海等（2016）也指出中国处在经济转型期，企业慈善捐赠行为的纯粹利他动机并不显著。

不同作者对企业社会责任动机的划分往往倾向于自己的研究主题，并无统一标准。本书在借鉴和融合以上文献中一些共性分类标准的基础上，再结合中国企业社会责任实际和本书的研究主题，拟从政治动机、工具动机和其他动机三个方面对企业社会责任驱动因素相关文献进行系统梳理。

一、政治动机

政治动机是指企业履行社会责任主要出于建立和维护政治关系，以获取财政资金、信贷、产权保护、政策支持等政策性资源（Campbell，et al.，2002；Garriga and Melé，2004；Zhang，et al.，2010；李增福等，2016；张敏等，2013）。李先军和黄速建（2019）提出政府提供的优惠政策和资源支持成为推动企业扶贫的重要驱动力。Lobel（2013）指出四个方面的国家背景，即贫困问题的显著性、强大利益相关者的凝聚力、贫富差距和国家对扶贫的努力程度，驱动了企业扶贫。可见，政治动机对企业履行社会责任发挥重要作用。以下主要从政治关联和产权性质[①]两个方面对政治动机进行阐述。

（一）政治关联

政府的主要职责是代表社会，确保各利益相关者之间的财富公平分配（Ite，2005）。然而，面面俱到的公平仅停留在理论之上，政府在发挥公平分配

---

① 产权性质划入政治动机主要有以下原因：第一，混合的所有制结构是目前中国社会主义市场经济的一大特色（张建君，2013），国有产权本身就带有强烈的政治色彩；第二，经济转型期政府对稀缺资源仍有较强的控制力，民营企业对这些资源的依赖凸显了其政治动机。

角色时，有时伸出的是"帮助之手"，有时是"掠夺之手"（Frye and Shleifer，1997）。企业有必要采取措施来影响政府资源分配的偏好，确保政府向自己伸出的"手"是有利的（李维安等，2015）。大量文献已经证实与政府建立关联能够帮助企业在政府资源配置中获取有利地位（Faccio, et al.，2006；Feng, et al.，2016；Ma and Parish，2006；罗党论和唐清泉，2009；余明桂等，2010）。政治关联本身对企业来说就是关键资源（Fisman，2001；黎文靖，2011），能够带来补贴、税收、融资、政策支持等方面的好处（Chan, et al.，2012；李增福等，2016）。因此，控股股东或高管与政府存在关联的现象在世界上广泛存在（Boubakri, et al.，2008；Faccio，2006）。

什么是政治关联？学者们对此的理解大同小异，总体上都是以高管是否具有政治背景来定义（Boubakri, et al.，2008；Faccio，2006；Fan, et al.，2007；杜兴强等，2010；贾明和张喆，2010；李健等，2012；周林洁和邱汛，2013）。但在高管和政治背景的类型上存在差异，较常出现的是以董事长或总经理是否曾任或现任人大代表、政协委员、政府官员来定义政治关联（Fan, et al.，2007；Wu, et al.，2018；贾明和张喆，2010；李四海等，2012；李维安等，2015；余明桂等，2010）。有一些文献增加了高管类型，将董事会成员（潘越等，2009；余明桂等，2010）、所有高层管理人员（潘越等，2009）包括在内。还有一些文献增加了高管政治背景的类型，将部队任职（李健等，2012；周林洁和邱汛，2013）、高管获得政府奖项（劳模、先进个人、优秀企业家等）（李健等，2012）也包括在内。特别地，杜兴强等（2010）考虑到政府官员的实质，将政治关联区分为两种类型，即政府官员类和代表委员类。

企业履行社会责任被视为与政府建立关联的重要手段。Shleifer and Vishny（1994）指出满足政府的需要（比如扩大就业、扶危济贫等）是与政府建立关系的有效途径。Ma and Parish（2006）也认为慈善捐赠的合法性更符合社会价值观，是建立与维护政治关联的重要渠道。张建君（2013）在研究中也指出，由于政府是改善社会福利的责任组织，履行社会责任就是在帮助政府，因此企业把这类行为看作建立政治关联的战略行为。Su and He（2010）的调查发现，中国民营企业的慈善捐赠具有明显的政治动机，且在制度不健全的区域更明显。同样地，拥有政治关联的企业也会不断通过慈善捐赠途径来巩固和强化关联关系，以持续地从中获取维持企业生存发展的资源（贾明和张喆，2010；张建君和张志学，2005；张敏等，2013）。李维安等（2015）在研究中指出，企业通过慈善捐赠建立的政治关联还可以让企业拥有与政府讨价还价的资本，从而更有效地接近和获取政策性资源。

还有大量中国学者从不同角度对政治关联与企业社会责任的关系开展卓有成效的研究。戴亦一等（2014）从地方政府换届视角研究发现企业慈善捐赠是一种"政治献金"，并在后续检验中证实了这种"献金"在融资、政府补助、投资机会方面发挥了作用。张敏等（2013）的研究也说明企业慈善捐赠与政府补贴存在显著的正相关关系，验证了企业慈善捐赠的"政企纽带"作用，进一步研究发现慈善捐赠在国有企业和市场化程度低的省份有更强的纽带效应。李四海（2010）也得出了类似的研究结论。他认为，政治关联对企业慈善捐赠有显著的促进作用，并且在市场化程度低、政府干预强、法治水平低的地区，这种促进作用更凸显。贾明和张喆（2010）运用"5·12"汶川地震后的上市公司慈善捐款数据进行实证检验，结果也证实政治关联与慈善捐赠存在显著正相关关系。同样地，山立威等（2008）运用地震后的慈善捐献数据进行实证检验，发现政府控制的企业相比于私营控股和外资控股的企业来说，慈善捐赠的数额更少。这也表明不同产权性质在政治关联与慈善捐赠的关系上表现出差异性。梁建等（2010）针对民营企业家政治参与的研究表明，完善的公司治理结构（三会健全）和拥有党组织的企业慈善捐赠更积极。杨丽娇和赵立彬（2019）也证实了董事长拥有党员身份的话，他所在的公司有更积极的乡村振兴表现。杜兴强等（2010）对政治关联做了分类，并针对中国上市公司进行研究，结果表明民营企业的慈善捐赠与代表委员类政治关联存在正相关关系，但与政府官员类政治关联并无显著性。

关于政治关联对企业社会责任的作用机制，一些学者也提出了自己的观点。梁建等（2010）认为，民营企业家政治关联正向作用于企业慈善捐赠的主要原因有两点：第一，政治关联形成了政企互动推动价值增值的良性循环。政治关联提高了企业家政治地位，进而改善了企业赖以生存的外部环境，在促进绩效提升的同时也为进一步回馈社会提供了物质条件。第二，政治关联形成了政府、公众对企业社会责任预期上升的外部效应，从而推动企业持续为社会做出贡献，如果企业无动于衷或表现没有预期好，就会招致公众的负面舆论。张建君（2013）则对这种正向作用给出其他角度的解释：一方面，在政府有需求时高管的政治关联会使其产生本能响应的"规范性压力"；另一方面，政治关联能够激发高管满足公众期望的社会责任意识，毕竟政治关联的顺利维护有一部分要归功于公众的认可。贾明和张喆（2010）指出，当投资者意识到政治关联带来的收益占投资收益较大比例时，也会推动企业积极实施慈善捐赠。李增福等（2016）从两个方面解释了非政治关联企业的慈善捐赠弱动机：一方面是因为这部分企业在经营所需资源上对政府的依赖性不强；另一方面是由于信息不对称，无法第一时间对政府需求做出准确响应。

（二）产权性质

产权性质差异带来的企业行为差异一直是国内学界重点关注的课题，管理学开展的大部分研究对产权性质带来的异质性都做了考虑，而聚焦的主要问题是国有企业与民营企业在行为上的差异，企业社会责任研究领域也不例外，学者们开展了一定的研究。

在民营企业方面，张建君和张志学（2005）指出由历史积淀而形成的所有权"歧视"使民营企业面临更恶劣的外部环境，从而逼迫民营企业采取积极的政治策略来改善生存环境，对政府隐形诉求予以回应就是行之有效的策略，可以帮助民营企业塑造社会无形资产（包括道德、信誉等），因此，民营企业慈善捐赠有很强的政治动机（Su and He，2010）。Wang and Qian（2011）的研究也指出慈善捐赠会给民营企业或拥有政治关联的企业带来更多好处，因此获得政策性资源对这些企业来说更重要。田志龙等（2005）的案例研究结果表明民营企业的社会责任主要由获取合法性地位来驱动。钟宏武（2007）提出的捐赠寻租模型指出民营企业因产权保护的需要，更广泛使用捐赠方式来获取政府租金。高勇强等（2012）指出，民营企业履行社会责任多是工具性动机，不仅借助慈善捐赠实施产品差异化战略，而且还借机掩盖或转移外界对企业社会不负责行为的关注。Qian, et al.（2014）对中国上市公司的研究却得出了不同的观点。他们认为民营企业的慈善捐赠行为与企业不当行为之间存在显著的负相关，这一观点否定了工具性动机，说明民营企业慈善捐赠是建立信誉的重要手段。梁建等（2010）在分析有政治关联的民营企业慈善捐赠行为时得出了类似的观点。他们认为民营企业始终难以摆脱"为富不仁"的历史偏见，而政治关联为企业带来政治和社会认可。在偏见与认可的狭缝中，民营企业只能选择更高的道德标准，承担更多的社会责任，才能满足外部利益相关者的道德诉求。因此，合法性、声誉积累是民营企业慈善捐赠的重要动机。

在国有企业方面，张建君（2013）认为，首先，国有企业受长期承担非经济功能的行为惯性和历史传统影响，其履行社会责任（稳定经济、扩大就业、扶危济贫等）成为惯常；其次，公有资产的标签提升了公众对其履行社会责任的期望；最后，政府官员与国企高管存在职位交替通道，政治升迁的激励不仅体现在创造效益上，还体现在响应政府的诉求上，因此，国有企业履行社会责任的积极性更强。Cormier and Gordon（2001）对电力公司的研究表明，国有企业在政策合法性驱使下会承担更多的保护环境等社会责任。沈洪涛等

（2010）运用石化塑胶行业上市公司数据进行实证研究，发现国有企业的社会责任信息披露水平更高。田志龙等（2005）指出国有企业的代理问题使管理层更愿意将个人职业声誉与晋升机会凌驾于企业利益之上，积极履行社会责任是实现这一目标的有效渠道。潘奇等（2019）的研究提出国有企业捐赠存在两难困局：一方面为规避外界对代理问题的担忧而不能多捐，另一方面又要顾及公众因权责匹配的高预期而不能少捐。戴亦一等（2014）指出国有企业特殊的所有制形式使其具备天然的政策性资源优势，无论是沟通方式还是沟通渠道都远好于民营企业，因此没必要像民营企业一样采取慈善捐赠的方式获取政府的信任和好感。杜世风等（2019）针对上市公司乡村振兴开展的研究表明，规模大、业绩好的国有企业会表现出更积极的乡村振兴行为。

其他产权性质企业方面，Carroll（2005）在研究中提到外资企业的慈善捐赠是最少的。田志龙等（2005）认为，合法性地位是推动外资企业履行社会责任的重要动机。

二、工具动机

工具动机意味着企业将履行社会责任视为达到特定目的（比如税收筹划、获取信贷资源、提升竞争优势等）的工具。履行社会责任也能够使潜在的经济利益流入企业或个人（Aguilera, et al., 2007；Schwartz and Carroll, 2003；Swanson, 1995；陈宏辉和贾生华, 2003）。一些学者指出能够对经济绩效产生积极影响是驱动企业履行扶贫社会责任的重要因素（Renouard and Ezvan, 2018），Falck and Heblich（2007）认为企业扶贫社会责任对长期利润产生积极影响的作用机制主要依靠提升企业声誉、提高消费者满意度等方式。以下主要从税收筹划、债务融资、企业声誉、竞争战略、公司治理等几个方面对企业社会责任工具动机进行阐述。

（一）税收筹划

由于目标不一致，因此利益相关者之间很可能存在冲突（陈宏辉和贾生华, 2003），税收是利益相关者之间一个潜在的冲突领域（Huseynov and Klamm, 2012）。合法避税会有益于股东或管理层利益，但由于部分税收要用于社会项目，所以避税是对社会的不负责（李增福等, 2016）。企业社会责任和税收筹划虽然是会计学和管理学的重要研究领域和热点问题，但将两者结合的研究却起步较晚（Hoi, et al., 2013；Huseynov and Klamm, 2012），并且对于两者之间的关系存在不一致的观点。

　　Carroll（2005）收集了大量企业纳税申报表样本，分析指出税收是企业慈善捐赠的一个重要考虑因素，进一步实证表明那些做出社会责任承诺的企业也在积极从事着避税活动。企业社会责任与税收筹划呈正相关关系这一观点得到许多文献的支持（Davis, et al., 2016；Preuss, 2010；Sikka, 2010；高帆和汪亚楠，2015；李增福等，2016；吕伟等，2015；唐伟和李晓琼，2015；邹萍，2018）。具体地，Sikka（2010）通过分析具体案例表明企业一方面通过承诺对社会负责的行为而获取合法化，另一方面却醉心于避税和逃税带来的福利，言行不一的矛盾导致消极的社会后果。Davis, et al.（2016）的研究指出，企业社会责任与有效税率负相关，与税收游说活动支出正相关。这一结论表明企业社会责任和纳税存在一定替代关系。李增福等（2016）对中国民营上市公司的研究发现，企业慈善捐赠与避税程度存在显著正相关关系，并提出"慈善捐赠－寻租－避税"假说。邹萍（2018）把样本放宽至 A 股上市公司，结论表明企业社会责任信息披露质量越高，企业实际缴税税率越小，尤其对于自愿披露社会责任信息的企业，这种负相关关系更显著。

　　还有观点则认为企业社会责任与企业避税负相关，即企业社会责任感越强，越不可能存在避税行为（Hoi, et al., 2013；Lanis and Richardson, 2012；Lanis and Richardson, 2015；Sari and Tjen, 2016；Watson, 2011；Zeng, 2012）。Zeng（2012）针对加拿大的公司样本进行实证检验，结果表明具有社会责任感的企业不太可能存在积极的避税行为，只有对社会责任不重视的企业才可能这么做。Lanis and Richardson（2012）选择澳大利亚的上市公司作为样本，研究指出企业社会责任披露水平越高，企业避税水平越低。Hoi, et al.（2013）在 Lanis and Richardson（2012）的研究基础上做了一定延伸，通过对更大的公司样本量进行实证检验，发现企业对社会不负责行为与企业避税水平正相关，而负责任的行为与企业避税不存在相关性。进一步，Lanis and Richardson（2015）把研究范围扩大至企业社会责任绩效，结论表明，企业社会绩效水平越高，避税程度越小。

　　还存在一些有别于以上观点的文献。比如 Huseynov and Klamm（2012）的研究指出企业对社区的支持程度会负向作用于审计师提供税务服务的费用与企业避税水平的关系，而公司治理效率和治理结构多样性（董事会成员的持股比例、报酬、任期、性别等）负向调节这一关系。这一结果说明企业社会责任行为对企业避税的影响是复杂的，并非一致性结论。与这一观点相似的研究还有 Watson（2015）。他认为，企业社会责任与避税的关系取决于盈利表现，当盈利表现差时企业社会责任与企业避税正相关；但盈利表现较高时，这种正相关关系将减弱。Baudot, et al. （2019）的研究结论表明企业避税的声誉影响较小，从而不会对包括社会责任行为在内的企业行为产生显著影响，知名度较高的企业更适用这一观点。

（二）债务融资

企业良好的社会表现能为企业带来便利的融资环境，两者之间的正相关关系几乎是学者们的共识（Cheng, et al., 2014；Su and He, 2010；Ye and Zhang, 2011；狄灵瑜和步丹璐，2019；高帆和汪亚楠，2015；高帆等，2014；李维安等，2015；沈艳和蔡剑，2009）。一个重要的理论起源是普遍存在于社会主义国家的企业"预算软约束"。林毅夫和李志赟（2004）将预算软约束归因于企业承担的政策性负担（包括战略性政策负担和社会性政策负担）。他们认为，当承担政策性负担的企业面临财务风险时，政府会提供财政补贴、贷款支持等解救措施助其度过艰难期（孙铮等，2005）。在国有商业银行主导信贷市场的情况下，企业承担的社会性政策负担会成为银行信贷资源配置倾向的重要指标（陈德球等，2013）。社会性政策负担与企业社会责任在内容上存在诸多重叠，比如解决冗员、救助贫困、保护环境等。在这种背景下，企业逐渐形成积极承担社会责任会获取银行信贷资源的心理预期和思维惯性。李维安等（2015）的研究就表明寻求信贷资源是民营企业慈善捐赠的主要动机，进一步研究表明具有政策性资源的民营企业慈善捐赠对债务融资的促进作用更显著。Cheng, et al.（2014）的研究发现，企业社会责任表现好的企业明显面临更低的融资约束。

一些学者从不同角度验证了以上观点。沈艳和蔡剑（2009）的研究表明，企业社会责任意识与正规金融机构融资能力存在显著正相关关系。狄灵瑜和步丹璐（2019）研究了企业社会责任对债务违约和政府支持的调节作用，结果表明，相比其他企业来说，企业债务违约后，地方政府更愿意支持在违约前社会责任表现好的地方国有企业，更重要的是地方政府的这一举动会帮助违约企业获取更多的信贷资源。Su and He（2010）认为民营企业的慈善捐赠能够为其获得更多国有银行信贷资源的支持。高帆等（2014）的研究也表明，民营企业慈善捐赠与债务融资正相关，并且在企业上规模、具有政治关联和市场信用环境健全场景下，这种正相关关系会被强化。

（三）企业声誉

Godfrey（2005）认为，企业将一部分资源分配给慈善活动可以为企业创造积极的道德资本，由这种道德资本带来的企业声誉的提升就像一道无形的关系屏障，保护着股东利益。这种道德资本同样可以维护企业与利益相关者的关系（Choi and Wang，2007），从而降低关键资源损失的风险（Fombrun, et al.，2000；贾明和张喆，2010）。Gardberg and Fombrun（2006）指出，企业社会责任举措能够建立声誉资本，帮助企业克服本地化障碍并超越本土竞争对手，推进企业全球化。Harbaugh（1998）的研究表明，慈善捐赠者或机构出于获得声誉的目的而更乐意公开他们的捐款举动。这表明追求声誉是这些捐赠者或机构非常重要的动机（山立威等，2008）。Brammer and Millington（2005）指出慈善捐赠水平越高的公司声誉越好，并且这一关联关系在不同行业之间存在显著差异。Brammer and Pavelin（2006）进一步提出，企业社会绩效类型是否能够提高企业声誉，还取决于其与利益相关者对结果的预期是否契合，如果不符合预期，很可能会损害声誉。Gao, et al.（2014）认为，企业履行社会责任能够建立关心社会利益的正面形象，这一类型的企业通常拥有更高的道德标准，从而降低了知情交易发生的概率。

在企业声誉防御方面，企业社会责任也能发挥积极作用，学者们证实当企业面临产品安全性较差（Chen, et al.，2008）、存在违法或不道德行为（Godfrey，2005；Williams and Barrett，2000）、外部环境压力大、员工薪酬过低等情况时更容易通过慈善捐赠来减轻这些行为对企业声誉的破坏力（高勇强等，2012）。Koehn and Ueng（2010）认为，企业的慈善事业可以转移公众对企业消极财务信息的注意力，从而避免这些信息带来的负面影响，收获公众善意并挽回声誉损失。Fombrun, et al.（2000）也提出，企业社会责任举措可帮助企业应对声誉威胁，在减轻声誉损失的同时实现声誉收益。Chakravarthy, et al.（2014）研究发现，企业社会责任可以修复因业绩修正报告带来的声誉损害。

（四）竞争战略

Johnson（1966）在研究企业慈善捐赠与产业结构的关系时指出，企业慈善活动在处于寡头和垄断竞争市场的行业中表现得更活跃，显而易见的原因是企业慈善活动可以作为一个创新的竞争优势。垄断者即便没有这样的举动也不会动摇市场地位，而完全竞争市场行业中的企业规模较小，往往承担不起这样的慈善行为（Useem，1988）。Smith（1994）认为，企业可以尝试将慈善捐赠与经营环节相结合来提升企业竞争能力。目前，将企业社会责任视为竞争战略是比较主流的观点（富钰媛和苑泽明，2019），竞争战略动机强调的是企业外部利益相关者诉求与内部核心竞争力之间的融合（Bruch and Walter，2005）。企业应利用良好的社会表现协助自己实现战略目标（Mackey，et al.，2007），在选择社会责任项目时要充分考虑其是否能够增强自身竞争优势（Porter and Kramer，2002）。

Porter and Kramer（2006）认为，如果企业围绕核心业务框架承担社会责任，那么企业社会责任不仅仅是一种成本、约束或慈善行为，还可以成为创新和竞争力的源泉。Cantrell，et al.（2014）指出，发达经济体的企业社会责任演变趋势是更具有战略动机的，即更倾向于将企业社会责任嵌入战略管理框架内，逐渐形成战略认知，丰富企业的竞争优势。李维安等（2015）从政企资源交换视角得出企业慈善捐赠是改善融资环境的战略行为。高勇强等（2012）的研究表明企业把慈善捐赠作为产品差异化战略的一部分。全球一体化改变了跨国企业间竞争格局，在针对外资企业的关税削减、招商引资等优惠政策带动下，外资企业产品竞争力增强。Flammer（2015）发现国内企业通过增加企业社会责任来应对竞争冲击，这一举动是将企业社会责任作为竞争战略，以强化自己与外资企业的区别。Fernandez-Kranz and Santalo（2010）的研究得出了近似的结论。他们指出，在竞争更激烈的行业中，企业有更好的社会评级，较高的进口渗透带来的竞争加剧会让企业社会责任表现良好。这一发现为企业社会责任的竞争战略动机提供了证据。

（五）公司治理

尽管一些视角的研究结论支持企业社会责任有助于提升股东收益，但管理层同样可以从中谋取包括提升个人声誉、建立与政府官员的私人关系、扩大在职消费等在内的个人私利（Friedman，1970；Jensen and Meckling，1976），因此，公司治理主流观点仍是通过完善治理机制来限制管理层不当或过度捐赠行为（Bartkus，et al.，2002），降低代理问题，使管理层与股东的利益保持一致（梁建等，2010）。在承袭上文梳理的委托代理论主要观点基础上，还有一些学者从其他角度开展了研究。

Bartkus，et al.（2002）认为激进的企业慈善捐赠行为会被股东认为是过度的，而治理机制中机构投资者对遏制管理层的这种过激行为可以发挥重要作用。Buertey，et al.（2019）的研究也表明机构投资者的持股比例较高时，管理层对企业社会责任的不当使用会受到限制。然而，Fan，et al.（2007）认为治理机制对约束具有政治关联的管理层几乎是无效的。高管的不当慈善捐赠行为如果得不到有效约束，就会损害股东的利益（Eisenhardt，1989；Jones，

1995）。Galaskiewicz（1997）、贾明和张喆（2010）等的研究得出了董事会或管理层显著影响企业慈善捐赠行为的结论。进一步，贾明和张喆（2010）等提出董事会规模作用于企业慈善捐赠的两种机制：一是董事会规模越大，信息不对称会降低决策效率，搭便车现象增多，从而助长企业慈善捐赠；二是享受在职消费的动机不仅适用于管理层，董事会成员也会从中谋取私利，这会使得拥有更多董事的企业慈善捐赠水平更高。董事会多样性同样会影响企业捐赠，Miller and Triana（2009）指出，在企业声誉和企业创新的积极影响下，董事会在种族和性别方面的多样性与企业绩效存在正相关关系。在此基础上，Hafsi and Turgut（2013）研究了董事会多样性与企业社会绩效的关系，认为董事会结构多样性对企业社会绩效有显著影响，尤其是在性别和年龄结构上的差异。

在其他方面，比如富钰媛和苑泽明（2019）认为，股权质押会激发大股东通过慈善捐赠进行市值管理，运用慈善捐赠的正面效应抵御股权质押带来的财务风险。Iturriaga and Foronda（2009）的研究主要得出以下结论：第一大股东持股比例增加会显著降低企业履行社会责任的积极性；当股东之间存在股权竞争压力时会提高企业履行社会责任积极性；家族股东拥有更积极的社会责任表现，相反，机构投资者持股比例与企业社会责任表现显著负相关。

三、其他动机

出于研究主题的考虑，本书将除政治动机与工具动机以外的动机在其他动机中予以体现，主要从法治环境、资源保障、企业特征、经济发展等方面做简要回顾，为窥探企业社会责任驱动因素提供更多视角。

第一，在法治环境方面，Detomasi（2008）认为，制度结构决定了权力和资源的配置方式，与政治条件和前景一起决定着企业是否履行社会责任。贾明和张喆（2010）分析指出，制度环境决定着政企间建立关系的方式以及这种关系蕴含的价值，从而对企业慈善捐赠产生影响；进一步分析认为法制健全促进了市场交易效率，契约的有效执行缩小了寻租空间，这会降低政企关系的价值，将会负向作用于政治关联与企业慈善捐赠的正相关关系。李增福等（2016）针对民营企业的实证研究得出了不同的观点。他们认为，法制健全会在一定程度上限制寻租等非法行为，慈善捐赠的合法性成为建立政治关联以争取政策性资源的最佳途径，因此法治环境正向作用于企业慈善捐赠。

第二，在资源保障方面，Fombrun, et al.（2000）认为，确保利益相关者控制的关键资源稳定供给是企业重点考虑事项，慈善捐赠通过提升企业声誉和信誉，会使企业与利益相关者的关系比较融洽，从而得到他们的资源支持（Frooman，1999）。贾明和张喆（2010）也认为，降低企业生存发展所需关键资源的得失风险是企业慈善捐赠的重要动机（Berman，et al.，2006）。

第三，在企业特征方面，Udayasankar（2012）的研究表明，企业规模与企业社会责任之间呈 U 形关系，即大企业和小企业在知名度、资源获取等方面的动机是类似的，中型企业则积极性最低。David，et al.（2010）也部分证实了这一观点，认为大型公司比中型公司更愿意履行社会责任。Brammer and Millington（2005）研究发现，行业成熟度能够对企业慈善捐赠产生影响，新兴行业的企业相较于成熟行业来说捐赠率较低。Petrenko，et al.（2016）认为 CEO 自恋能够对企业社会责任产生积极影响，但会降低企业社会责任对绩效的影响。

第四，在经济发展方面，Cazurra（2018）从国家经济发展程度的视角研究了企业社会责任的投资水平和多样性，研究结论表明，在不发达国家，企业社会责任重点用以弥补基础设施方面的不足，从而表现出投资水平高、多样性低的特点；在发展中国家或新兴经济体，政府和大型基建企业有能力承担大部分基础设施的建设，企业社会责任退出这一领域导致投资水平下降，但随着经济发展的负外部性逐渐凸显，企业社会责任的多样性增加；在发达国家，企业社会责任的投资水平和多样性都得到提升。

四、研究评述

大部分企业社会责任的动机划分方法中各动机之间的利益界线是模糊的，并未充分考虑动机之间的目标重叠和内在关联，比如政治动机和经济动机的划分就在暗指企业出于政治目的履行社会责任并不是为了获取经济利益，这显然是不合理的。并且市场给企业提出的基本要求是谋取利润，那么经济动机几乎可以将利他动机（或非经济动机）以外的所有动机都囊括其中。因此，动机划分仅仅具有聚类的意义，动机间并未隐含排他性的属性。我们认为在无法清晰划定动机间利益界限的前提下，要充分认识不同动机间在利益目标上的交叉、连带特征，比如战略动机同样具备经济性、政治动机会强化经济或战略动机等。

企业社会责任的影响因素繁多，学者已经对其中大部分作用机制达成共识，但对少数影响因素仍存在较大观点分歧，比如公司治理、税收筹划、产权性质等，这些分歧也引起了学者的广泛关注。造成观点不同的原因是多方面的，可能是制度背景的差异、样本选择的差异，甚至仅仅是实证方法的差异等。针对企业社会责任领域的未来研究，本书认为还可能存在以下改进的方面，这也是本书结合研究主题要解决的主要问题。

第一，企业扶贫社会责任的研究需得到重视。党的十八大以来，从精准扶贫到精准脱贫，到十九届四中全会提出解决"相对贫困"，再到党的二十大精神指出的全面推进乡村振兴，充分体现党和政府高度重视贫困治理问题。企业作为社会的重要参与者，在解决社会问题上的立场和实际行动将是未来经营中的一个不得不考虑的事项。上市公司乡村振兴已经进入制度化、常态化和持久化阶段。但目前理论界明显滞后于实务界，针对微观企业开展的相关研究太少。

第二，普遍缺乏对企业社会责任行为表现的必要阐述。企业社会责任是对利益相关者利益诉求的社会回应，然而，不同的利益相关者对企业的重要程度是存在显著差异的，企业对这些利益相关者的回应态度、力度和方式也会因利益相关者重要程度不同而表现出行为差异。对这些差异的合理阐述将对准确洞察和深入理解企业社会责任行为逻辑有重要意义。但现有研究在刻画企业社会责任行为表现方面略显不足，普遍只是以"企业社会责任"的表达方式较为直白地开展动机分析，未能充分体现出不同动机作用下企业社会责任独特的行为表现。

第三，研究的深度还有提升的空间。通过文献梳理可知，企业社会责任的影响因素众多，行为表现错综复杂，尤其对于存在分歧的研究方向上仍有进一步挖潜的空间。比如在针对产权性质产生的企业社会责任行为异质性分析中，单个文献得出的结论普遍都是国有企业与民营企业的社会责任表现非此即彼，即当某一结论得出国有企业履行社会责任消极（少），则明指或暗指民营企业履行社会责任积极（多），很少有研究回答不同产权性质在社会责任中的复杂表现。就慈善捐赠或乡村振兴来看，国企可能参与度高于民企，支出金额很可能低于民企，但目前少有对这类复杂表现开展的研究。再比如，在针对避税表现的研究中，结论大多是单一的、静止的，即履行社会责任的企业避税程度高（或低），很少有研究能够挖掘避税效应的动态变化逻辑，即这一效应是逐年减弱还是增强等。

第四，普遍忽视了制度理论在解决企业社会责任问题时能够发挥的作用。中国作为世界上为数不多的社会主义国家之一，独特的制度环境为制度理论分析现实中的问题创造了极佳的条件。然而，大部分研究只是把制度因素作为背景或仅仅是一个调节变量，很少能从更广的视角运用制度理论创新性地解决研究中的问题，进一步将制度理论与其他理论结合或交叉运用在企业社会责任研究中的情形更少。

第五，需要强化对驱动因素间内在关联的认知。正如前文所述，动机间不可能是毫无关联的，不同动机间在利益界限上存在交叉区域，甚至具有连带效应。充分认识动机间的关联，能够在解决现实问题中发挥重要作用。比如，目前针对企业社会责任与企业避税的研究结论存在分歧，细心观察会发现目前大部分研究仅针对企业避税单一因素来分析企业社会责任行为与企业避税的关系，普遍忽视了企业社会责任行为的前置决定因素对避税动机的影响，出于政治动机的企业社会责任与出于利他动机的企业社会责任在企业避税行为表现上显然是存在差异的。充分考虑企业社会责任动机间的内在关联和相互影响，可以使研究结论更具指导意义，现有研究对这一问题的关注度不足，尤其在结论存在分歧的研究方向上。

第六，研究方法上需要一些拓展和创新。企业社会责任几乎关涉所有利益相关者，与利益相关者的博弈也并非一次性的，复杂的互动过程对研究方法的多样性提出了挑战。此外，社会责任研究领域可能普遍存在内生性问题，比如政治关联企业积极参与乡村振兴，同时乡村振兴又反作用于政治关联，从而产生双向因果关系。然而，目前在解决上述问题时所采用的研究方法在多样性上尚显不足。

本章小结

本章主要目的是对相关领域的研究文献进行系统梳理，掌握企业社会责任研究动态与发展趋势，为后续研究做文献与理论铺垫。本章首先对企业乡村振兴进行界定，明确其归属的研究领域，并理顺其与企业社会责任、企业慈善捐赠的关系。其次，本章对解释企业乡村振兴社会责任的相关理论从内部因素和外部因素两个层次进行归纳整理和文献综述。外部因素的理论主要包括制度理论、利益相关者理论、资源依赖理论、社会交换理论等，内部因素的理论主要包括委托代理理论、寻租理论、信号传递理论、信息不对称理论等。本章针对理论解释部分做了简要评述。通过理论梳理，本书结合研究的主题，提出了一些目前理论解释乡村振兴行为上存在的局限性，比如贫困人员的利益相关者类型界定，这个问题的答案将决定企业乡村振兴是否能够获得利益相关者理论的支撑。再次，本章对企业社会责任的驱动因素从政治动机、工具动机、其他动机三个方面进行文献梳理。政治动机主要包括政治关联、产权性质等视角，工具动机主要包括税收筹划、债务融资、企业声誉、竞争战略、公司治理等视角，其他动机包括法治环境、资源保障、企业特征、经济发展等视角。最后，本章对企业社会责任驱动因素的研究现状做了简要评述，指出未来研究可能改进的几个方面，这也是本书后面章节要重点关注和解决的问题。

第三章 企业乡村振兴的历史沿革与现状分析

第一节 企业乡村振兴的制度背景及历史沿革

一、国家贫困治理层面

社会主义的本源是解放和发展生产力，消灭剥削和两极分化，最终实现共同富裕。解决贫困问题是实现共同富裕的前提，新中国成立以来，党和政府始终致力于扶贫开发，只是在社会主义不同发展阶段的侧重存在差异，而相同点是每个阶段都密切围绕经济和社会发展的需要。与西方国家主要依靠税收支出的短期扶贫机制不同，中国在各个发展阶段均制定出适用于该阶段的扶贫机制、制度规范和长期规划，逐步形成中央统筹、省级负总责和市县乡村四级实施的独特扶贫体系和政治传承，这也是中国在缓解贫困方面获得巨大成就的根本原因，充分体现了社会主义"集中力量办大事"的政治和制度优势，同时为企业参与扶贫奠定了坚实的制度基础。基于扶贫重心的转变和制度演变的过程，本书将新中国成立以来国家层面的扶贫分为以下几个阶段进行阐述：

第一阶段（1949—1977 年）：政策环境推动和抑制的扶贫阶段。新中国成立初期，贫穷基本上是全国上下普遍的状态，摆在眼前最重要的是挽回落后局面。政府主要精力用于积极组织生产，以积攒物质基础用于恢复国民经济，这个时期的扶贫主要依靠农村经济制度的创新和小规模的扶危济困来推动（杨宜勇和吴香雪，2016），比如土地改革、农业初级合作社等政策的落地拓宽了农民增收途径，一定程度缓解了农村的贫困局面。但是，从 1955 年始，随着农业高级合作社运动的兴起和快速普及，农民土地私有制改为集体所有制并形成高度的集中劳动和平均分配，农民逐渐丧失了劳动积极性，农业和农村发展陷入困顿，缓解贫困的步伐停滞不前。随后发生的"文化大革命"不仅扰乱了国家经济秩序，而且使国家缓解贫困的政策方针无法发挥应有的作用（张磊等，2007），贫困局面的改善收效甚微。

第二阶段（1978—1985 年）：国家层面扶贫觉醒阶段。直到改革开放，国家对贫困问题的高度关注使扶贫上升到国家意志层面。1978 年，十一届三中全会通过的《中共中央关于加快农业发展若干问题的决定（草案）》首次明确中国大规模贫困问题（陆汉文和黄承伟，2016）。但是改革开放肇始，激励机制缺失和社会生产效率低下，落后的社会生产无法满足人们的需求，国民经济整体水平低迷且发展动力匮乏，共同富裕与普遍贫穷的界限仍非常模糊（赵人伟和李实，1997），想要实现同步致富几乎是不可能的。在此困境下，改革开放总设计师邓小平同志指出："我们坚持走社会主义道路，根本目标是实现共同富裕，然而平均发展是不可能的。过去搞平均主义，吃'大锅饭'，实际上是共同落后，共同贫穷，我们就是吃了这个亏。改革首先要打破平均主义，打破'大锅饭'，现在看来这个路子是对的。"[①] 邓小平同志这一深谋远虑的决策不仅决定了中国未来经济发展的走向，同时也指明了清晰的扶贫路径，催化了扶贫机构、扶贫制度、扶贫规划等扶贫体系的酝酿和诞生，成为扶贫事业重要的决策。

第三阶段（1986—2000 年）：国家贫困县瞄准扶贫阶段。改革开放的附属品，诸如贫富差距扩大、区域发展不平衡等现象也随之凸显（刘伟和蔡志洲，2018），东部地区的快速发展加剧了东西部以及城乡的贫富差距，加之长期限制城乡人口流动的户籍制度，进一步加剧了贫困人口在农村聚集，使得扶贫的重心始终保持在农村和西部地区。1986 年 5 月 16 日，扶贫机构——国务院贫困地区经济开发领导小组设立，专门从事扶贫开发的政策、方针的制定和实施等工作。紧接着，国务院贫困地区经济开发领导小组进一步明确以国家级贫困县为基础单元的扶贫模式，建立扶贫的县级瞄准机制以优化扶贫资源的配置，将全国 18 个集中连片贫困地区核定国家级贫困县，制定了扶贫标准（70% 用于贫困县），明确了中央和省两级扶贫主体。与此同时，我国的定点扶贫开发计划作为一项政治任务正式启动，科技部、林业部、农业部等国家 10 部委作为首批挂钩扶贫单位对 18 个集中连片贫困地区开展定点扶贫。随着扶贫工作的深入开展，1994 年国家制定了《国家八七扶贫攻坚计划》（以下简称《计划》），这是新中国首个有明确扶贫对象、目标、措施和期限的扶贫开发行动纲领（李先军和黄速建，2019）。《计划》将国家级贫困县数量从 331 个调整至

---

① 邓小平：《邓小平文选（第三卷）》，人民出版社，1993 年，第 155 页。

592 个，提出集中人力、物力、财力用 7 年左右的时间力争解决 8000 万农村贫困人口的温饱问题。这一计划很快形成了全社会动员的合力扶贫局面。《计划》还初步提出东部对口帮扶西部的协作扶贫方式，是"先富帮后富"的扶贫路线中"帮后富"的一个重要起点。中国扶贫攻坚的难点不是中东部，而是贫困人口聚集的西部地区，西部地区现代化水平低、基础设施薄弱、产业结构不合理等成为扶贫攻坚的主要障碍，不解决这些核心问题而全部依靠中央的扶贫开发政策和财政支出显然并非长久之计。在模式探索和经验总结基础上，1996年 7 月国务院颁发《关于组织经济较发达地区与经济欠发达地区开展扶贫协作的报告》，吹响了东西部扶贫协作的号角。中央政府在 2001 年 1 月专门成立西部地区开发领导小组并启动西部大开发战略，并将西部大开发定性为长期的发展战略和战略使命，这对全国一盘棋的扶贫开发起着非常重要的作用。此外，贫困县扶贫模式的确立和东西部扶贫协作战略、西部大开发战略的实施标志着中国扶贫从救济式向开发式的转变，这一转变也为企业参与扶贫开发奠定了实践基础。

第四阶段（2001—2010 年）：国家贫困村瞄准扶贫阶段。进入 21 世纪，国家八七扶贫攻坚计划基本完成，贫困人口分布结构发生变动，从区域分布转向点分布（陆汉文和黄承伟，2016）。2001 年国务院结合当前扶贫形势编制了《中国农村扶贫开发纲要（2001—2010）》，其将贫困县扶贫模式继续下沉为贫困村扶贫模式，全国划定 14.81 万个贫困村，至少覆盖 80% 的贫困人口。扶贫瞄准机制划定的范围进一步缩小，从侧面也凸显出扶贫攻坚的难度进一步加大，扶贫政策执行度、监督机制有效性和各级政府"人、财、物"的协调能力受到挑战。中央政府集中统筹的扶贫工作的局限性逐渐暴露，主要体现为各级部门权责不匹配带来的配合不协调和频发的相互推诿现象，还有为争取扶贫资金采取的投机取巧行为，诸如通过"项目拆分""大项目拖小项目""纸上项目"等方式获取更多的扶贫资金，甚至一些上级单位"明码标价"抽取扶贫资金挪作他用，更甚者侵吞扶贫资金。这些不良现象严重影响了扶贫成效，使深度贫困地区的扶贫局势非常严峻。这为政府积极调动各界力量服务扶贫攻坚提供了现实需要，一方面各界力量参与扶贫可以填补政府扶贫固有局限性；另一方面各界力量的参与在丰富扶贫主体的同时也增加了监督主体，可以提升扶贫监督机制的有效性。

第五阶段（2011—2012 年）：国家连片特困区扶贫阶段。毋庸置疑，在《中国农村扶贫开发纲要（2001—2010）》的贯彻执行下，多数农村贫困得到大幅度缓解，贫困局势也在悄然发生变化。对扶贫局势影响最深远的是中国的发展总路线逐渐从以经济建设为中心转变成经济发展与社会发展并举（杨宜勇和吴香雪，2016）。为此，国务院编制的《中国农村扶贫开发纲要（2011—2020)》明确指出："我国扶贫开发已经从以解决温饱问题为主要任务的阶段转入巩固温饱成果、加快脱贫致富、改善生态环境、提高发展能力、缩小发展差距的新阶段。"由于贫困村贫困局面取得巨大进展，扶贫模式再一次发生转变，从贫困村扶贫模式转变成集中连片特困地区扶贫模式，扶贫攻坚准度和难度进一步提升，对扶贫开发工作提出新要求。

第六阶段（2013—2020 年）：精准扶贫阶段。这一阶段仍以国家集中连片特困地区为基础单元进行扶贫开发。精准扶贫思想高度契合中国扶贫总体发展需求，是新时代中国扶贫开发的方向指引和行为准则，是对中国共产党扶贫思想的重大创新。随即出台的三大文件从机制提出、全国实行和资金保障三个方面促进精准扶贫思想的落地。三大文件分别是：2014 年 1 月，中共中央办公厅和国务院办公厅联合发布《关于创新机制扎实推进农村扶贫开发工作的意见》，进一步明确精准扶贫是扶贫开发工作机制的重要创新，统一制定了扶贫对象的精准识别方法，并在工作职责、管理体制、基层组织、队伍建设和环境营造等五个方面提出切实可行的保障措施。2014 年 5 月，国务院扶贫开发领导小组等七部委联合颁布《关于印发〈建立精准扶贫工作机制实施方案〉的通知》，标志着精准扶贫在全国范围内推行。为确保财政资金的精准运用，结合精准扶贫工作机制需要，2014 年 8 月国务院扶贫开发领导小组颁布了《关于改革财政专项扶贫资金管理机制的意见》，阐明了总体思路与基本原则，并在资金分配机制、资金使用机制和资金监管机制方面提出创新的改革意见，促进扶贫资金效益的充分发挥。2015 年 10 月召开的中国共产党第十届中央委员会决定将"扶贫攻坚"改为"脱贫攻坚"，彰显了党和国家解决贫困问题的决心和信念。随后陆续出台《关于打赢脱贫攻坚战的决定》《"十三五"脱贫攻坚规划》《关于打赢脱贫攻坚战三年行动的指导意见》等文件。这一时期，以习近平同志为核心的党中央把扶贫开发摆于治国理政的重要位置，精准扶贫思想也通过一系列的政策安排逐步走向制度化阶段（陆汉文和黄承伟，2016）。

第七阶段（2021 年至今）：乡村振兴阶段。经过 8 年的持续奋战，2020 年底，脱贫攻坚战获得圆满成功，也宣告精准扶贫阶段的结束。中国人民彻底摆脱了绝对贫困，国家扶贫开发重心从精准扶贫转向乡村振兴。

综上所述，从新中国成立至今，中国扶贫开发的巨大转变不仅仅体现为具体的政策措施、长期规划的制定和实施（陆汉文和黄承伟，2016），更体现在中国共产党领导下的扶贫思想的传承和演进，每一代领导团体总是能够结合当下经济和社会发展的现实需要制定科学、可行的扶贫方针，这也是中国在摆脱贫困这一世界性难题上获得璀璨成果的根本原因。以"先富帮后富"的扶贫路径为起点，中国扶贫思想的代际传承和科学演进不仅为鼓励企业积极参与乡村振兴提供了制度铺垫，也为企业乡村振兴画好了行动轨迹。表 3.1 梳理了新中国成立以来国家层面的贫困治理大事记。

表 3.1　新中国成立以来国家层面的贫困治理大事记

阶段	时间	事件/制度	作用/意义
第一阶段 (1949—1977 年)	1949—1954 年	土地改革、农业初级合作社等农村经济制度创新	调动农民生产积极性，农村经济持续改善
	1955—1977 年	农业高级合作社等	平均主义盛行，抑制了农民生产积极性；社会经济秩序混乱，阻碍了扶贫开发
第二阶段 (1978—1985 年)	1978 年 12 月	十一届三中全会审议通过《中共中央关于加快农业发展若干问题的决定（草案)》	首次明确提出中国存在大规模贫困问题
	1982 年 12 月	国家启动"三西"扶贫开发计划	首个大规模区域专项扶贫长期计划，同时开创开发式扶贫的先河
	1984 年 9 月	颁布《关于帮助贫困地区尽快改变面貌的通知》	国家真正意义上把反贫困作为重要任务（陆汉文和黄承伟，2016）
	1985 年 10 月	邓小平同志提出"先富帮后富"的扶贫路线	为扶贫开发奠定物质基础的创新性制度探索
第三阶段 (1986—2000)	1986 年 5 月	成立国务院贫困地区经济开发领导小组（1993 年 12 月更名为现今的国务院扶贫开发领导小组；2002 年与农业部分离并单独设置，升格副部级）	首次成立扶贫专门机构，中央统筹扶贫体系的发端
	1986 年	核定国家级贫困县（以 1985 年人均年收入低于 150 元的县为标准）	以县为单元建立瞄准扶贫机制，是扶贫开发的一次重要创新；同时标志着扶贫方式从救济式向开发式的转变
	1994 年 4 月	国务院制定并下发《国家八七扶贫攻坚计划》	中国首个长期扶贫开发规划，"帮后富"扶贫思想的重要起点
	1996 年 7 月	国务院颁布《关于组织经济较发达地区与经济欠发达地区开展扶贫协作的报告》	东西部扶贫协作战略正式开始，是"先富帮后富"扶贫思想付诸实践的重要起点
	2000 年 1 月	成立西部地区开发领导小组并启动西部大开发战略	

阶段	时间	事件/制度	作用/意义
第四阶段 （2001—2010 年）	2001 年 6 月	国务院制定并下发《中国农村扶贫开发纲要（2001—2010)》	瞄准扶贫机制进一步下沉至镇村级，扶贫难度和精准度进一步加大
	2001 年	划定国家级贫困村	
第五阶段 （2011—2012 年）	2011 年 12 月	国务院制定并下发《中国农村扶贫开发纲要（2011—2020)》	瞄准扶贫机制进一步提升精确度，首次提出建档立卡工作的动态管理方式
	2011 年	划定连片特困地区	
第六阶段 （2013—2020 年）	2013 年 11 月	习近平总书记提出精准扶贫思想	开启新时代扶贫开发新篇章
	2013 年 12 月	中共中央、国务院颁发《关于创新机制扎实推进农村扶贫开发工作的意见》	精准扶贫工作机制在全国范围内施行，促进精准扶贫思想落地；稳步推进精准扶贫工作机制
	2014 年 5 月	国务院扶贫开发领导小组等七部委制定《关于印发〈建立精准扶贫工作机制实施方案〉的通知》	
	2014 年 8 月	国务院扶贫开发领导小组颁布《关于改革财政专项扶贫资金管理机制的意见》	
	2015 年 11 月	中共中央、国务院颁布《关于打赢脱贫攻坚战的决定》	强调创新扶贫的社会参与机制，鼓励各类企业积极参与精准扶贫，落实精准扶贫优惠政策
	2016 年 11 月	国务院颁布《"十三五"脱贫攻坚规划》	
	2018 年 6 月	中共中央、国务院颁布《关于打赢脱贫攻坚战三年行动的指导意见》	
第七阶段 （2021 年至今）	2021 年 1 月	国务院扶贫办改组更名为国家乡村振兴局	贫困治理重心转向乡村振兴
	2021 年 1 月	中共中央、国务院颁布《关于全面推进乡村振兴加快农业农村现代化的意见》	吹响了全面推进乡村振兴的号角
	2021 年 4 月	颁布《中华人民共和国乡村振兴促进法》，并于 2021 年 6 月 1 日起实施	为全面实施乡村振兴战略提供法治保障
	2022 年 11 月	中共中央、国务院颁布《乡村振兴责任制实施办法》	落实乡村振兴目标责任制和考核评价制度

二、企业贫困治理层面

企业乡村振兴是中国特色社会主义建设的阶段性需要，也是顺应制度演变的必然结果。自新中国成立以来，党和政府始终把消除贫困作为长期的奋斗目标和执政宗旨，国家对贫困问题的高度关注和持续努力对企业的扶贫行为会产生积极的影响（Lobel，2013；Valor，2012）。政府单一扶贫主体在政策执行度、资金使用效率、监督有效性、扶贫对象识别准确度、机制运作灵活性等方面存在固有局限，并且随着贫困地区的贫困程度不断提升和瞄准的范围逐渐缩小，这些局限性更为凸显，增加了对多元扶贫主体的内生需要。企业作为扶贫主体逐渐成为政府扶贫开发的一个合理补充，在调节贫富差距中扮演着重要角色（梁建等，2010）。尤其在精准扶贫、乡村振兴等贫困治理思想落地后，一系列鼓励多元主体参与贫困治理的重要制度文件陆续出台，政策强度空前，企业扶贫主体的重要作用得到进一步升华。

长期以来，企业通过推动经济增长、贡献税收、增加就业、传递技术、扶危济贫、转变观念等方式在农民增收和促进农村经济发展中发挥着重要作用（赵昌文和郭晓鸣，2000）。企业扶贫的行为方式主要分为两种：第一种是间接方式扶贫。在这种方式下，企业并没有直接扶贫的动机和行为，而是通过日常经营活动创造自身价值，同时促进贫困区域经济增长、为国家扶贫行为提供税收资金、扩大贫困人口就业等，实现对贫困地区和贫困人员的间接救助。第二种是直接方式扶贫（综合方式扶贫）。在此方式下，企业扶贫动机明确，采取直接对贫困地区和贫困人员捐赠资金、投资扶贫项目、派驻人员指导技术和服务生产、提供必要生产要素等方式参与扶贫（陈锋，2010）。由于企业持续经营会在经济增长、税收、就业等方面做出贡献，因此也即间接扶贫与企业主体共存，采取直接方式扶贫时相当于是两种扶贫方式同步实施，为便于对这种状态的准确阐述，本书将直接方式扶贫又称为综合方式扶贫。企业的诞生和成长与政治环境、经济体制和社会发展水平息息相关，这也决定了企业扶贫行为同样受到这些因素的制约。企业扶贫历史悠久，在社会发展的不同阶段就像国家层面的扶贫一样表现出不同的行为方式和时代特色，但从阶段划分上却没有国家层面那么丰富，这主要有三个原因：第一，企业参与扶贫坚持自愿原则始终没有动摇，尤其民营企业，主要受政府政策引导、鼓励、呼吁等，并没有突破自愿原则的底线①，企业扶贫面临的更多选择是做与不做，而不是怎么做的问题。第二，从企业扶贫的外部影响来看，与西方成熟的市场经济主要由制度、市场和利益相关者推动企业社会责任不同的是，即便从计划经济时期过渡至目

---

① 除部分央企和地方国企被要求参与定点扶贫或其他扶贫项目以外，大部分企业遵循的是自愿原则。并且承担政治扶贫任务的这些央企和地方国企也基本保持自愿原则，根据钟宏武等（2016）的调查，2015年国有企业和民营企业各前100强企业中的62家定点扶贫企业也仅有27家存在实际的扶贫支出。

前的经济体制转型期，政府对市场资源、经济资源、市场运行、企业行为等仍保持较高的控制和影响水平（李四海等，2012），政府的主张和需求成为企业扶贫行为的一个重要推手，相对于西方的复杂因素，中国企业扶贫面临的外部因素相对简单。第三，中国企业的整体发展历程还比较短，企业扶贫的方式仍处在摸索阶段，基本是与政府成熟的扶贫战略保持一致，并没有自身鲜明的扶贫经历和阶段。因此，企业层面的扶贫演变主要受到中国经济体制和国家针对企业经营发展立场的影响。鉴于此，基于历史和制度环境因素的考虑，结合企业财务管理体制的变迁，本书从以下几个阶段分析新中国成立以来企业扶贫层面的演进：

第一阶段（1949—1977年）：计划经济时期的企业间接扶贫阶段。从新中国成立到1978年改革开放，中国实行计划经济的经济体制。在计划经济体制下，国家集中分配资源来协调和满足社会各主体的利益诉求（陈明明和王沪宁，1995），国家、社会、市场之间界限非常模糊，国家几乎承担了所有的扶贫任务，企业[①]没有施展的空间（赵佳佳，2017）。在企业财务管理方面，国家实行的体制是"统收统支、统负盈亏"，企业在这一时期的主要特征是没有经营自主权，对人、财、物没有配置权，对供、产、销没有决策权（郭复初，1998）。企业经营所需资金依靠国家统一调拨，企业资金使用要服从国家统一安排，企业按照国家统一制定的价格采购原料和销售商品，除去成本和税收后剩余的收入全部上交国库。企业根本没有机会和动机直接参与扶贫，即便存在企业向贫困地区捐赠的行为也基本是按照国家的安排行事（陈锋，2010），企业主体没有扶贫社会责任的意识。因此，这个时期企业只存在间接的扶贫形式，主要通过价值创造来促进贫困区域的经济发展、提升贫困人口的收入、增加贫困人口的就业，为扶贫做出贡献。

第二阶段（1978—1991年）：社会主义市场经济过渡期的企业综合扶贫萌芽阶段。从1978年开始，中国开启了以经济建设为中心的改革开放时代，在经济体制改革措施的推动下出现了多种经济主体成分，乡镇企业、民营企业、"三资"企业等发展迅速，为企业综合扶贫方式的诞生与发展奠定了基础。将1978—1991年单独作为一个阶段进行阐述，主要原因是社会主义市场经济的正式确立并非始于1978年，而是在1992年党的十四大，其间经历了长达14年的过渡期，过渡期的经济体制介于计划经济和社会主义市场经济之间，其对

---

① 指全民所有企业、集体所有企业和公私合营企业。在1957年私人经济完成国有化改造后，开启了全公有制时代。

企业行为产生深邃影响，并且这一时期的企业扶贫有其特殊性，一些影响至今的扶贫开发举措都源于这个时期。在过渡期，国家经济体制改革的总体思路是在计划经济基础上发展商品经济，国家对企业的经营管理方式发生着转变，通过"放权让利"逐步释放企业的自主经营能力，从"统收统支、统负盈亏"的企业财务管理机制转为"自收自支，包干上交"的方式（郭复初，1998）。国有企业在成本开支方面有了一定的自主权，这为企业开展扶贫工作创造了物质条件。由于过渡改革措施更多的是为了激发国有企业的经济责任意识（肖红军和阳镇，2018），所以企业综合扶贫仅仅处于萌芽阶段。尽管如此，国有企业在这一时期除了间接方式扶贫之外，还通过与贫困地区乡村开办生产摊点、派驻人员帮扶农村技术升级、承贷扶贫贴息、直接提供经济支持、深入贫困基层排难解困等直接方式开展扶贫（李先军和黄速建，2019；吴甫，1988），对贫困地区的经济发展做出了积极贡献。在这一时期还存在几股扶贫力量在改变着中国的贫困格局。第一股是以农民作为责任人的家庭联产承包责任制[1]，可以说打响了这一时期扶贫开发的第一枪，农民的身份从劳动者转变为生产者和经营者，成为农业生产中比较独立的经济实体。家庭联产承包责任制的推行极大地调动了农民的生产热情，农村经济水平和农民收入得到大幅提高。第二股扶贫力量来自这一阶段发展迅速的乡镇企业。农牧渔业部于1984年3月颁布的《关于开创社队企业新局面的报告》指出大力发展乡镇企业，随后乡镇企业数量剧增，占农村社会总产值的比重越来越大，成为企业扶贫的主要力量之一。乡镇企业主要通过促进农村经济发展、增加当地农民就业、创造税收等间接方式开展扶贫。乡镇企业的发展在为农村做出贡献的同时也为"先富"的扶贫路线奠定了坚实的物质基础，促进了其他经济主体成分的发展（李先军和黄速建，2019）。第三股力量是作为非营利性社会团体之一的基金会的成立，其不仅为企业参与扶贫架起了一座桥梁，而且为全国慈善事业的复兴注入动力。1981年7月中国第一个全国性基金会——中国儿童少年基金会宣布成立，随后全国性慈善机构纷纷成立。1988年9月27日，国务院发布实施《基金会管理办法》，第一次明确了基金会的法律地位，解决了基金会无章、无序的发展困境。1989年3月成立的中国青少年发展基金会发起了迄今社会参与最广泛、社会影响最大的"希望工程"公益事业。后续的"春蕾计划""幸福工程""母

---

[1] 虽然家庭联产承包责任制属于国家政策扶贫的典范，本应归属于国家层面扶贫，但考虑到其形式上是农民作为承包方的合同履约和"自负盈亏"过程，与经济组织类似，出于研究的需要将其划分为企业扶贫层面。

亲水窖"等公益事业接纳着来自各类经济主体的捐赠。第四股力量是国有企业作为定点扶贫挂钩单位开展扶贫。1986 年中国第一个扶贫机构——国务院贫困地区经济开发领导小组成立，随即启动了定点扶贫工作。随着定点扶贫工作的推进，国有企业逐渐加入定点扶贫大军，例如 1989 年江西省景德镇市 125 个扶贫挂钩单位中有 22 个驻市的部、省属国有企业和 54 个市属企事业单位（刘帆和陈大雄，1990）。大多数国有企业把定点扶贫作为政治任务去执行，这一认识影响至今。此外，这一时期国家对贫困问题提高了认识以及一系列措施举动为企业参与扶贫开发营造了政治和制度环境，比如前已述及的"先富帮后富"扶贫思想的提出、国家专门成立扶贫工作机构、首次明确全国范围内贫困问题等。

第三阶段（1992—2012 年）：社会主义市场经济时期的企业综合扶贫成长阶段。这个阶段对企业扶贫影响最深远的是 1992 年 10 月召开的中国共产党第十四次全国代表大会，大会明确提出将社会主义市场经济作为经济体制改革的目标。经济改革措施极大地激活了发展潜力，各类经济成分的企业蓬勃发展，尤其是把市场经济环境视为成长摇篮的民营企业，被社会主义市场经济体制赋予了经营的合法性地位（肖红军和阳镇，2018），像脱缰的野马一样驰骋在市场经济的赛场上。国家对国有企业的经营管理方式也在发生转变，以"产权明晰、权责明确、政企分开、管理科学"的现代企业制度要求深入企业的改革，财务管理体制也由"自收自支，包干上交"转变为"自主经营，自负盈亏"（郭复初，1998），激发了企业的经营活力，加速了发展。这一阶段企业综合扶贫步入发展期，在政府总体部署和政策引导下，企业逐渐在扶贫开发方面发挥着重要作用。国务院在 1994 年 4 月发布的《国家八七扶贫攻坚计划》提到要充分发挥"各类民间扶贫团体的作用"。为积极响应国家的扶贫攻坚需求，在众多非公有制经济代表人的推动下，1995 年中国光彩事业促进会成立，并逐渐成为民营企业投身扶贫开发的一面旗帜，是民营企业践行"帮后富"扶贫路线的典范。1996 年 7 月启动的东西部扶贫协作战略和 2000 年 1 月国家启动的西部大开发战略，是"先富帮后富"扶贫思想和扶贫承诺在国家层面上的实践和兑现，"先富"的东部地区和东部企业积极响应国家战略部署，主动承担帮助西部发展的重任，其中东部企业的对口帮扶做出的贡献厥功至伟。比如光彩事业促进会的民营企业以西部大开发战略为导向，以投项目、办企业、育人才、兴商贸、捐资金等形式帮扶贫困地区和贫困人员。当然，企业力量在西部地区加速凝聚的局面也离不开国家对西部地区在财政、税收、投资、金融、产业、土地等多方面差别化政策的支持。东西部扶贫协作战略和西部大开发战略的实施进一步加深了政府对政企协同的作用、社会力量参与扶贫的必要性、企业"帮后富"的潜力等方面的认知。在此基础上，2001 年 6 月国务院制定的《中国农村扶贫开发纲要（2001—2010）》首次将"政府主导，全社会参与"的多元扶贫主体写入扶贫方针，象征着企业扶贫正式进入与国家扶贫战略协同的时代。经历多年富有成效的扶贫实践，国务院在 2011 年颁发的《中国农村扶贫开发纲要（2011—2020）》进一步提升了对社会扶贫力量的重视，强调在"先富帮后富"原则下鼓励企业履行扶贫社会责任。

第四阶段：（2013 年至今）：社会主义市场经济时期的企业综合扶贫发展阶段。精准扶贫战略和乡村振兴战略是这一阶段企业参与贫困治理的思想准绳和行为准则。从企业角度考虑，两种贫困治理行为在实质上相似，出于突出研究主题和简化目的，本书把企业在这一阶段开展的贫困治理统一称为企业乡村振兴，其与企业扶贫、企业综合扶贫的概念在这一阶段从内涵上是一致的。2013 年底，农村贫困人口仍有 8249 万，按照既定目标，到 2020 年贫困人口全部实现脱贫，任务十分艰巨。并且随着贫困人口的逐渐减少，贫困地区的贫困程度将越深，这对扶贫精准度要求越来越高，脱贫难度将随之加大，从形势上看需要全社会形成更大的合力脱贫攻坚。因此，这一阶段对企业乡村振兴产生巨大影响的是党和国家对多元主体参与扶贫的态度以及与此相对应的政策强度。从 2013 年开始，国家陆续出台多项对企业乡村振兴产生深远影响的制度文件。《关于创新机制扎实推进农村扶贫开发工作的意见》提出形成"政府、市场、社会协同的扶贫格局"，企业作为市场最重要的参与主体，它的扶贫地位高于以往任何一个阶段，政府与企业在扶贫上的关系从"主导—配合"转变成"协同—共赢"，强化了企业扶贫意识和责任感。2014 年 11 月，国务院颁发的《关于进一步动员社会各方面力量参与扶贫开发的意见》第一次对"社会各方面力量"给出详细的界定，这充分说明政府对包括企业在内的多元主体积极参与乡村振兴寄予厚望，也指出多元扶贫主体对脱贫攻坚赢得胜利的重要性。《关于打赢脱贫攻坚战的决定》（下文简称《决定》）为各个领域指明了清晰的方向，对企业乡村振兴提出了更为具体的要求，动员力度可谓空前，充分体现了政策的紧迫感。比如《决定》提出深入推进中央企业的"百县万村"活动，要求工商联系统组织民营企业的"万企帮万村"活动等。在《决定》的推动下，2016 年 9 月中国证监会随即颁布《关于发挥资本市场作用服务国家脱贫攻坚战略的意见》，详细地描绘出上市公司开展乡村振兴的工作指引，并要求参与乡村振兴的上市公司在年报中披露乡村振兴工作情况。同年 12 月沪深交易所分别下发《关于进一步完善上市公司扶贫工作信息披露的通知》和《关于做好上市公司扶贫工作信息披露的通知》，明确上市公司在年报中披露乡村振兴信息的方式和内容要求，在年报中按要求格式单独披露扶贫信息史无前例。作为企业佼佼者的上市公司在政府鼓励、政策支持、自愿参与和规范披露的行为准则框架下开展乡村振兴。此后政府针对企业乡村振兴行为陆续出台了税收等方面的优惠措施来鼓励企业乡村振兴。

综上所述，从企业扶贫演变的路径看，企业扶贫行为与国家经济体制和国家扶贫战略、规划高度契合，展示出强烈的制度特征，也充分体现出社会发展阶段的需要与国家制度环境的变迁在形塑企业扶贫意识和扶贫责任方面发挥的巨大作用。在"先富帮后富"的扶贫思想提出后，国家的政策、资源、产业的布局重心向东部地区及第二、三产业转移，大量企业在改革开放政策红利的推动下得以快速发展，企业成就深处肩负着"帮后富"的历史使命，这也是社会发展的需要以及制度因素在企业扶贫方面产生影响的深层原因。然而，随着社会主义市场经济改革的不断深化，市场在资源配置上的能力和作用越发显现。企业作为市场的重要主体，它的生存和发展不能凌驾于市场逻辑之上，那么企业在"帮后富"的践行中能不违背市场逻辑赋予企业的逐利本性吗？从上市公司乡村振兴的情况来看，答案是肯定的，那么企业乡村振兴形成的不仅仅是"企业、市场和社会的扶贫格局"，更是政府、股东、贫困人员、债权人等社会参与者的共赢格局，那是什么在帮助企业实现逐利目标呢？对这些问题进行深入剖析显然是十分有意义的，不仅能够解释企业乡村振兴的内在运动逻辑，而且能加深对转型期政企协作效能在社会进程中所发挥作用的理解。表 3.2 梳理了新中国成立以来企业层面的扶贫大事记。

表 3.2 新中国成立以来企业层面贫困治理大事记

阶段	时间	事件/制度	作用/意义
第一阶段 (1949—1977 年)	1949—1977 年	计划经济的"统收统支、统负盈亏"	企业没有直接扶贫的决策权，仅通过间接方式扶贫
第二阶段 (1978—1991 年)	1978 年 12 月	十一届三中全会确立发展重点转为以经济建设为中心	"放权让利"，企业拥有了一定程度的扶贫支出自主权
	1978 年 12 月	家庭联产承包责任制转变了农民角色	解放农村生产力，大幅提升农民收入
	1981 年 7 月	第一个全国性非营利社会团体——中国儿童少年基金会成立	开启了中国慈善事业的复兴之路，为企业扶贫搭建了一座桥梁

续表

阶段	时间	事件/制度	作用/意义
第二阶段 （1978—1991 年）	1982 年 1 月	改革开放以来第一个中央一号文《全国农村工作会议纪要》	正式承认家庭联产承包责任制的合法性地位
	1984 年 3 月	《关于开创社队企业新局面的报告》	提出发展乡镇企业，改善农村经济
	1986 年 5 月	定点扶贫开发计划启动	国有企业扶贫政治任务的起源
	1988 年 9 月	国务院颁发《基金会管理办法》	第一次明确基金会的法律标准和规范，完善和规范基金会的桥梁作用
第三阶段 （1992—2012 年）	1992 年 10 月	党的十四大确立社会主义市场经济体制	激发企业经营活力，民营企业获得合法性地位，促进经济蓬勃发展，为企业扶贫打造物质基础
	1994 年 4 月	《国家八七扶贫攻坚计划》强调民间扶贫团体的作用	激化了民营企业的"帮后富"的扶贫责任意识，是民营企业"帮后富"行为的重要起点
	1996 年 7 月	东西部扶贫协作战略实施	差别化政策推动企业扶贫的重要起点和成功范例
	2000 年 1 月	西部大开发战略实施	
	2001 年 6 月	国务院制定并下发《中国农村扶贫开发纲要（2001—2010）》	首次把"政府主导，全社会参与"写入扶贫方针中
第四阶段 （2013 年至今）	2014 年 11 月	国务院颁发《关于进一步动员社会各方面力量参与扶贫开发的意见》	首次界定社会各方力量的详细构成，传递了政府对多元扶贫主体的强烈诉求
	2015 年 11 月	《关于打赢脱贫攻坚战的决定》为企业提出更清晰的扶贫路径	扶贫动员力度很大的政策文件
	2016 年 6 月	《关于发挥资本市场作用服务国家脱贫攻坚战略的意见》	推动上市公司实施乡村振兴的重要力量，是上市公司乡村振兴信息年报披露政策的指导文件
	2016 年 12 月	《关于进一步完善上市公司扶贫工作信息披露的通知》	
	2016 年 12 月	《关于做好上市公司扶贫工作信息披露的通知》	

阶段	时间	事件/制度	作用/意义
第四阶段 （2013 年至今）	2017 年 12 月	国务院扶贫办发布《关于完善扶贫龙头企业认定和管理制度的通知》	企业乡村振兴的一系列配套政策，对规范企业乡村振兴和促进企业乡村振兴持续性起到重要作用
	2018 年 5 月	国家税务总局发布《关于加强脱贫攻坚税收优惠政策贯彻落实工作的通知》	
	2018 年 11 月	财政部发布《关于贯彻落实支持脱贫攻坚税收政策的通知》	
	2019 年 4 月	财政部、税务总局、国务院扶贫办联合发布《关于企业扶贫捐赠所得税税前扣除政策的公告》	
	2019 年 8 月	国家税务总局发布《关于加强脱贫攻坚税收优惠政策贯彻落实工作的通知》	
	2022 年 11 月	《乡村振兴责任制实施办法》	正式提出"探索建立健全企业支持乡村振兴机制"的工作要求

第二节　中国 A 股上市公司乡村振兴的结构特征

一、样本选择与数据来源

（一）样本选择

自沪深交易所分别下发《关于进一步完善上市公司扶贫工作信息披露的通知》和《关于做好上市公司扶贫工作信息披露的通知》后，上市公司从 2016 年开始在年报中披露精准扶贫信息。以上文件对上市公司精准扶贫信息披露的具体要求有：第一，上市公司应在年报"重要事项"章节中充分披露扶贫工作情况，包括精准扶贫规划、精准扶贫概要、精准扶贫成效、后续精准扶贫计划等内容；第二，在精准扶贫成效内容中披露定量指标。2021 年 5 月，交易所对上市公司乡村振兴信息披露的位置和方式做了修订，新增环境和社会责任章节，将定期报告正文里与环境保护、社会责任有关条文统一整合至新增后的

"第五节 环境和社会责任"中，鼓励上市公司自愿披露在报告期内为巩固拓展脱贫攻坚成果、乡村振兴等工作情况。2021年的修订弱化了乡村振兴定量指标的披露信息。

本书借助上市公司乡村振兴数据综合反映企业乡村振兴的全貌。为排除新冠疫情对上市公司年报数据的非正常影响，考虑到年度数据连续性、公司IPO或退市行为会使上市公司总数产生动态变化等，本书基础样本及数量选择截至2018年8月31日在沪深交易所A股上市的公司，共3533家。在此基础上搜集2016—2018年上市公司乡村振兴数据，由于在2017年3月之后上市的公司基本不会披露2016年年报等财务信息，因此2016年搜集上市公司数量共3113家；2018年3月—2018年8月共新上市48家公司，这48家IPO公司并未披露2017年财务信息，因此2017年搜集上市公司数量共3485家；当2019年搜集2018年乡村振兴数据时，3533家基础上市公司共退市6家，因此2018年搜集上市公司数量共3527家。样本公司数量详见表3.3。

表3.3 样本公司数量

年度	公司样本数量（家）	披露社会责任报告公司数量（家）
2016	3113	796
2017	3485	814
2018	3527	844
合计	10125	2454

（二）数据来源及搜集方式

为确保数据准确性，本书从上市公司年报和社会责任报告中手工提取乡村振兴数据，共翻阅10125份年报与2454份社会责任报告（可持续发展报告）[①]。基础样本及数量数据来自CSMAR数据库，年报与社会责任报告（可持续发展报告）来自上交所和深交所官方网站，部分缺失数据从巨潮资讯网搜集补充。

乡村振兴数据的搜集和确认按照以下步骤和标准。第一步，翻阅公司年报以及社会责任报告，判断上市公司是否实施乡村振兴。同时翻阅社会责任报告

---

① 信息披露相关通知除规定上市公司在年报中披露乡村振兴信息外，还规定应当在社会责任报告中单独、重点披露乡村振兴情况。在搜集数据的过程中，发现一些公司的乡村振兴信息只披露于社会责任报告中，而不在年报中披露，为确保数据无遗漏，本书搜集了所有上市公司的社会责任报告。

是因为部分上市公司沿袭以往的做法，只在社会责任报告中披露乡村振兴信息而未按照要求格式在年报中披露（例如东风汽车、泰禾集团等）；还有一些公司仅在年报中对乡村振兴进行文字描述，仍需进一步确认社会责任报告中是否有具体的支出信息（例如金融街、中航飞机等）。第二步，从年报中的乡村振兴支出明细表中获取数据，并在社会责任报告中予以核实，并加总进行验证。因为一些上市公司填报的乡村振兴支出明细表会出现错误。第三步，对实施乡村振兴却未填报乡村振兴支出明细表的上市公司，对其社会责任报告中的慈善捐赠支出项目进行筛选，按照一定原则从中选出归属乡村振兴的支出。筛选原则为剔内留外。剔内留外原则需同时满足两个层面的渐进条件：一是公司内外，剔除对内部员工的福利捐赠等帮扶项目，保留对外部贫困人员的帮扶项目；二是公司所在地内外，剔除捐赠于本地的帮扶项目（公司所在地即为贫困区域的除外），保留捐赠于外地的帮扶项目，这部分数据在谨慎性原则下可能会一定程度地低估乡村振兴金额，但考虑到所占比例较小，并不会影响整体数据的代表性。

（三）信息披露存在的问题

如前已提及，在收集整理数据过程中，发现部分上市公司披露的乡村振兴信息在数据的可得性、规范性和完整性等方面存在一些问题。

第一，部分乡村振兴项目跨时长，投资主体多，数据披露难度客观存在。一些上市公司的乡村振兴项目投资金额大，时间跨度长，而披露的信息中大多未对项目投资按年度划分，很难区分年度投资金额。另外，上市公司的扶贫项目出资方可能是政府、上市公司、自然人或多方合作注资，数据细分和归类难度较大。

第二，乡村振兴信息披露缺乏更详尽的指导意见，上市公司对披露制度的理解存在偏差，数据口径难统一。支出明细表中详细列明了项目分类，但对于乡村振兴支出如何归类填表，上市公司理解不一。比如：支出"总体情况"下设"资金""物质折款"两项明细内容，不少上市公司把"总体情况"金额再次填入分项"资金"中，又单独列示"物质折款"项；又如部分上市公司将农民增加的收入也纳入乡村振兴支出中，或者将救助困难职工的支出纳入乡村振兴支出等。类似情况也多发生于其他项目分类中，真实扶贫信息却模糊填报，降低了数据客观性和可比性，使得数据收集和整理工作筛选和重分类工作。

第三，上市公司重视不够，屡现显而易见的错误。一方面，部分上市公司对乡村振兴信息披露不够重视，表现出很强的任务导向，为了填支出明细表而将明显不属于乡村振兴的项目纳入年报表格中予以披露。另一方面,支出明细表填写不规范,明细数与总数不一致、货币单位混淆、重复计算、错报漏报等现象频发,违背了财务报表内容完整、计算准确的基本编制原则。

第四,部分上市公司并未按照要求披露乡村振兴信息,披露格式千差万别。比如,2017 年,有 87 家上市公司投入了乡村振兴资金,但没有按照披露要求在年报中披露,而是在社会责任报告中披露;有 140 家上市公司存在乡村振兴支出,在年报中虽然予以披露却并未按照要求格式单列乡村振兴信息和未填写支出明细表;有 7 家上市公司在年报中单列了乡村振兴信息,但仅仅是文字描述,资金支出却又在社会责任报告中披露;等等。

二、数量分布描述性统计

(一)数量总体分布概况

在乡村振兴信息年报披露政策指引下,上市公司参与乡村振兴①的数量逐年递增,从 2016 年的 667 家增至 2018 年的 1237 家,增长近一倍。2018 年参与乡村振兴公司数量占所有上市公司数量比例达 35.06%,超过三分之一的上市公司参与了乡村振兴,彰显了政策的一定效力。上市公司乡村振兴数量概况详见表 3.4。翻阅上市公司年报和企业社会责任报告,发现存在两类需要特别统计的上市公司:一类是虽然当年有乡村振兴的相关支出,但却并未按照政策指引在年报中进行披露,而是在社会责任报告或年报的其他位置披露了支出情况。从表 3.4 可知,这样的公司数量在 2016—2018 年分别为 61 家、158 家、87 家,表明这些企业实施了乡村振兴而忽视了年报披露政策的相关要求。另一类是虽然按照要求在年报中披露乡村振兴信息,但没有披露任何与乡村振兴有关的支出数据。这样的公司数量在 2016—2018 年分别为 57 家、61 家、116 家,表明这些上市公司已经关注到政策指向,只是还未有实质的乡村振兴行为。此外,从数据的变动趋势来看,2018 年有乡村振兴支出但未披露的公司数量 87 家,明显少于 2017 年的 158 家,主要原因是 2017 年的 158 家上市公司有一部分在 2018 年按照政策要求在年报中披露了乡村振兴的相关信息,一定限度地呈现出上市公司在乡村振兴信息披露方面不断完善的态势。

---

① 考虑到部分上市公司只是在年报或社会责任报告中披露一些文字信息而没有产生任何支出,秉持实质重于形式原则,本书只将有实际乡村振兴支出的上市公司视为参与了乡村振兴。

表 3.4　上市公司乡村振兴数量总体分布概况

年度	有乡村振兴支出（家）			无乡村振兴支出（家）			披露情况合计（家）			披露公司占比（%）	支出公司占比（%）
	披露[1]	未披露[2]	小计	披露[3]	未披露	小计	披露	未披露	总计		
2016	606	61	667	57	2389	2446	663	2450	3113	21.30	21.43
2017	936	158	1094	61	2330	2391	997	2488	3485	28.61	31.39
2018	1150	87	1237	116	2174	2290	1266	2261	3527	35.91	35.06

注：1. 为简化表格，披露特指在年报中按照政策指引披露乡村振兴信息（下文同）；2. 表示虽有乡村振兴支出但却未按要求格式披露，而是披露于社会责任报告或年报其他位置（下文同）；3. 表示虽无乡村振兴支出但却按要求披露了除支出以外的其他乡村振兴信息（下文同）。

　　为更细致地观察上市公司乡村振兴的数量动态规律，表 3.5 统计了不同股票交易板块的上市公司乡村振兴数量分布概况。从表 3.5 中可知沪深 A 股主板市场的上市公司是参与乡村振兴的主力军，"所有支出"占比数据之和始终保持在 60% 以上。沪深 A 股主板市场大部分上市公司属于国有企业，国有企业参与乡村振兴是一项政治任务，经营目标中隐含较多政绩目标，因此在响应国家扶贫政策方面积极性更高（张建君，2013），这一点从表 3.5 "本板块"占比数据中可清晰看出。此外，从"所有支出"占比数据的变化规律来看，主板市场支出公司占比在下降，中小企业板和创业板支出公司占比逐渐上升。

表 3.5 上市公司乡村振兴分板块数量分布概况

股票交易板块	年度	有乡村振兴支出（家）			无乡村振兴支出（家）			合计（家）	支出公司占比（%）		K−W 检验		
		披露	未披露	小计	披露	未披露	小计		本板块	所有支出	年度	χ^2	P 值
上交所A股主板	2016	358	33	391	28	795	823	1214	32.21	58.62	2016	9.25	0.026
	2017	480	89	569	25	806	831	1400	40.64	52.01			
	2018	580	39	619	48	732	780	1399	44.25	50.04			
深交所A股主板	2016	111	5	116	17	330	347	463	25.05	17.39	2017	3.51	0.319
	2017	158	26	184	13	267	280	464	39.66	16.82			
	2018	196	14	210	22	277	299	509	41.26	16.98			
深交所A股中小企业板	2016	114	18	132	9	690	699	831	15.88	19.79			
	2017	219	27	246	10	647	657	903	27.24	22.49			
	2018	250	23	273	31	597	628	901	30.30	22.07			
深交所A股创业板	2016	23	5	28	3	573	576	604	4.64	4.20	2018	1.62	0.656
	2017	79	16	95	13	610	623	718	13.23	8.68			
	2018	124	11	135	15	567	582	717	18.83	10.91			

本书按年度对分组数据采用 K−W 秩和检验或中位数检验等非参数检验[①]的方差分析方法，检验各组别之间的数据在统计意义上是否有显著差异。从表 3.5 可知，2016 年 K−W 秩和检验结果 P 值均小于 0.05，认为在 5% 显著性水平下不同股票交易所板块参与乡村振兴的上市公司数量在总体上存在显著差异；2017 年和 2018 年 K−W 检验结果 P 值均大于 0.1，认为不存在显著差异。

（二）表现形式分析

上市公司乡村振兴信息披露形式多样，为了便于分析，本书将披露的信息分成三种表现形式：第一种，有具体的资金（含物资折价）支出的乡村振兴行为，称为实质乡村振兴，本书企业乡村振兴特指此类表现形式；第二种，虽没有具体的资金支出，但通过文字或图片在公司年报或社会责任报告中表达了公司乡村振兴的意愿，称为形式乡村振兴；第三种既没有实质乡村振兴又没有形

---

① 通过检验，本章节涉及的大部分分组数据并不满足正态分布和方差齐性的假设条件，无法使用 t 检验或单因素参数等参数检验方法。由于非参数检验并不以正态分布和方差齐性为前提假设，因此本书主要采取非参数检验方法判断分组间数据在统计意义上的差异显著性。

式乡村振兴的上市公司，称为暂无乡村振兴。表 3.6 统计了以上三种表现形式的总体数量分布情况。如前所述，实质乡村振兴的上市公司从数量和比重上逐年增加，相对应的暂无乡村振兴的上市公司数量和比重逐年下降，形式乡村振兴的上市公司数量和比重存在波动。实质乡村振兴的上市公司在 2018 年从数量和比重上双双超过另外两种表现形式，体现了乡村振兴的政策效应。此外，形式乡村振兴的上市公司有较大潜力在未来转型为实质乡村振兴上市公司。至 2018 年，总体上接近三分之二的上市公司在资金或形式上表达了乡村振兴意愿。

表 3.6　上市公司乡村振兴表现形式分析

年度	实质乡村振兴		形式乡村振兴		暂无乡村振兴		合计（家）
	数量（家）	比重（%）	数量（家）	比重（%）	数量（家）	比重（%）	
2016	667	21.43	961	30.85	1485	47.72	3113
2017	1094	31.39	803	23.04	1588	45.57	3485
2018	1237	35.06	1064	30.16	1226	34.78	3527

（三）披露社会责任报告的上市公司乡村振兴分布概况

企业可以自愿披露社会责任的相关信息。一直以来，单独披露社会责任报告的企业往往被认为拥有较好的公众形象和社会声誉（沈洪涛，2007），理应会更积极地响应政府乡村振兴政策号召。表 3.7 从社会责任报告视角观察上市公司的乡村振兴表现。为简化表格，将社会责任披露情况分为三种情形：情形 Ⅰ 为单独披露社会责任报告的企业；情形 Ⅱ 为虽没有单独披露社会责任报告，但在年报中披露了社会责任工作履行情况；情形 Ⅲ 为既没有披露社会责任报告，又在年报中无任何提及社会责任履行情况。

表 3.7　社会责任报告视角下的上市公司乡村振兴数量分布情况

情形	年度	有支出（家）			无支出（家）			合计（家）	有支出占合计比（%）
		披露	未披露	小计	披露	未披露	小计		
情形Ⅰ	2016	325	36	361	20	415	435	796	45.35
	2017	410	80	490	22	302	324	814	60.20
	2018	474	34	508	37	299	336	844	60.19

续表

情形	年度	有支出（家）			无支出（家）			合计（家）	有支出占合计比（%）
		披露	未披露	小计	披露	未披露	小计		
情形Ⅱ	2016	255	24	279	34	1518	1552	1831	15.24
	2017	488	78	566	36	1523	1559	2125	26.64
	2018	615	52	667	72	1502	1574	2241	29.76
情形Ⅲ	2016	26	1	27	3	456	459	486	5.56
	2017	38	0	38	3	505	508	546	6.96
	2018	61	1	62	7	373	380	442	14.03

（四）行业分布概况

行业是影响企业社会责任积极性的重要因素。Johnson（1966）认为处于寡头和垄断竞争行业中的企业要比其他竞争环境下的企业更积极地参与慈善捐赠。垄断企业不需要通过慈善捐赠获取竞争优势，而完全竞争市场的小企业通常没有足够的资源负担社会责任（Useem，1988；钟宏武，2007）。Brammer and Millington（2005）的研究发现，行业成熟度高的企业要比新兴行业的企业更积极参与慈善捐赠。从表3.8看出，占上市公司超过半壁江山的制造业在乡村振兴事业上扮演着重要角色，2016—2018年支出公司占"全部支出公司"比例均超过50%，2018年更是高达57.48%；金融、电力（热力、燃气及水生产和供应业）、采矿业、交通运输（仓储和邮政业）、水利（环境、公共设施管理等）等行业集中度较高的企业的支出公司占"本行业"的比例普遍较高，与Johnson（1966）的研究结论相符；农、林、牧、渔业与贫困地区的天然联系促使这些企业表现出积极的乡村振兴行为。

表 3.8　上市公司乡村振兴行业数量分布概况

行业	有乡村振兴支出（家）			无乡村振兴支出（家）			支出公司占比（%）						K—W 检验		
---	---	---	---	---	---	---	本行业			全部支出公司					
	2016	2017	2018	2016	2017	2018	2016	2017	2018	2016	2017	2018	年度	χ^2	P 值
制造业	338	607	711	1578	1587	1499	17.64	27.67	32.17	50.67	55.48	57.48			
信息传输、软件和信息技术服务业	18	46	53	221	212	205	7.53	17.83	20.54	2.70	4.20	4.28			
批发和零售业	34	54	68	122	109	100	21.79	33.13	40.48	5.10	4.94	5.50			
房地产业	29	42	47	96	84	90	23.20	33.33	34.31	4.35	3.84	3.80			
电力、热力、燃气及水生产和供应业	44	71	64	58	37	47	43.14	65.74	57.66	6.60	6.49	5.17	2016	39.37	0.001
交通运输、仓储和邮政业	31	47	49	58	50	47	34.83	48.45	51.04	4.65	4.30	3.96			
建筑业	24	36	42	65	60	56	26.97	37.50	42.86	3.60	3.29	3.40			
金融业	63	74	73	16	10	12	79.75	88.10	85.88	9.45	6.76	5.90			
采矿业	32	41	46	41	34	28	43.84	54.67	62.16	4.80	3.75	3.72			
文化、体育和娱乐业	15	20	20	32	37	37	31.91	35.09	35.09	2.25	1.83	1.62	2017	38.44	0.001
租赁和商务服务业	7	10	13	38	41	41	15.56	19.61	24.07	1.05	0.91	1.05			
科学研究和技术服务业	2	8	8	30	38	38	6.25	17.39	17.39	0.30	0.73	0.65			
水利、环境和公共设施管理业	12	15	13	27	31	35	30.77	32.61	27.08	1.80	1.37	1.05			

续表

行业	有乡村振兴支出（家）			无乡村振兴支出（家）			支出公司占比（%）							K—W检验		
							本行业			全部支出公司						
	2016	2017	2018	2016	2017	2018	2016	2017	2018	2016	2017	2018		年度	χ^2	P值
农、林、牧、渔业	13	15	20	27	25	20	32.50	37.50	50.00	1.95	1.37	1.62		2018	21.72	0.019
综合	2	3	3	20	19	20	9.09	13.64	13.04	0.30	0.27	0.24				
住宿和餐饮业	2	1	2	7	8	7	22.22	11.11	22.22	0.30	0.09	0.16				
卫生和社会工作	1	4	4	7	5	5	12.50	44.44	44.44	0.15	0.37	0.32				
教育	0	0	1	3	3	2	0	0	33.33	0	0	0.08				
居民服务、修理和其他服务业	0	0	0	0	1	1	—	0	0	0	0	0				
合计	667	1094	1237	2446	2391	2290	—	—		100	100	100		—		

注：限于表格篇幅，仅以实质乡村振兴为分析基础，并未再细分至形式乡村振兴和暂无乡村振兴（下同）。

此外，批发零售业、文体娱乐业等表现出积极的参与度，这些行业的特点是需要与消费者密切接触（Useem，1988；山立威等，2008），通过乡村振兴可以吸引公众和媒体的关注，达到广告目的（Brown，et al.，2006），推动实行产品差异化战略（高勇强等，2012）。总体而言，从行业视角来看，结论与前人的研究成果基本吻合。

2016—2017 年的 K—W 秩和检验结果 P 值均小于 0.01，2018 年的 P 值小于 0.05，这说明至少在 5％显著性水平下不同行业参与乡村振兴的上市公司数量在总体上存在显著差异，表明行业因素对企业乡村振兴参与度产生显著影响。

（五）区域分布概况

企业所在的地理位置是影响企业社会责任的另一重要因素（Husted，et al.，2016）。李四海（2010）指出，企业所在地区的市场化程度、政府干预度和法制水平都会对企业慈善捐赠产生影响。南锐和翟羽佳（2013）的研究表明，中国地区慈善捐赠水平差异等级程度较高，东中西部地区慈善捐赠水平差异明显。就乡村振兴而言，西部地区是深度贫困地区集聚区，地方政府的区域脱贫压力显然大于东部地区，政府在动员包括企业在内的社会力量共同服务脱贫攻坚的积极性和动力更大。由此，西部地区企业面临的政策引导力度也随之加大，乡村振兴参与度更高。表 3.9 展示了区域数量分布情况，从表中可知 2016 年每个省份的上市公司整体参与度并不高，但是，随着时间推移，除了个别省份的上市公司参与度出现回落以外，大部分省份的上市公司都呈现参与度增长趋势。

从表 3.9 中"本区域"占比可知，西部地区和中部地区的比例普遍较高，尤其是西部地区，比如西藏自治区，全部的上市公司每年都参与了乡村振兴。除了中部的吉林、黑龙江、青海以外，2018 年中西部省份的上市公司乡村振兴参与度都超过 40％，绝大部分超过 50％。形成鲜明对比的是经济发达的东部地区，除北京、海南、福建、河北外，其他省份的参与度均低于 30％。这一现象比较符合之前的推论。除了政策引导力度的差异以外，可能还存在以下原因：第一，东部市场化程度高于中西部，乡村振兴会挤出企业维持激烈市场竞争所需要的资源，可能降低了企业的乡村振兴意愿。第二，东部地区的企业从投资布局、产品市场定位甚至是选址都距离西部地区太遥远，更何况西部地区贫困人员很难与自己存在利益牵连，从而缺乏乡村振兴的积极性。

通过秩和检验结果可知，2016—2018 年的 K—W 检验 P 值均小于 0.05，说明至少在 5％显著性水平下不同地区参与乡村振兴的上市公司数量在总体上存在显著差异，表明地区因素对企业乡村振兴参与度产生显著影响。

表 3.9 上市公司乡村振兴区域数量分布概况

区域		有乡村振兴支出（家）			无乡村振兴支出（家）			支出公司占比（%）						K-W检验		
								本区域			全部支出公司					
		2016	2017	2018	2016	2017	2018	2016	2017	2018	2016	2017	2018	年度	χ²	P值
东部地区	北京	56	83	102	232	227	209	19.44	26.77	32.80	8.40	7.59	8.25			
	天津	10	8	13	35	41	36	22.22	16.33	26.53	1.50	0.73	1.05			
	河北	10	16	25	41	40	31	19.61	28.57	44.64	1.50	1.46	2.02			
	辽宁	13	18	19	59	55	55	18.06	24.66	25.68	1.95	1.65	1.54			
	上海	45	71	78	202	207	200	18.22	25.54	28.06	6.75	6.49	6.31			
	江苏	50	93	97	278	292	288	15.24	24.16	25.19	7.50	8.30	7.84	2016	46.67	0.0270
	浙江	29	64	85	316	352	330	8.41	15.38	20.48	4.35	5.85	6.87			
	福建	25	46	69	85	83	60	22.73	35.66	53.49	3.75	4.20	5.58			
	山东	21	45	48	151	148	145	12.21	23.32	24.87	3.15	4.11	3.88			
	广东	93	167	174	396	405	440	19.02	29.20	28.34	13.94	15.27	14.07			
	海南	11	12	15	17	18	15	39.29	40.00	50.00	1.55	1.1C	1.21			
中部地区	山西	14	18	19	24	20	19	36.84	47.37	50.00	2.20	1.65	1.54			
	吉林	2	7	6	39	34	36	4.88	17.07	14.29	0.30	0.64	0.49			
	黑龙江	6	8	13	29	28	23	17.14	22.22	36.11	0.95	0.73	1.05	2017	83.81	0.0001
	安徽	27	41	43	68	61	58	28.42	40.20	42.57	4.05	3.75	3.48			
	江西	14	23	22	23	16	17	37.84	58.97	56.41	2.10	2.10	1.78			

续表

区域		有乡村振兴支出（家）			无乡村振兴支出（家）			支出公司占比（%）本区域			全部支出公司			K－W检验		
		2016	2017	2018	2016	2017	2018	2016	2017	2018	2016	2017	2018	年度	χ^2	P值
中部地区	河南	26	33	37	50	45	41	34.21	42.31	47.44	3.90	3.02	2.99			
	湖北	30	51	50	64	45	46	31.91	53.13	52.08	4.50	4.66	4.04			
	湖南	27	47	50	60	53	50	31.03	47.00	50.00	4.05	4.30	4.04	2017	83.81	0.0001
西部地区	内蒙古	5	9	12	20	16	13	20.00	36.00	48.00	0.75	0.82	0.97			
	广西	14	21	20	22	15	16	38.89	58.33	55.56	2.10	1.92	1.62			
	重庆	9	16	22	35	33	27	20.45	32.65	44.90	1.35	1.46	1.78			
	四川	34	50	57	76	69	61	30.91	42.02	48.31	5.10	4.57	4.61			
	贵州	15	21	23	8	7	5	65.22	75.00	82.14	2.25	1.92	1.86			
	云南	16	18	20	15	15	13	51.61	54.55	60.61	2.40	1.65	1.62			
	西藏	14	16	16	0	0	0	100.00	100.00	100.00	2.10	1.46	1.29			
	陕西	11	20	33	34	27	14	24.44	42.55	70.21	1.65	1.83	2.67			
	甘肃	8	21	22	23	12	11	25.81	63.64	66.67	1.20	1.92	1.78	2018	45.69	0.0330
	青海	6	6	4	6	6	8	50.00	50.00	33.33	0.90	0.55	0.32			
	宁夏	4	7	8	8	6	5	33.33	53.85	61.54	0.60	0.64	0.65			
	新疆	22	38	35	30	15	18	42.31	71.70	66.04	3.30	3.47	2.83			
合计		667	1094	1237	2446	2391	2290		—		100	100	100			

注：东中西部地区划分参照国家统计局网站（http://www.stats.gov.cn/tjsj/zxfb/201701/t20170120_1455967.html）。

三、资金支出分布描述性统计

(一)资金支出总体分布概况

表 3.10 统计了上市公司乡村振兴资金支出的总体情况。从表 3.10 统计数据看,上市公司乡村振兴支出金额、支出均值都在逐渐增长,这与数量分布的变动趋势总体上相符。但是,从板块间的资金支出均值来看,表现出一些与数量分布不同之处。中小企业板上市公司的乡村振兴支出均值每年都超过其他板块(除 2016 年低于创业板以外),尤其是 2017 年,22.49%的数量占比贡献了43.64%的资金支出,表现异常突出。创业板上市公司从乡村振兴支出均值看,2016—2017 连续两年超过主板市场。这些资金支出分布显然与数量分布存在差异。从动态变化趋势看,上交所 A 股主板市场多项指标稳步上升,乡村振兴后劲较足,符合大公司应有的实力和姿态,表现出乡村振兴的主力军地位。深交所 A 股主板市场则表现普通。创业板则后劲不足,各项指标持续下降,表现出资源不足、后劲小的特点。中小企业板存在波动,但总体上属于高位表现。

从秩和检验结果来看,除 2016 年以外,其他年份的 K-W 检验 P 值均小于 0.01,说明不同股票交易所及板块的上市公司乡村振兴支出在总体上存在显著差异。此外,从变异系数取值来看,上市公司乡村振兴资金支出离散度平稳,并无异常波动。

表 3.10　上市公司乡村振兴资金支出总体分布概况

股票交易板块	年度	支出公司数量(家)	支出金额(万元)	支出占总支出占比(%)	数量占总数比[1](%)	支出均值(万元)	变异系数	K-W检验 年度	K-W检验 χ^2	K-W检验 P值
上交所A股主板	2016	391	314705.21	39.96	58.62	804.87	4.43			
	2017	569	748926.25	40.22	52.01	1316.21	7.30	2016	2.61	0.4550
	2018	619	1237123.53	51.24	50.04	1998.58	5.97			
深交所A股主板	2016	116	144993.52	18.41	17.39	1249.94	7.69			
	2017	184	159565.03	8.57	16.82	867.20	5.54	2017	21.86	0.0001
	2018	210	421563.18	17.46	16.98	2007.44	5.58			
深交所A股中小企业板	2016	132	214579.07	27.25	19.79	1625.60	4.42			
	2017	246	812688.11	43.64	22.49	3303.61	6.17	2018	30.68	0.0001
	2018	273	617484.98	25.57	22.07	2261.85	7.38			
深交所A股创业板	2016	28	113260.51	14.38	4.20	4045.07	3.23			
	2017	95	141031.52	7.57	8.68	1484.54	4.53			
	2018	135	138340.85	5.73	10.91	1024.75	5.23			
年度总计	2016	667	787538.31	100.00	100.00	1180.72	5.42			
	2017	1094	1862210.91	100.00	100.00	1702.20	7.19			
	2018	1237	2414512.54	100.00	100.00	1953.49	6.41			

注1: 为直观反映数量分布与资金支出分布之间的关系，把数量占比列入此表中。

（二）资金支出行业分布概况

从资金支出方面来看，行业间也存在较大差异性。Useem（1988）指出，与不太依赖消费者的行业（如采矿或金属）相比，金融、零售等行业的捐赠更多。山立威等（2008）研究汶川地震捐款数据发现，产品直接与消费者接触的公司要比其他公司捐款更多。这一行为逻辑说明企业捐赠具有一定的广告动机（Brown, et al., 2006）。此外，Ermann（1978）的研究表明易受公众批评的公司捐赠更多，他特别指出了石油企业。表3.11展示了上市公司乡村振兴资金支出行业分布情况，从"支出金额"看，制造业上市公司的主体地位再次展现，资金支出均值逐渐提高且保持前列。金融业的资金支出均值最高，表现最突出。在其他行业中，比如采矿、农林牧渔、社会工作、水利环境等与贫困地区关系比较紧密的行业表现出较高的支出均值，同时这些行业关联民生，社会责任感和公众对其履行社会责任的期待也更高。与数量分布形成反差的是文体娱乐、批发零售等行业，这些行业因广告营销等动机表现出积极的参与度，但实际上资金支出均值却较低。此外，大部分行业的年度支出均值等指标波动方向相对比较稳定，比如制造业、信息传输业、采矿业、租赁业等三年的支出均值表现稳定，再如房地产业、电力业、交通运输业、建筑业等三年的支出呈显著递增趋势，这些现象从一定程度可以印证企业乡村振兴行为存在"行业同构"（或"行业传染性"）（刘柏和卢家锐，2018），即行业内其他企业的企业乡村振兴行为会影响本企业乡村振兴行为决策。

资金支出的秩和检验结果显示，2016—2018年连续三年K-W检验结果P值均小于0.01，表明在1%显著性水平下不同行业的上市公司乡村振兴支出在总体上存在显著差异，再次验证了行业因素能够对企业乡村振兴产生显著影响。

表 3.11　上市公司乡村振兴资金支出行业分布概况

行业	支出金额（万元）			支出金额占总支出比(%)			支出均值（万元）			K－W检验	
	2016	2017	2018	2016	2017	2018	2016	2017	2018	年度	P值
制造业	404480.10	1012563.00	1162501.35	51.36	54.37	48.15	1196.68	1668.14	1637.32	2016	0.0010
信息传输、软件和信息技术服务业	8416.18	20531.65	26627.56	1.07	1.10	1.10	467.56	446.34	502.41		
批发和零售业	15617.25	227507.80	35326.51	1.98	12.22	1.46	459.26	4213.11	519.51		
房地产业	20230.29	38746.10	110306.43	2.57	2.08	4.57	697.59	922.53	2346.90		
电力、热力、燃气及水生产和供应业	16543.31	87293.02	139534.90	2.10	4.69	5.78	375.98	1229.48	2180.23		
交通运输、仓储和邮政业	3747.04	20826.84	29212.04	0.48	1.12	1.21	120.87	443.12	596.16	2017	0.0001
建筑业	12823.11	87599.36	142311.10	1.63	4.70	5.89	534.30	2433.32	3388.36		
金融业	157554.40	158415.90	592368.80	20.01	8.51	24.53	2500.86	2140.76	8114.64		
采矿业	45240.09	50768.82	84689.04	5.74	2.73	3.51	1413.75	1238.26	1841.07		
文化、体育和娱乐业	1693.80	4340.35	3886.20	0.22	0.23	0.16	112.92	217.02	194.31		
租赁和商务服务业	1323.344	2381.53	2399.53	0.17	0.13	0.10	189.05	238.15	184.58		

续表

行业	支出金额（万元）			支出金额占总支出比（%）			支出均值（万元）			K-W检验	
	2016	2017	2018	2016	2017	2018	2016	2017	2018	年度	P值
科学研究和技术服务业	69.90	630.70	212.19	0.01	0.03	0.01	34.95	78.84	26.52	2018	0.0001
水利、环境和公共设施管理业	38921.19	65431.83	31678.34	4.94	3.51	1.31	3243.43	4362.12	2436.8		
农、林、牧、渔业	57078.85	77788.98	45580.23	7.25	4.18	1.89	4390.68	5185.93	2279.01		
综合	468.02	190.30	1068.41	0.06	0.01	0.24	234.01	63.43	356.14		
住宿和餐饮业	1333.69	1433.14	218.69	0.17	0.08	0.01	666.84	1433.14	109.34		
卫生和社会工作	2000.00	5762.02	6507.10	0.25	0.31	0.27	2000.00	1440.51	1626.78		
教育	0	0	84.1	0	0	0.003	0	0	84.10		

注：限于表格篇幅，隐去中值、变异系数、秩和检验 χ^2 统计量等指标（下文同）。

（三）资金支出区域分布概况

表 3.12 展示了上市公司乡村振兴资金支出区域分布情况。中西部地区上市公司乡村振兴在资金支出均值上的表现远没有他们在乡村振兴参与度上表现得那么卓越，尤其是中部地区的资金支出均值大部分都低于 1000 万元。西部地区中的云南、贵州、四川、陕西、青海、甘肃等省份是国家集中连片特困地区的主要分布地，这些省份的上市公司表现出了较高的乡村振兴支出水平。与中西部其他地区上市公司乡村振兴资金支出表现形成对比的是在乡村振兴参与度不高的东部地区，比如上海、天津、江苏、广东等地的上市公司却表现出强劲的乡村振兴资金支出。因此，中西部地区上市公司的资金支出有上升空间，而大部分东部地区上市公司的参与度有待提高。从区域间上市公司资金支出均值变动趋势来看，2016 年上市公司乡村振兴力量集中于中部和西南部分地区，2017 年上市公司乡村振兴力量明显更多来自东部地区，2018 年上市公司乡村振兴力量区域间总体上趋于平衡。

非参数检验结果显示，除 2017 年以外，2016 年和 2018 年 K−W 检验 P 值均小于 0.01，表明在 1% 显著性水平下不同区域的上市公司乡村振兴支出在总体上存在显著差异，一定程度验证了区域因素对企业乡村振兴产生的影响。

表 3.12　上市公司乡村振兴资金支出区域分布概况

区域		支出金额（万元）			支出金额占总支出比（%）			支出均值（万元）			K-W 非参数检验	
		2016	2017	2018	2016	2017	2018	2016	2017	2018	年度	P 值
北京	东部地区	155089.70	163722.40	703510.50	19.69	8.79	29.14	2769.46	1972.56	6897.16	2016	0.001
天津		6028.32	98535.88	112970.30	0.77	5.29	4.68	602.83	12316.98	8690.03		
河北		1054.36	11951.33	37361.32	0.13	0.64	1.55	105.44	746.96	1494.45		
辽宁		1842.71	4252.39	9086.55	0.23	0.23	0.38	141.75	236.24	478.24		
上海		63501.32	94402.37	168826.80	8.06	5.07	6.99	1411.14	1329.61	2192.56		
江苏		39486.25	365060.00	303398.20	5.01	19.6	12.57	789.72	3925.38	3127.82		
浙江		3106.11	67494.70	48516.69	0.39	3.62	2.01	107.11	1054.61	570.78		
福建		21809.27	226602.90	44315.85	2.77	12.17	1.84	872.37	4926.15	642.26		
山东		4223.22	57158.37	17489.69	0.54	3.07	0.72	201.11	1270.19	364.37		
广东		148025.90	200629.40	250579.79	18.80	10.77	10.38	1591.68	1201.37	1440.11		
海南		514.87	984.88	11258.58	0.07	0.05	0.47	46.81	82.07	750.57		
山西	中部地区	10184.40	6733.29	7465.93	1.29	0.36	0.31	727.46	374.07	392.94	2017	0.217
吉林		131.37	2590.94	3524.86	0.02	0.14	0.15	65.69	370.13	587.48		
黑龙江		485.44	1595.79	3274.49	0.06	0.09	0.14	80.91	199.47	251.88		
安徽		7430.82	22068.52	18535.88	0.94	1.19	0.77	275.20	538.26	431.07		
江西		61690.96	127345.90	7231.57	7.83	6.84	0.3	4406.50	5536.78	328.71		

续表

区域		支出金额（万元）			支出金额占总支出比（%）			支出均值（万元）			K-W非参数检验	
		2016	2017	2018	2016	2017	2018	2016	2017	2018	年度	P值
河南		37133.98	36290.02	14829.68	4.72	1.95	0.61	1428.23	1099.70	400.80		
湖北		40067.40	52677.16	40922.00	5.09	2.83	1.69	1335.58	1032.89	818.44		
湖南		11910.07	31654.34	55050.48	1.51	1.70	2.28	441.03	673.50	1101.01		
内蒙古	西部地区	2220.00	3632.38	10857.72	0.28	0.20	0.45	444.00	403.60	904.81		
广西		824.48	21084.55	9603.82	0.10	1.13	0.40	58.89	1004.03	480.19		
重庆		5883.37	6828.55	16432.14	0.75	0.37	0.68	653.71	426.78	746.92		
四川		18726.66	41971.24	158497.60	2.38	2.25	6.56	550.78	839.42	2780.66		
贵州		20908.21	22316.11	57435.14	2.65	1.20	2.38	1393.88	1062.67	2497.18	2018	0.007
云南		107253.60	115707.50	201008.80	13.62	6.21	8.33	6703.35	6428.19	10050.44		
西藏		7219.25	3344.73	2247.58	0.92	0.18	0.09	515.66	209.05	140.47		
陕西		967.17	50765.40	59810.37	0.12	2.73	2.48	87.92	2538.27	1812.44		
甘肃		1586.83	2916.44	21154.43	0.20	0.16	0.88	198.35	138.88	961.57		
青海		3737.41	4859.40	5328.93	0.47	0.26	0.22	622.90	809.90	1332.23		
宁夏		976.79	1836.73	1057.92	0.12	0.10	0.04	244.20	262.39	132.24		
新疆		3520.33	15197.29	12928.80	0.45	0.82	0.54	160.01	399.93	369.39		

四、公司特质与乡村振兴行为差异性分析

上文展现了上市公司乡村振兴数量分布和资金支出分布在总体、行业、区域等方面的大致概况和变动规律，为理解企业乡村振兴行为提供了丰富视角。然而，生产经营的复杂性决定了有必要将企业乡村振兴与内部环境相融合进行分析，才有利于揭示更多上市公司乡村振兴行为所包含的信息。结合研究主题，本书拟从产权性质、企业存续期、政治关联、税收筹划与债务融资五个公司特质考察企业乡村振兴的行为差异性。

（一）产权性质与上市公司乡村振兴

上市公司产权性质多样，本书主要考察国有企业与民营企业两种产权性质的乡村振兴行为差异性。表 3.13 统计了国有企业和民营企业参与乡村振兴的上市公司数量和支出占所有参与乡村振兴的上市公司比重，用于检验针对这两类产权性质上市公司的分析是否具有样本代表性。从数量来看，两类产权性质的上市公司共占全部参与乡村振兴的上市公司数量的近 95%；从资金支出来看，两类产权性质资金支出总额三年均超过上市公司乡村振兴总支出金额的95%。因此，国有企业和民营企业作为分析样本具有很强的代表性。

表 3.13 两类产权性质的上市公司乡村振兴样本代表性检验

年度	乡村振兴数量			乡村振兴支出		
	样本数量（家）	总数量（家）	占总数量比（%）	样本金额（万元）	总金额（万元）	占总金额比（%）
2016	620	667	92.95	752872.15	787538.31	95.60
2017	1030	1094	94.15	1777469.48	1862210.91	95.45
2018	1169	1237	94.50	2362477.83	2414512.54	97.84

根据现有文献的研究结论，结合企业乡村振兴的制度背景，国有企业与民营企业对待企业乡村振兴的态度和动机很可能存在显著差异。在中国，从计划经济到 1986 年挂钩定点扶贫，到 1996 年始的东西部扶贫协作，再到乡村振兴时期的"百县万村"活动，国有企业承担扶贫任务逐渐成为行为惯性和历史传统，长久以来在政策号召下参与贫困治理。反观民营企业，从改革开放到1992 年社会主义市场经济正式确立，到 1995 年光彩事业促进会成立，再到乡村振兴时期的"万企帮万村"，政府主要通过政策引导和资源激励来动员民营企业参与贫困治理，民营企业参与贫困治理的自愿原则贯彻始终。然而，中国

实行政府主导型市场经济，政府对市场资源、经济资源仍保持较高的控制水平，企业的生存发展显然离不开这些关键资源，尤其是民营企业。戴亦一等（2014）认为国有企业在政治上有天然优势，没必要通过慈善捐赠的方式来获取政府的信任和好感。而张建君（2013）认为相对于民营企业，国有企业背负的公众和政府的期望、制度压力等会推动其更积极地参与慈善捐赠。Zhang，et al.（2010）指出无论从捐赠公司的数量上还是捐赠数额上，国有企业明显比民营企业少。

表 3.14 显示了不同产权性质的上市公司乡村振兴行为差异情况。表 3.14展现了一个非常明显的趋势，即两类产权性质的上市公司相比，民营企业参与度低，但资金支出均值高；国有企业参与度高，但资金支出均值低。从"占本类型比"数据可知，民营企业的参与度虽然连年上升，但总体上还远远低于国有企业参与度，而"均值"数据却显示出国有企业资金支出均值虽在稳步增长，但始终低于民营企业。极端地，2017 年 23.1％的民营企业贡献了 66.7％乡村振兴资金总支出；其他年份也显示，不足三成的民营企业却贡献近半数的总支出。现有文献鲜有对企业乡村振兴在产权性质上的这一复杂表现开展研究。我们认为，国有企业在乡村振兴方面与政府的主张一致，体现出观念上的认同感和对乡村振兴的义务感，从而表现出积极的参与度，但是体现观念的共识并不需要支出大量的资金，并且不同国有企业的观念认同程度也是有别的。对于观念共识的国有企业来说，是否参与乡村振兴比如何参与乡村振兴更重要，这种观念会使其产生聊胜于无的塞责心理。从前文分析可知，政府与民营企业在乡村振兴上的关系从"主导—配合"转变为"协同—共赢"，乡村振兴对民营企业来说不仅仅是观念共识的层面，更多的是在协助政府的同时获取政府在资源上的配置倾向，对乡村振兴支出从成本观转变为投资观，因此表现出更高的资金支出水平。然而由于政策性资源是稀缺的，只能惠及少部分企业，因此民营企业表现出较低的参与度。

需要强调的是，虽然不同产权性质的上市公司表现出差异性的企业乡村振兴行为，但我们认为产权性质并非企业乡村振兴的前置决定因素，而只是差异性的政企关系决定不同产权性质企业乡村振兴行为的一种体现，因此，不同产权性质的企业乡村振兴行为差异性研究需要基于前置决定因素的研究才更能揭示事物运动本质的逻辑，有必要在判定企业乡村振兴前置决定因素后再结合企业产权性质因素对乡村振兴行为做出更深层的透视。

表 3.14 上市公司乡村振兴产权性质特征差异性分析

年度	企业类型	企业乡村振兴数量及占比		乡村振兴支出金额及占比			支出均值（万元）	变异系数	K－W检验		中位数检验	
		数量（家）	占本类型比（%）	占总数量比（%）	金额（万元）	占总支出比（%）			χ^2	P值	χ^2	P值
2016	国有企业	372	36.26	55.77	373758.08	47.46	1002.10	6.33	0.05	0.822	0.03	0.870
	民营企业	248	12.85	37.18	379114.07	48.14	1528.70	4.56				
2017	国有企业	507	48.60	46.34	534611.12	28.71	1054.50	5.53	3.62	0.057	3.04	0.081
	民营企业	523	23.10	47.81	1242858.36	66.74	2376.40	6.98				
2018	国有企业	564	46.65	45.59	1108254.53	45.90	1968.50	5.47	8.74	0.003	8.92	0.003
	民营企业	605	26.45	48.91	1254223.3	51.95	2073.10	7.03				

从秩和检验结果可知，除 2016 年以外，其他年份的 K－W 检验和中位数检验的 P 值均小于 0.1，表明至少在 10％显著性水平下不同产权性质的上市公司乡村振兴支出在总体上存在显著差异，在一定程度上说明产权性质因素能够对企业乡村振兴产生显著影响。

（二）存续期与上市公司乡村振兴

企业存续期会影响慈善捐赠的规模以及能力（Adams and Hardwick, 1998）。有学者认为，中型企业相比于大型和小型企业来说履行社会责任的积极性不高（Udayasankar, 2012），企业存续时间的长短与企业规模有一定关联。不同存续期的企业对社会责任意识和观念会表现出不同程度的理解。此外，不少研究会将其作为控制变量，以避免其对实证结果产生影响（李四海等，2012；梁建等，2010）。本书将公司存续期划分为三个区间：存续期小于等于十年、存续期大于十年小于等于二十年以及存续期大于二十年。

表 3.15 展示了不同存续期的上市公司乡村振兴行为差异情况。从表中可知，数量分布规律与资金支出均值分布规律呈现出差异，主要体现在两个方面：第一，不同存续期的上市公司乡村振兴参与度呈 U 形变动轨迹，与前人的研究基本相符；第二，资金支出均值与存续期呈显著的正相关关系。这一特殊的行为逻辑可能的原因是：存续期长的企业更注重平衡各方利益，更具有社会责任意识，从而无论是数量还是资金支出水平都表现更佳；存续期中间的企业因正处发展重要阶段，生产经营各个领域对资源需求较大，相对存续期长的企业来说乡村振兴资金支出会较为保守，战略发展的重要任务使企业并无太多精力从事乡村振兴，导致参与度较低；存续期短的企业更需要外部环境的认可，通过积极从事乡村振兴引起外部利益相关者的关注，提高知名度，但在资源上的局限性使其乡村振兴支出有限。

K－W 秩和检验和中位数检验结果存在一些出入，但总体上来看，能基本验证不同存续期的上市公司乡村振兴支出存在显著差异。存续期因素能在一定程度上对企业乡村振兴产生影响。

表 3.15 上市公司乡村振兴存续期特征差异性分析

年度	企业存续期	企业乡村振兴数量及占比			乡村振兴支出金额及占比			变异系数	K-W检验		中位数检验	
		数量（家）	占本类型比（%）	占总数量比（%）	金额（万元）	占总支出比（%）	支出均值（万元）		χ^2	P 值	χ^2	P 值
2016	(0, 10]	43	21.94	6.45	21300.95	2.70	495.37	1.52	13.23	0.001	11.38	0.003
	(10, 20]	329	18.12	49.33	370271.80	47.02	1125.45	4.47				
	(20, ∞)	295	26.79	44.23	395965.30	50.28	1342.60	5.97				
2017	(0, 10]	55	33.33	5.03	14724.66	0.79	267.72	1.79	2.39	0.301	4.28	0.117
	(10, 20]	523	27.00	47.81	936535.20	50.29	1790.70	6.28				
	(20, ∞)	516	37.31	47.17	910951.10	48.92	1765.41	7.80				
2018	(0, 10]	33	34.04	2.59	21671.56	0.90	677.24	2.48	3.92	0.141	8.98	0.011
	(10, 20]	539	30.87	43.57	781204.30	32.35	1449.36	5.08				
	(20, ∞)	665	39.42	53.76	1611637.00	66.75	2423.51	6.49				

（三）政治关联与上市公司乡村振兴

处在经济转型期的中国，政府仍然控制着大量企业赖以生存的重要资源（Fan，et al.，2007），企业非常乐意通过与政府建立密切的联系来靠近这些资源以达到利己目的（李增福等，2016）。顺应政府的主张，比如帮助政府分担一部分社会责任就是很好的建立政治关联的方式（Fan，et al.，2013）。同样地，对于已经拥有政治关联的企业来说，积极参与乡村振兴不仅是对政府支持的一种回馈，更是企业充分利用政策性资源来谋取其他稀缺资源的互惠战略行为（李维安等，2015）。因此，有理由相信企业政治关联对乡村振兴行为将产生显著影响，甚至其很可能是企业乡村振兴的前置决定因素。目前做出这样的猜测仍缺乏理论推理和实证检验，本书后面章节将会针对此做详细研判。借鉴Fan，et al.（2007）、Wu，et al.（2018）、余明桂等（2010）的做法，将政治关联定义为董事长或总经理是否曾任或现任人大代表、政协委员、政府官员等。政治关联级别划分中央、省、市、县四级，分别赋值为4、3、2、1。

表3.16展示了政治关联特征下的上市公司乡村振兴行为差异情况。表中从是否政治关联和政治关联级别两个方面反映行为差异。从表中"支出均值"和"参与度"数据的变动规律可初步判断出政治关联和上市公司乡村振兴的几个关系。第一，相对于无政治关联的上市公司，有政治关联的上市公司支出水平更高。三年的"支出均值"数据均显示了这一规律，比如2016年有政治关联的上市公司支出均值为327.16万元，相对应的无政治关联的上市公司支出均值为200.19万元。第二，相对于低级别政治关联的上市公司，高级别政治关联的上市公司支出水平更高。第三，相对于无政治关联的上市公司，有政治关联的上市公司更积极地参与乡村振兴。第四，相对于低级别政治关联的上市公司，高级别政治关联的上市公司更积极地参与乡村振兴。

表 3.16　上市公司乡村振兴政治关联特征差异性分析

年度	政治关联与否及等级		企业乡村振兴数量及占比			支出均值（万元）	K－W 检验		中位数检验	
			参与数（家）	总数（家）	参与度（%）		χ^2	P 值	χ^2	P 值
2016	有政治关联	1	6	34	17.65	18.84	8.02	0.01	4.22	0.04
		2	89	496	17.94	141.07				
		3	122	440	27.73	344.39				
		4	125	338	36.98	607.92				
		合计	342	1308	26.15	327.16	13.20	0.00	8.88	0.03
	无政治关联		325	1805	18.01	200.19				
2017	有政治关联	1	14	39	35.90	39.12	11.3	0.00	8.48	0.00
		2	152	519	29.29	351.19				
		3	179	444	40.32	853.45				
		4	157	321	48.91	811.67				
		合计	502	1323	37.94	622.28	23.6	0.00	13.7	0.00
	无政治关联		592	2162	27.38	480.54				
2018	有政治关联	1	15	37	40.54	34.53	9.36	0.00	6.14	0.01
		2	170	511	33.27	128.05				
		3	177	415	42.65	727.76				
		4	158	301	52.49	1920.79				
		合计	520	1264	41.14	749.16	33.6	0.00	30.4	0.00
	无政治关联		717	2263	31.68	650.32				

注：表中年度 K－W 检验结果和中位数检验结果第一行展示的是政治关联与否两个类别在统计意义上的差异性，第二行展示的是政治关联级别之间在统计意义上的差异性。

由秩和检验结果可知，连续三年的 K－W 检验和中位数检验 P 值均小于 0.05，说明至少在 5% 显著性水平下政治关联与否和政治关联不同级别的上市公司乡村振兴支出在总体上存在显著差异，表明政治关联因素对企业乡村振兴产生显著影响。

（四）税收筹划与上市公司乡村振兴

Hoi, et al.（2013）的研究发现企业社会责任负面行为与避税正相关，即对社会责任越不负责的企业避税越严重。他从企业文化理论视角出发，认为对

社会不负责任的缺乏道德感的企业肯定做得出不道德的激进避税行为。而
Davis, et al.（2013）得出了相反的结论，即社会责任感强的公司与避税正相
关。Watson（2015）通过研究给出了一个相对折中的结论。他认为企业社会
责任与避税的关系取决于盈利表现，即盈利表现差时两类公司都将采取避免更
多的税的行为，这一行为将随着盈利的改善而好转直至盈利表现强劲时消失。
借鉴李增福等（2016）、吴联生（2009）、叶康涛和刘行（2014）的做法，用实
际税率 ETR＝所得税费用/税前利润来表示避税程度。实际税率越大，表明企
业避税程度越小；反之，避税程度越大。为避免实际税率异常值的影响，对数
据做进一步处理，删除实际税率大于 1 和小于等于 0 的样本，样本量会在一定
程度上减少，不影响结果的代表性。

分析结果详见表 3.17。高避税组（即表中的低组）的上市公司在乡村振
兴支出均值上明显高于低避税组和中避税组，说明税收筹划与企业乡村振兴存
在一定的正相关关系。可能存在的原因有：第一，企业乡村振兴也是在帮助政
府分担任务，有利于得到政府的认可和好感，这对企业巩固现有政策性资源收
益（比如财政补贴收入、政治关联等）至关重要，而政策性资源可以为企业带
来法律保护（罗党论和黄琼宇，2008），进而为企业的避税行为提供庇护，降
低被税务部门查处的概率（李增福等，2016）；第二，从委托代理理论角度来
看，管理层可能出于个人私利，通过避税的方式找补因乡村振兴支出而减少的
可自由支配的现金流（Kim, et al.，2011）；第三，从声誉防御机制来看，企
业乡村振兴可以修复由激进的避税行为带来的声誉损失（Williams and
Barrett，2000）。

表 3.17　上市公司乡村振兴税收规避特征差异性分析

年度	组别	企业乡村振兴数量（家）	支出均值（万元）	变异系数	K—W 检验		中位数检验	
					χ^2	P 值	χ^2	P 值
2016	高组	207	1117.21	5.62	8.44	0.014	9.23	0.010
	中组	207	1074.68	3.62				
	低组	206	1416.53	6.01				
2017	高组	340	822.70	6.70	21.29	0.000	13.02	0.001
	中组	340	1743.85	6.86				
	低组	339	2563.42	3.37				

续表

年度	组别	企业乡村振兴数量（家）	支出均值（万元）	变异系数	K−W检验		中位数检验	
					χ^2	P值	χ^2	P值
2018	高组	379	1828.35	6.23	14.78	0.001	10.56	0.005
	中组	378	1631.75	8.15				
	低组	378	2202.41	4.53				

注：根据ETR指标数值大小，（0分位，1/3分位）为低组，[1/3分位，2/3分位）为中组，[2/3分位，1分位]为高组。高组税收筹划程度小，同理低组税收筹划程度大（下文同）。

2017年和2018年K−W检验和中位数检验结果的P值均小于0.01，说明在1%显著性水平下不同避税程度的上市公司乡村振兴支出总体上存在显著差异。2016年K−W检验和中位数检验结果的P值均小于0.05，说明至少在5%显著性水平下存在显著差异。这在总体上说明不同避税程度的上市公司乡村振兴行为存在显著差异。

（五）债务融资与上市公司乡村振兴

学者们普遍认为企业履行社会责任可以为其带来融资上的便利（Cheng, et al.，2014；Su and He，2010；李维安等，2015）。企业乡村振兴可能得到政府的青睐和资源的支持，其中信贷资源就在支持的清单中，可以推断企业乡村振兴与债务融资存在一定的正相关关系。借鉴李维安等（2015）的做法，将债务融资定义为总借款/总资产，其中总借款由短期借款、一年内到期非流动负债和长期借款加总而来。

表3.18展示了债务融资特征下的上市公司乡村振兴行为差异性。从表中可知，一个明显的趋势是债务融资水平越高，上市公司的乡村振兴资金支出均值越高，高债务融资组的乡村振兴表现更佳。除政府支持的因素外，还可能存在以下原因：第一，债务融资越多，受到来自金融机构、债权人、商业伙伴等外界的监督越多，越可能通过参与乡村振兴来维护好自身的声誉，降低债务风险；第二，通过乡村振兴提升公司形象和竞争优势（Porter & Kramer，2002），从而有机会创造更多的举债通道。

表 3.18 上市公司乡村振兴债务融资特征差异性分析

年度	组别	企业乡村振兴数量（家）	支出均值（万元）	变异系数	K－W 检验		中位数检验	
					χ^2	P 值	χ^2	P 值
2016	高组	223	1408.22	4.14	3.34	0.189	1.53	0.464
	中组	222	1021.09	4.46				
	低组	222	1111.81	6.39				
2017	高组	365	2686.26	8.82	6.42	0.041	1.69	0.428
	中组	365	1130.02	3.92				
	低组	364	1289.18	6.44				
2018	高组	413	2393.48	7.19	12.12	0.002	11.01	0.004
	中组	412	1575.69	4.56				
	低组	412	1889.29	6.40				

K－W 检验和中位数检验结果存在一些差异，从 K－W 检验结果来看，2017 年和 2018 年的 P 值小于 0.05，表明在 5％显著性水平下不同债务融资水平的上市公司乡村振兴支出总体上存在显著差异，但 2016 年不显著。中位数检验结果显示除 2018 年外，其他年份不存在显著差异。这在总体上说明债务融资水平的差异对企业乡村振兴行为能够产生一定程度的影响。

本章小结

本章的主要目的是研究企业乡村振兴的现状，为后续研究提供制度和实践基础。本章从国家层面和企业层面对企业乡村振兴的制度背景和历史沿革做了系统的归纳整理。通过梳理，我们认识到企业参与贫困治理的渊源以及国家贫困治理对企业产生的影响。主要有以下几点启示：第一，国家层面的扶贫开发具有持久性、连贯性、系统性。持久性体现为每个社会发展阶段都形成匹配的长期扶贫机制和制度规范；连贯性体现为贫困治理在政治上的代际传承，始终"不忘初心、牢记使命"；系统性体现为中央统筹、省级负总责和市县乡村四级实施的独特扶贫体系的建立，这些国家层面的扶贫特性不仅为企业扶贫奠定了坚实的制度基础，而且营造了厚重的使命感。第二，政府与企业在贫困治理上的关系定位在不断演变。从计划经济的"指令—服从"到改革开放的"主导—配合"，再到近年来的"协同—共赢"，关系定位的转变不仅给企业乡村振兴提出了更高要求，而且也给企业竞争政策性资源创造了机会。第三，市场规则赋予企业的逐利本性与内嵌于企业底层"帮后富"的历史使命交织相悖，使企业乡村振兴变得既简单又复杂。简单体现为这是选一弃一的选择题；而复杂体现为如何把握机遇、权衡利弊，在本性与使命间寻求和谐共存。

上市公司乡村振兴信息年报披露政策使财务报告使用者充分了解企业乡村振兴行为成为可能，也为学者开展这一领域的研究提供了数据支撑。本章从数量分布、资金支出分布和公司特质三个维度解析企业乡村振兴的结构特征。具体而言，第一，从数量分布和资金支出分布的总体变动情况来看，上市公司乡村振兴呈显著增长态势，表明政策发挥了一定效力；第二，上市公司乡村振兴在行业、地区等因素影响下，表现出差异性，后续研究要充分考虑这些因素对研究结果可能产生的干扰；第三，选择产权性质、存续期、政治关联、税收筹划、债务融资等五个公司特质考察上市公司乡村振兴的行为差异，分析表明，不同公司特质下的企业乡村振兴行为差异明显，表现出显著的结构特征，为解释企业乡村振兴行为提供了丰富的视角。

本章内容至少在以下几个方面为后续章节的研究做了铺垫：第一，制度环境和历史沿革向我们揭示制度因素对企业乡村振兴产生的重大影响；第二，企业乡村振兴行为并非随机的、无序的，而是具有显著的结构特征，这为深入研究企业乡村振兴的决定因素和具体的行为表现埋下伏笔；第三，政治关联对企业的重要性以及它与企业乡村振兴呈现的显著正相关性向我们暗示包括它在内的政策性资源很可能是企业乡村振兴的前置决定因素；第四，产权性质对企业乡村振兴的复杂影响为后续研究提供了极佳的视角；第五，税收筹划、债务融资与政治关联的密切关系，加之上文研究结果展示的其与企业乡村振兴行为显著的结构特征，向我们提示可以将其作为企业乡村振兴的附属效应开展研究。本章对乡村振兴现状的研究不仅有益于厘定研究起点，而且对形成研究逻辑链发挥重要作用。

第四章　企业应合式乡村振兴的
产生和理论分析

基于企业乡村振兴现状的研究，遵循事物正常的演变规律，本章立足"动机－行为"研究逻辑，从理论分析视角对政策性资源与企业应合式乡村振兴的关系进行研究。首先指出企业应合式乡村振兴的概念及内涵，其次通过搭建解释性理论框架解释政策性资源如何作用于企业应合式乡村振兴，再次运用演化博弈理论分析方法探析企业应合式乡村振兴的政策性资源动机决策机制，最后借助产权定式假说揭示企业应合式乡村振兴在不同产权性质企业下的具体表现。

第一节　企业应合式乡村振兴的概念与内涵

企业应合式乡村振兴是指企业受到具有关键资源禀赋的利益相关者影响而表现出的顺应趋势或联合共赢的乡村振兴行为方式[①]。概念中所涉及的关键资源在本书中指的是政府控制的政策性资源，资源禀赋的利益相关者指的是政府。企业应合式乡村振兴就是政策性资源驱使下企业应合心理在乡村振兴行为上的体现。

企业之所以会产生应合心理，是因为政策性资源对企业的重要性和不可替代性。站在企业角度，政策性资源包括政府可配置的财政资金、土地和政策等

---

① 企业应合式乡村振兴与企业乡村振兴的区别和联系在于：第一，前者是对后者在行为逻辑上的进一步阐述，并未超出后者范畴，存在归属关系；第二，后者更突出行为，前者则更突出政策性资源动机下的独特行为方式。由于全书主要研究的是政策性资源驱动的企业乡村振兴行为，因此，下文出于语义简化或避免语义重复等目的仍会使用企业乡村振兴的概念，其内涵与企业应合式乡村振兴一致，为避免概念混淆，做此说明。

资源（戴亦一等，2014）；还包括企业拥有的可以影响政府分配资源的能力（胡旭阳和史晋川，2008；卫武和李克克，2009），比如高管的政治身份等。现有经验研究表明，政策性资源可以为企业在合法性（Bai，et al.，2006；潘红波等，2008）、商业准入（张建君，2013）、融资约束（Chan，et al.，2012；Khwaja and Mian，2005）、税收筹划（李增福等，2016）、财政补贴（Faccio，et al.，2006）等方面提供便利，这些对企业保持行业竞争力和经营稳定性至关重要，甚至关系到企业的存亡。Feng，et al.（2016）、Li，et al.（2006）、余明桂和潘红波（2008）、李健等（2012）的研究均指出拥有政策性资源可以增加企业的价值。此外，拥有政策性资源对企业而言类似于合法性的象征，可以作为法律保护的替代机制保护企业的合法权益免受侵犯（潘红波等，2008；田利辉和张伟，2013）。刘慧龙等（2010）也指出，政治关联为企业搭建了获得政府保护和帮助的通道，从而降低经营中可能出现的各种不确定性。甚至当企业面临财务危机时，拥有政策性资源的企业获得政府救助的可能性更大（Faccio，et al.，2006）。周林洁和邱汛（2013）指出政府不仅控制着企业所需的关键资源，而且还可能借助地方保护政策或歧视性市场准入政策来控制企业产品的市场范围，能否与政府建立良好的关系对企业的发展意义重大。然而，政策性资源作为稀缺资源不可能惠及所有企业，加之政府在配置上拥有自由裁量权（戴亦一等，2014），政府的资源配置偏好往往取决于企业的以往表现，理性的高管有足够动机顺应政府主张以达到获取更多政策性资源支持的目的（赵璨等，2015）。对于拥有政策性资源的企业，已经充分认识到政策性资源对企业发展的重要性，会采取更积极的行动来维护这些稀缺的政策性资源，以持续从中获取收益（张建君和张志学，2005）。

企业乡村振兴是企业对政府运用政策传递的诉求做出的回应。同时，政策性资源支持是政府对企业参与乡村振兴传递的诉求做出的回应。政府主体和企业主体的行为形成了资源互惠的隐性契约，而互惠的资源作为契约标的是驱使主体行为的重要前提。然而，政策性资源对企业的重要性表明政企之间的这种隐性契约关系是存在差异的（Richard，1962；李维安等，2015），这种差异性会逐渐提升企业间政策性资源的竞争压力，催生企业乡村振兴的应合心理。具体而言，其主要体现在以下方面。

第一，契约主体互惠的资源竞争关系存在差异。对企业而言，投入乡村振兴的资源以资金为主，至于其他投入的资源形式如技术、品牌、管理经验等，大多企业也都拥有，因此，企业的资源标的相对而言并非独有或稀缺，企业间存在较强竞争性；对政府而言，政策性资源支持具有独有且不可替代特征，政府的资源标的几乎不存在竞争性。因此，资源竞争关系的差距无疑加剧了企业乡村振兴的应合心理。

第二，契约主体互惠的资源对彼此重要程度存在差异。对于企业而言，如前已述及的重要性，无论政策性资源的种类是什么，大多关乎企业的生存发展；对政府而言，尽管政府对企业乡村振兴寄予厚望，但企业投入的资源只是在替政府"分忧"。资源重要程度的落差使企业在面临乡村振兴的政策号召时并无太多选择的余地。

第三，根据政策性资源的稀缺性、排他性和不可替代性特征，企业间竞争政策性资源的方式是典型的零和博弈。竞争到政策性资源的企业在提升自身竞争优势的同时，还可能会损害其他企业的竞争能力，尤其在政策性资源竞争更为激烈的本行业、本地区企业之间，这种竞争性损失更凸显。并且随着乡村振兴企业的数量增加，激化的竞争会进一步加剧企业的应合心理。

第四，对于拥有政策性资源的企业来说，无视政府的诉求不仅会在竞争新一轮政策性资源时处于劣势（Feng, et al., 2016），还可能面临丧失已有政策性资源的风险。政策性资源是长期经营的结果（罗党论和唐清泉，2009），一旦损失短期很难弥补，拥有政策性资源的企业会更积极地参与政策性资源的竞争（张建君和张志学，2005）。

综上所述，隐性契约关系中企业资源标的在竞争关系、重要程度等方面存在的差异，进一步验证了社会发展阶段的需要和国家制度环境的变迁对企业乡村振兴方面发挥的巨大作用。对于企业决策而言，顺应国家贫困治理精神大趋势或政企联合促进社会总体进步实现共赢，显然是关乎企业长期可持续发展的可行路线。因此，企业应合式乡村振兴是企业在政策性资源驱动下权衡长远发展并谋求可持续发展的最佳选择。那么，政策性资源是企业乡村振兴的驱动力吗？其又是如何作用于企业乡村振兴的？这些问题事关企业应合式乡村振兴的论点能否成立，接下来需要深入剖析政策性资源对企业乡村振兴的作用机制。

第二节　政策性资源驱动的理论分析与研究假设

一、理论分析

国家对贫困问题的高度关注和持续努力对企业的扶贫行为会产生积极的影

响（Lobel，2013；Valor，2012），而企业作为社会参与者理应表现出善意并承担一定的扶贫责任（Barkemeyer and Figge，2014；Hahn，2012）。自 2016 年证监会、沪深交易所出台上市公司乡村振兴信息年报披露政策以来，上市公司在政府鼓励、政策支持、自愿参与和规范披露的行为准则框架下开展乡村振兴，并取得一定成效。从企业乡村振兴现状分析可知，无论是企业数量还是资金支出均呈上升趋势，充分体现了上市公司为社会减负的道德追求。然而，市场规则赋予企业逐利本性，只有源源不断的利益才能维系资本的生存需要（鲁品越，2005）。乡村振兴支出作为一项成本不仅短期内可能会降低企业绩效，而且远期能否提升企业价值也无证可依。即使政策力量在政府主导的市场经济发展模式下能对企业行为产生一定影响（戴亦一等，2014），但这种影响还不足以改变企业的生存法则。乡村振兴支出对逐利目标的牵制将弱化企业在乡村振兴中获取收益的预期（Jenkins，2005），在利益驱使下终会滋生塞责心埋，结果至少不像企业乡村振兴现状研究中的数据所展示的那样富有增长性。此外，在搜集数据过程中获悉上市公司乡村振兴行为大相径庭，有文字支持乡村振兴的、象征性捐款的、方式多样且规模恢宏的，甚至还有亏损公司慷慨解囊的，林林总总的乡村振兴表现会同整体上高歌猛进的乡村振兴行为，不尽让人产生一个疑问，究竟什么因素在驱动上市公司积极参与乡村振兴？

正如理论综述部分所论及的那样，运用内部因素视角或相关理论在解释企业乡村振兴行为时存在一些局限性，因此本书认为内部因素并非企业乡村振兴的前置决定因素。然而，从外部因素及理论中寻求突破也并非一帆风顺，其中比较难以解释的是外部因素中无论制度因素还是外部利益相关者因素，它们大多通过制造外部压力的方式来推动企业乡村振兴，但企业的应对不一定非要采取高歌猛进的乡村振兴行为，只是敷衍地参与也能够缓解外部压力。鉴于此，以下主要以制度理论、资源依赖理论和利益相关者理论等多理论分析为基础，尝试搭建企业乡村振兴解释性理论框架，对后续研究奠定理论支撑。

制度理论（Meyer and Rowan，1977）认为企业是嵌入社会网络和政治规则环境中的，在受这些环境制约的同时也会采取主动策略提升自身适应环境的能力。按照制度理论观点，与其将企业社会责任仅仅视为一种自愿行为，不如将企业社会责任明确地放在以市场、国家监管等不同模式为特征的更广泛的经济治理领域（Brammer, et al.，2011）。因此，企业社会责任不应局限于企业内部的行为逻辑，还应充分考虑历史、政治等更广泛的外部决定因素，借助这些因素带来的外部压力推动企业履行社会责任，从而调和股东价值与社会价值之间的矛盾。制度理论可以为企业实施乡村振兴提供理论支撑：一方面，党和政府把乡村振兴战略上升为国家战略，并且长期以来对贫困问题高度重视和持续努力，国家发展的优先事项和国家对贫困问题的关注会积极作用于企业社会责任（Lobel，2013；Valor，2012）；另一方面，中国实行政府主导的市场经济发展模式，制度效力一直是党治国理政的特色和优势，相比于西方国家来说政府对企业的影响更显著（戴亦一等，2014）。制度因素对企业产生的外部压力能够推动企业实施乡村振兴。然而，企业乡村振兴的制度推动作用也存在局限性：首先，乡村振兴对象——特困地区的贫困人员几乎外生于企业的生产经营，也无法提供关键资源用于维持企业的稳定经营，而持续的乡村振兴支出会阻碍资本天生的增值意志给企业带来的本能性增长（鲁品越，2005），造成除政府以外的利益相关者对管理层受托责任的质疑，由此产生的内部压力会迫使管理层仅仅把乡村振兴支出决策作为短期内纾解政策诉求、社会期望等外部压力的消极手段（张敏等，2013）；其次，如果企业乡村振兴仅仅是缓解外部压力，并非只有投入大量资源这一条路，消极配合也能达到目的且更节约资源，显然这与目前上市公司乡村振兴增长趋势相悖。因此，制度理论的调和剂作用虽然能够推动企业参与乡村振兴，但这些局限性使其不能完整解释企业乡村振兴行为，显然，还存在其他的驱动因素。

资源依赖理论（Pfeffer and Salancik，1978）认为企业要不断与拥有关键资源的组织进行互动，从而寻求稳定获取关键资源的方法，同时采取措施降低对这些组织的依赖程度，来抵抗外部环境变化带来的冲击。中国作为转型期的发展中国家，企业社会责任的驱动因素和执行模式有其独特性（Cazurra，2018；Ragodoo，2009），政府和制度环境在其中扮演着重要角色（Brammer，et al.，2011；张敏等，2013）。尽管市场化程度不断提升，但目前政府仍然对政策性资源有较强的控制力和垄断性的配置权（李四海等，2012；张建君，2013）。这些资源大多是关乎企业生存和发展的关键资源，企业有动力去维护和提升获取资源的能力（李维安等，2015）。在此背景下，政策指向对企业而言不仅是一种外部压力，也是政府配置政策性资源的风向标，一些企业会通过积极响应政策来传递自己的善意以获取政府的信任和好感（Ma and Parish，2006），希望在政策性资源的竞争中获得优势地位。然而，现实中企业并非对所有政策都选择积极响应的策略，政府也不会对企业的每次积极响应都做出政策性资源支持的回应，主要因为：第一，积极响应政府要付出资源（Fan，et al.，2013），企业不是盲目不计成本地对政策做出积极回应，预期收益大于成本时企业才有积极响应的动力（张敏等，2013）；第二，企业经营的方方面面都渗透于制度环境中，面对的政策数量繁多，不可能有足够的资源对每项政策都做出回应，也没有精力对每项政策都做出成本效益的评价；第三，政策性资源并非用之不竭，它是一种具有不可再生性和排他性的稀缺资源（李四海等，2012；李增福等，2016），各级各地政府会依照一定的配置偏好谨慎使用。可见，政企间存在严重的信息不对称，解决这一问题最好的途径就是政府提升政策强度来体现政策的紧迫感和重要性。政策强度可以向企业传递政府需求重要程度的信息，政策强度越大表明政府的需求越重要，政府回馈政策性资源的可能性就越大，满足政府的重要需求无疑会给企业带来更多潜在收益。因此，制度因素发挥了催化剂作用，强度大的政策暗含政府明确的政策性资源配置承诺，为政企间创造了利益互惠的机会，促进企业积极响应政策。当然，强度大的政策对于已经拥有政策性资源（补助、政治关联、政策优惠等）的企业来说，不仅是资源配置承诺，还是政策性资源损失风险的预警，政策性资源竞争格局很可能面临重大改变，而乡村振兴与否的决策将成为这一改变的导火索。乡村振兴是国家发展优先事项，从动员力度空前的《关于打赢脱贫攻坚战的决定》开始，多年来各领域陆续发布多项重量级文件，甚至颁布《中华人民共和国乡村振兴促进法》为全面推进乡村振兴提供法治保障，政策传递的速度和深度充分表达了政府希望企业参与乡村振兴的诉求，也说明上市公司乡村振兴信息年报披露政策具备强度大的政策特征，一些企业获悉这个重要信息后在政策性资源驱动下将表现出积极的乡村振兴行为。

至此，似乎企业乡村振兴已经找到了合理的理论解释，但我们不能忽视另一具有实力的群体可能对企业乡村振兴产生的阻力，他们就是企业的利益相关者。利益相关者理论认为企业不能只考虑股东的利益，还要对包括员工、客户、供应商、银行、环保人士、政府和其他能够帮助或损害公司的所有利益相关者的利益诉求予以回馈（Clarkson，1995；Freeman，1984；Mitchell，et al.，1997）。按照 Mitchell，et al.（1997）提出的利益相关者显著性理论，政府具备权力（Power）、合法性（Legitimacy）、紧迫感（Urgency）三重属性[①]，属于决定型利益相关者（Definitive Stakeholder），企业的理性选择应优先回馈政府的利益诉求。从企业乡村振兴受益者构成来看，企业内部最大的受益者是股东或者存在代理问题的管理者（梁建等，2010），企业外部最大受益者是政府和贫困人员。然而，贫困人员是否为企业利益相关者至今尚存争议（Barkemeyer，2009；Jenkins，2005；Lobel，2013）。Jenkins（2005）曾指出贫

---

① 权力和合法性属性毋庸置疑，紧迫感属性体现为政府对企业乡村振兴空前的政策强度和高度期待。

困人员很可能是那些对企业没有利害关系的群体，Banerjee（2014）认为贫困人员是被企业边缘化的利益相关者，Jabbour, et al.（2012）甚至得出企业社会责任与扶贫无关的研究结论。如果贫困人员不属于利益相关者，那么企业乡村振兴不仅缺少了重要理论支撑，而且考虑到既定的利益相关者利益，管理层会慎重做出乡村振兴的支出决策，利益相关者理论反而可能成为企业乡村振兴的一股限制力量（Blowfield，2005；Jenkins，2005）。制度理论为解决上述问题提供了一个有效途径。与西方主要由利益相关者推动的企业社会责任不同的是，在转型期的中国，制度因素不仅发挥着前已述及的调和剂作用、催化剂作用，还可以发挥黏合剂作用，这也是中国制度解决问题的特色和社会主义政治制度的优势。制度因素的黏合剂作用主要体现为决定型利益相关者——政府运用具象的政策将贫困人员与自己系结一体成为企业的连和利益相关者。连和利益相关者概念是在强调利益互惠基础上提出的，企业乡村振兴得到政策性资源的支持实质上是政企间的资源互惠。政府和贫困人员的系结是维系资源互惠的重要前提，即如果没有政府支持，企业对贫困人员的救助将与政策性资源支持无关；同样地，如果没有对贫困人员的救助行为，政府政策性资源配置也不会因此而倾斜于企业。因此，企业、政府、贫困人员共同构成了资源互惠主体，企业成为乡村振兴主体，而政府和贫困人员组成的连和利益相关者成为政策性资源配置主体。Tantalo and Priem（2016）在研究中论述了"利益相关者协同"在价值创造中的效应，他们认为利益相关者协同效应实现了企业的一个战略行为，能同时为两个或多个重要的利益相关者群体增加不同类型的价值，并且不会降低其他利益相关者的既定利益。利益相关者协同能够扩大价值"馅饼"的规模。Tantalo and Priem（2016）的观点虽然与本书提出的连和利益相关者不尽相同，但其结果性逻辑正是本书所指。连和利益相关者形成的意义在于它可以修正企业欲在乡村振兴行为上获取即时利益的观念，使对贫困人员的福利反馈符合企业的长期利益，并激发企业远期共赢的战略意识。根据利益相关者理论，政府借助乡村振兴信息年报披露政策（或其他乡村振兴相关政策）向企业传递贫困治理诉求信息，并希望企业反馈行动的承诺，作为回应，连和利益相关者向企业提供其控制的关键资源（Hill and Jones，1992）。由此，利益相关者理论也可以为政策性资源驱动下的企业乡村振兴行为提供理论支撑。

通过以上分析，制度理论在解释企业乡村振兴时可发挥三重作用：第一重是制度所形成的外部压力推动企业乡村振兴，从而发挥纾解股东价值与社会价值之间矛盾的调和剂功能；第二重是通过政策强度向企业传递政策性资源配置承诺的信息，从而解决信息不对称造成的企业乡村振兴不积极的困局，发挥制度因素的催化剂作用；第三重是制度因素发挥黏合剂作用，将政府与贫困人员系结一体成为企业连和利益相关者，从而化解利益相关者存在的潜在阻力，激化企业形成长期共赢战略意识，积极参与乡村振兴。图 4.1 直观展示了企业乡村振兴解释性理论框架的形成过程。

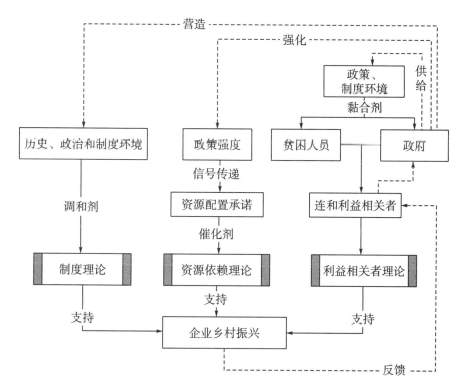

图 4.1　企业乡村振兴解释性理论框架的形成过程

图 4.1 中实线和虚线共同构成了一个循环，制度因素发挥的综合作用推动企业积极地实施乡村振兴，企业通过合理的乡村振兴行为[①]向连和利益相关者反馈，连和利益相关者以政府为主体通过营造制度环境、供给乡村振兴政策和强化政策力度巩固实线循环，进而推动企业积极实施乡村振兴。这个良性循环最终形成贫困人员、政府、股东、债权人等社会参与者的共赢格局。在这个共赢格局中帮助企业实现逐利目标的是企业心向往之的政策性资源。

---

① 目前出现一些企业借助乡村振兴之名行暴利之实，这些企业借助政府在乡村振兴上的政策、补贴等资源配置倾斜的机会谋取不正当收益，扰乱了扶贫资源的配置秩序。为此，国务院扶贫办和民政部于 2019 年联合颁布了《关于规范社会组织参与脱贫攻坚工作的通知》，以纠正违规行为。这些不法行为也印证了政策性资源能够为企业带来收益，从而推动企业积极实施乡村振兴。

综上所述，通过对制度理论、资源依赖理论和利益相关者理论的多理论分析，我们得到的一个结论是制度因素是企业乡村振兴的前置决定因素，其中最核心的推动力是连和利益相关者所提供的政策性资源。

二、研究假设

上文通过构建解释性理论框架论证了企业乡村振兴的政策性资源动机，本节在此基础上提出先验性假设。从前文给出的政策性资源的含义可知，企业搭建的政治关联（胡旭阳和史晋川，2008；卫武和李克克，2009）、获取的政府补助等都属于政策性资源的范畴。我们运用政治关联作为政策性资源的代理变量进行实证检验，为确保结果稳健，将政府补助作为第二个代理变量在稳健性检验中予以体现。

借助拥有政治关联的企业在乡村振兴中的表现来验证政策性资源是企业乡村振兴的驱动力。政策性资源驱动企业乡村振兴的一个重要表象是拥有政策性资源的企业将更积极地响应政府对多元主体参与贫困治理的政策诉求，从而表现出更大的乡村振兴意愿和支出水平，这一行为特征还体现在以下几方面：第一，政策性资源是长期经营的结果（罗党论和唐清泉，2009），一旦损失，短期内很难弥补，拥有政策性资源的企业会采取更积极的行动来维护这些得之不易的关键资源；第二，拥有政策性资源的企业已经充分认识到政策性资源对企业发展的重要性，会更积极地参与政策性资源的竞争（张建君和张志学，2005）；第三，拥有政策性资源意味着政企间信息交流通畅，企业更容易获悉政府的真正意图，缩短反应时间，有助于抢占竞争政策性资源的先机；第四，长期形成的政策性资源竞争格局相对稳定，拥有政策性资源本身就是政策性资源竞争能力强的象征，这种威慑力会令其他企业"望而却步"。此外，政策性资源价值也会影响企业乡村振兴行为表现。潘越等（2009）指出，政治关联为企业带来的价值取决于它的级别，级别越高，政治影响力越大，政治关联所蕴含的潜在利益就越多。贾明和张喆（2010）也指出，政治关联级别越高的企业越有动力积极响应政府对企业的捐款需求，并且政治关联级别越高，说明企业为维护和建立政治关联投入的资源越多（Godfrey，2005）。换言之，政治关联的级别决定了企业慈善捐赠水平。诚然，政策性资源价值越高，企业从中获取的收益越大，政府对企业的乡村振兴支出期望越大，企业维系它的成本也会越高，表现为随着政策性资源价值的上升，企业将拥有更积极的乡村振兴意愿和更高的支出水平。据此，提出以下假设：

H01：政策性资源是企业乡村振兴的驱动因素，表现为拥有政策性资源的企业相对于其他企业而言将表现出更强的乡村振兴意愿和更多的乡村振兴支出。

H02：政策性资源价值正向影响政策性资源对企业乡村振兴的驱动作用，表现为企业拥有的政策性资源价值越高，乡村振兴意愿越强烈，乡村振兴支出也越多。

在此基础上，我们还关注"制度同构"（Institutional Isomorphism）对政策性资源动机下的企业乡村振兴行为可能产生的异质性影响，借以考察制度理论在企业乡村振兴中是否还发挥其他作用。制度同构效应的基本观点是类似的企业在面临类似的制度压力时实行类似的企业社会责任战略和行为（Doh and Guay，2006；Fransen，2013；Holder-Webb and Cohen，2012），其实质是企业间因制度因素而相互模仿。学者从多个层面的制度同构验证了其对企业社会责任的影响，Husted，et al.（2016）指出企业社会责任密度高的地区企业社会责任表现更好，从侧面反映出区域层面制度同构对个体企业社会责任的影响。Marquis，et al.（2007）在"社区同构"（Community Isomorphism）模型中验证了社区层面制度同构如何作用于个体企业社会责任实践。

行业内企业面临类似的制度环境，普遍存在行业层面的制度同构现象，简称"行业同构"。刘柏和卢家锐（2018）曾证实企业社会责任的行业传染机制，认为行业平均企业社会责任水平会显著正向影响个体企业社会责任行为。张建君（2013）将行业内企业类似的慈善捐赠行为称为"实践扩散"（Practice Diffusion），并证实行业平均捐款水平正向作用于个体企业捐款。虽然上述文献未直接论及制度因素的作用，但传染机制和实践扩散的实质也是行业内企业间的相互模仿行为。政策性资源具有鲜明的制度特征，那么在政策性资源的配置偏好和竞争压力面前，类似的同行业企业很可能表现出类似的乡村振兴行为，这符合制度同构效应的基本观点，可借助政策性资源作用下的行业同构效应来揭示制度同构对企业乡村振兴行为可能产生的影响。

政策指向象征着政策性资源的配置倾向，政府对贫困治理的强烈态度将改变政策性资源的配置方式。对企业而言，这意味着政策性资源原有的竞争秩序被打乱，很可能面临现有政策性资源的重新洗牌，加之政策性资源的稀缺性和排他性，加剧了企业间对政策性资源的角逐。尤其对同行业企业来说这一影响更加凸显，同行业企业在投资项目、融资渠道、土地竞标等诸多环节存在激烈竞争，而政策性资源的多寡某种程度上决定了这些竞争环节的成败。行业内其他企业获取的政策性资源会对本企业产生威胁或带来竞争优势上的冲击，最终会导致行业内企业收敛于相似的行为规范来规避行为差异带来的竞争劣势

（Davis and Greve，1997），产生行业同构效应。那么，行业内企业乡村振兴行为会促使同行业企业采取同样的行为来挽回竞争政策性资源时可能产生的落后局面。由于行业间对待政策性资源的态度和竞争紧迫感存在差异，因此行业间的同构程度不同，对企业乡村振兴的影响也会不同。如果行业同构效应越大，表明对政策性资源重视程度越高，竞争紧迫感越强烈，行业内企业对乡村振兴的应合心理越明显，越倾向于参与乡村振兴并保持一定的支出水平以实现行业同形性。鉴于此，本书提出以下假设：

H03：行业同构效应正向作用于政策性资源与乡村振兴的正相关关系，表现为行业同构效应越大，政策性资源与企业乡村振兴意愿及支出水平的正相关关系越强。

H04：行业同构效应正向作用于政策性资源价值与乡村振兴的正相关关系，表现为行业同构效应越大，政策性资源价值与企业乡村振兴意愿及支出水平的正相关关系越强。

第三节　企业应合式乡村振兴的演化博弈理论分析

政策性资源是影响政企行为互动的决定因素，也是企业参与资源角逐的主要动因。一方面，维持社会稳定是政府的责任，而政府社会责任事项涵盖众多，扶危济贫只是其中一项，时常面临各种财政压力，政府也需要寻求多方资源供给于维稳社会的事业（李维安等，2015），这为政企资源互惠创造了可能。另一方面，企业对政府控制的政策性资源的需求是"贪婪"的，只要存在获取的机会，定会积极地去争取（Faccio，2006；李健等，2012）。因此，政府运用乡村振兴相关政策向企业传递了参与乡村振兴的政策诉求，而企业借助乡村振兴行为也向政府传递了政策性资源的诉求，两个主体自发地根据成本效益原则在策略选择互动中寻找均衡状态。

政企间资源互惠的隐性契约属性使双方无法明确约定企业乡村振兴支出水平与政策性资源回馈数量之间的比例关系，只能通过重复的博弈来逐渐达到均衡状态。张敏等（2013）认为政企博弈基本都是重复性博弈，只要博弈双方在资源互惠过程中不存在"违约"行为，互惠行为就会继续。如果企业乡村振兴事后并没有获得政策资源的支持，企业会在下一期采取抵制策略或形成消极应付心理，政府方获悉这个信息后理性的做法是给企业相应政策性资源的支持作为回馈。李增福等（2016）指出，相对于政企资源互惠交换方式而言，政府还可以采取"行政命令"的方式对企业伸出"掠夺之手"，但受到不断深化的市场经济约束，这种方式变得并不明智，因此，资源互惠交换的方式是政府参与博弈的理性策略。

企业实施乡村振兴与政府回馈政策性资源构成了交互策略行为，加之隐性契约的信息不对称和有限理性使政企重复博弈具备了系统的演化博弈特征，可以运用演化博弈理论来分析政企资源互惠行为。李维安等（2015）曾对民营企业慈善捐赠与政府资源支持之间的策略选择进行了博弈分析，结果表明企业捐赠越多，政府资源对企业的支持概率越大。但他们仅求解了混合策略的纳什均衡，这种一次性博弈的最优决策显然与实际情况差异较大，无法透视政企博弈动态过程的全貌。鉴于此，本书借助演化博弈分析方法来揭示在政策性资源驱动下企业应合式乡村振兴的行为特征。

一、前提假设与参数设定

由于信息搜集成本的存在，企业和政府通常是在信息不完备基础上做出决策的（田志龙和贺远琼，2003），加之它们之间的信息不对称（赵璨等，2015），存在不确定性和有限理性，决定了双方在行为决策过程中的策略选择是相互影响、不断学习和调整的。因此，我们建立以下演化博弈模型对政企博弈进行分析。

（一）前提假设

H1：群体性假设。博弈方代表的是群体的策略选择行为，博弈方得益是群体策略选择的结果而并非特指某一个体的得益。企业个体和政府个体只是形式上的博弈方，博弈方的实质是不同类型的企业群体和不同层级的政府群体。

H2：有限理性假设。群体在策略选择时都会受到非理性行为的干扰，政府和企业之间并不存在显性的约束机制作用于彼此策略选择，隐性契约的执行有一定不确定性，加之存在业绩、政策和商业环境等影响因素，策略选择时很难即刻获取未来收益信息，有限理性和信息不对称使博弈方近似于只能被动选择策略，双方会增加不同策略选择的频率，以抵御干扰并最终达到比纳什均衡更稳健的均衡状态。

H3：策略集设定。博弈方企业在乡村振兴方面的策略集为｛应合，不应合｝；博弈方政府会依据企业行为做出是否支持政策性资源的决策，其策略集为｛支持，不支持｝。假定企业选择｛应合｝策略的概率为 x，那么选择｛不应合〕策略的概率为 $1-x$；政府选择〔支持〕策略的概率为 y，选择〔不支持〕策略的概率即为 $1-y$。对于既非应合亦非不应合的乡村振兴属于规范性观点下的企业社会责任履行（Donaldson and Dunfee，1995），企业不再将乡村振兴作为实现利益诉求的手段或工具（陈宏辉和贾生华，2003），类似于与政府不存在博弈关系，无须纳入分析模型。

H4：局部行为假设。第一，政府选择〔回馈〕策略后，企业只有在〔应合〕策略下才能享受来自政府策略选择带来的收益；第二，企业如果选择〔不应合〕策略，原有政策性资源带来的收益会有一定程度的损失；第三，企业如果选择〔不应合〕策略，尚未拥有政策性资源的企业在企业间政策性资源零和博弈局面下将会出现一定的竞争性损失（比如与政策性资源企业在土地、项目等竞标环节上的信息弱势）。以上行为假定与现实情况比较吻合。

（二）参数设定

企业方面，用 $R_e(\alpha_1)$ 表示企业选择〔应合〕策略获得政府回馈的政策性资源现时收益（比如建立了政治关联、获取政府补助等）。其中 α_1 表示政策性资源的价值（级别），$R_e{}'(\alpha_1)>0$，即政策性资源价值越高，企业获得的收益越多（潘越等，2009）。$\alpha_2 R_{e-1}(\alpha_1)$ 表示企业选择〔不应合〕策略而损失的政策性资源过往收益（比如减少了政府补助等）。其中 $R_{e-1}(\alpha_1)$ 表示企业过往一期获取的政策性资源收益，α_2 表示过往收益损失系数，$0<\alpha_2\leqslant1$。需要指明的是，尚未拥有政策性资源的企业选择〔不应合〕策略面临的竞争性损失与拥有政策性资源企业的过往收益损失在外化形式上类似，在模型中仅仅是参数表达式的不同，因此为简化模型，竞争性损失沿用此式，不再单独设计参数。C_e 表示企业乡村振兴投入。

政府方面，R_g 表示政府从企业乡村振兴中获取的直接收益（比如减轻了政府负担等）。$\beta_1 R_e(\alpha_1)$ 代表〔应合，支持〕策略组合下企业获得的政策性资源收益向政府部门的转化部分（比如绩效提升带来的税收增加等），属于政府的间接收益。β_1 表示收益转化率，$0<\beta_1<1$。$C_g(\alpha_1)$ 表示政府为回馈企业相关资源过程中产生的协调成本（比如干预银行给企业提供贷款等），$C_g{}'(\alpha_1)>0$，即企业政策性资源价值越高，政府为反馈做出的努力程度越大，成本也就越高。$\beta_2 C_{g-1}$ 表示企业在选择〔不应合〕策略时政府节约的部分协调成本。β_2 表示成本节约系数，$0<\beta_2\leqslant1$。对于那些尚未拥有政策性资源的企业来说，政府不存在协调成本的节约，即 $\beta_2 C_{g-1}=0$，因在模型演算过程中 $\beta_2 C_{g-1}$ 参数会被消掉而不参与分析过程，故不再单独列出 $\beta_2 C_{g-1}=0$ 的情形。我们将政府

的直接收益又称为政府社会综合收益①，也即企业乡村振兴创造的社会效益。

二、政企博弈复制动态系统

依据以上假设和参数设定，企业与政府间的博弈共有四种策略组合情景：情形一，当博弈双方选择｛应合，支持｝策略组合时，企业总收益为 $R_e(\alpha_1)-C_e$，政府总收益为 $R_g+\beta_1 R_e(\alpha_1)-C_g(\alpha_1)$。情形二，当博弈双方选择｛不应合，不支持｝策略组合时，根据 H4 假设，企业总收益为 $-\alpha_2 R_{e-1}(\alpha_1)$，表示企业的策略选择所造成的过往收益损失或竞争性损失；政府总收益为 $\beta_2 C_{g-1}$，表示政府因企业的策略选择而节约的协调成本。情形三，当博弈双方选择｛应合，不支持｝策略组合时，企业只有乡村振兴投入产生的 C_e 成本，总收益为 $-C_e$；政府总收益减少了间接收益部分，且政府并没有发生协调成本，因此总收益等于直接收益 R_g。情形四，当博弈双方选择｛不应合，支持｝策略时，根据 H4 假设，企业总收益为 $-\alpha_2 R_{e-1}(\alpha_1)$，政府总收益为 $\beta_2 C_{g-1}-C_g(\alpha_1)$。综上所述，政企间策略互动形成的收益矩阵如表 4.1 所示。

表 4.1　政企博弈的收益矩阵

企业	政府	
	支持（y）	不支持（$1-y$）
应合（x）	企业总收益 $R_e(\alpha_1)-C_e$； 政府总收益 $R_g+\beta_1 R_e(\alpha_1)-C_g(\alpha_1)$	企业总收益 $-C_e$； 政府总收益 R_g
不应合（$1-x$）	企业总收益 $-\alpha_2 R_{e-1}(\alpha_1)$； 政府总收益 $\beta_2 C_{g-1}-C_g(\alpha_1)$	企业总收益 $-\alpha_2 R_{e-1}(\alpha_1)$； 政府总收益 $\beta_2 C_{g-1}$

注：以上收益并未考虑税收影响，这一简化并不影响结果的方向。

企业选择｛应合｝策略时的期望收益为：

$$\pi_{e1}=y(R_e(\alpha_1)-C_e)+(1-y)(-C_e)$$

企业选择｛不应合｝策略时的期望收益为：

$$\pi_{e2}=y(-\alpha_2 R_{e-1}(\alpha_1))+(1-y)(-\alpha_2 R_{e-1}(\alpha_1))$$

则企业的平均收益为：

---

① 由于政府的间接收益也可能用于促进经济建设等与社会福利无直接关系的领域，因此我们未将政府的间接收益纳入政府社会综合收益中。

$$\overline{\pi_e} = x\pi_{e1} + (1-x)\pi_{e2}$$
$$= x[y(R_e(\alpha_1) - C_e) + (1-y)(-C_e)] + (1-x)$$
$$[y(-\alpha_2 R_{e-1}(\alpha_1)) + (1-y)(-\alpha_2 R_{e-1}(\alpha_1))]$$

由此，企业的复制动态方程整理可得：

$$F_e(x) = \frac{\mathrm{d}x}{\mathrm{d}t} = x(\pi_{e1} - \overline{\pi_e}) = x(1-x)(R_e(\alpha_1)y +$$
$$\alpha_2 R_{e-1}(\alpha_1) - C_e) \qquad (4.1)$$

同理，政府选择〔支持〕策略时的期望收益为：

$$\pi_{g1} = x(R_g + \beta_1 R_e(\alpha_1) - C_g(\alpha_1)) + (1-x)(\beta_2 C_{g-1} - C_g(\alpha_1))$$

政府选择〔不支持〕策略时的期望收益为：

$$\pi_{g2} = xR_g + (1-x)\beta_2 C_{g-1}$$

则政府的平均收益为：

$$\overline{\pi_g} = y\pi_{g1} + (1-y)\pi_{g2}$$
$$= y[x(R_g + \beta_1 R_e(\alpha_1) - C_g(\alpha_1)) + (1-x)(\beta_2 C_{g-1} -$$
$$C_g(\alpha_1))] + (1-y)[xR_g + (1-x)\beta_2 C_{g-1}]$$

由此，政府的复制动态方程整理可得：

$$F_g(y) = \frac{\mathrm{d}y}{\mathrm{d}t} = y(\pi_{g1} - \overline{\pi_g}) = y(1-y)(\beta_1 R_e(\alpha_1)x - C_g(\alpha_1)) \quad (4.2)$$

联立公式（4.1）和（4.2）可得政府与企业策略互动形成的复制动态系统方程：

$$\begin{cases} F_e(x) = x(\pi_{e1} - \overline{\pi_e}) = x(1-x)(R_e(\alpha_1)y + \alpha_2 R_{e-1}(\alpha_1) - C_e) \\ F_g(y) = y(\pi_{g1} - \overline{\pi_g}) = y(1-y)(\beta_1 R_e(\alpha_1)x - C_g(\alpha_1)) \end{cases} \qquad (4.3)$$

三、稳定性检验

（一）企业的策略及稳定性分析

令企业的复制动态方程 $F_e(x) = 0$，求解出企业的 2 个稳定状态 $x_1^* = 0$，$x_2^* = 1$。当且仅当 $F_e(x) = 0$ 和 $F_e'(x) < 0$ 时的稳定状态才是企业能够抵抗外界干扰的演化稳定策略（Evolutionary Stable Strategy，ESS）。根据复制动态

方程，如果 $y=(\alpha_2 R_{e-1}(\alpha_1)-C_e)/R_e(\alpha_1)$，此时有 $F_e(x)$ 在任何 x 水平下恒等于 0，在 $x\in[0,1]$ 的点都是稳定状态。如果 $y\neq(\alpha_2 R_{e-1}(\alpha_1)-C_e)/R_e(\alpha_1)$，则 $x_1^*=0$，$x_2^*=1$ 是两个稳定状态。当 $y>(\alpha_2 R_{e-1}(\alpha_1)-C_e)/R_e(\alpha_1)$ 时，有 $F_e(x)\geqslant0$，在 $x_1^*=0$ 的稳定状态下 $F_e(0)=0$，$F_e{}'(0)>0$，并非 ESS 状态；在 $x_2^*=1$ 的稳定状态下 $F_e(1)=0$，$F_e{}'(1)<0$，为企业的 ESS 状态。当 $y<(\alpha_2 R_{e-1}(\alpha_1)-C_e)/R_e(\alpha_1)$ 时，有 $F_e(x)\leqslant0$，分别有 $F_e{}'(0)<0$，$F_e{}'(1)>0$，两个稳定状态仅 $x_1^*=0$ 时为 ESS 状态。图 4.2 比较直观地展示了企业在政府策略影响下的 3 种复制动态相位。

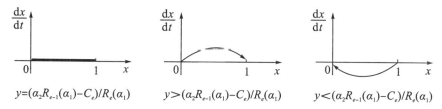

$y=(\alpha_2 R_{e-1}(\alpha_1)-C_e)/R_e(\alpha_1)$ $y>(\alpha_2 R_{e-1}(\alpha_1)-C_e)/R_e(\alpha_1)$ $y<(\alpha_2 R_{e-1}(\alpha_1)-C_e)/R_e(\alpha_1)$

图 4.2 企业策略的复制动态相位

（二）政府的策略及稳定性分析

令政府的复制动态方程 $F_g(y)=0$，求解出政府的 2 个稳定状态 $y_1^*=0$，$y_2^*=1$。当且仅当 $F_g(y)=0$ 和 $F_g{}'(y)<0$ 时的状态才是政府的 ESS 状态。根据复制动态方程，如果 $x=C_g(\alpha_1)/\beta_1 R_e(\alpha_1)$，此时有 $F_g(y)$ 在任何 y 水平下恒等于 0，在 $y\in[0,1]$ 的点都是稳定状态。如果 $x\neq C_g(\alpha_1)/\beta_1 R_e(\alpha_1)$，则 $y_1^*=0$，$y_2^*=1$ 是两个稳定状态。当 $x>C_g(\alpha_1)/\beta_1 R_e(\alpha_1)$ 时，有 $F_g(y)\geqslant0$，在 $y_1^*=0$ 的稳定状态下 $F_g(0)=0$，$F_g{}'(0)>0$，并非 ESS 状态，在 $y_2^*=1$ 的稳定状态下 $F_g(1)=0$，$F_g{}'(1)<0$，为企业的 ESS 状态。当 $x<C_g(\alpha_1)/\beta_1 R_e(\alpha_1)$ 时，有 $F_g(y)\leqslant0$，分别有 $F_g{}'(0)<0$，$F_g{}'(1)>0$，两个稳定状态仅 $y_1^*=0$ 时为 ESS 状态。图 4.3 展示了政府在企业策略影响下的 3 种复制动态相位。

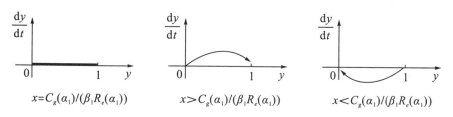

$x=C_g(\alpha_1)/(\beta_1 R_e(\alpha_1))$ $x>C_g(\alpha_1)/(\beta_1 R_e(\alpha_1))$ $x<C_g(\alpha_1)/(\beta_1 R_e(\alpha_1))$

图 4.3 政府策略的复制动态相位

（三）系统的策略及稳定性分析

以上单独分析了政府和企业在受到彼此策略影响时做出的最优策略调整过程，事实上任何一方都不可能在某一固定概率策略取值下去影响另一方，双方是在一种动态相互调整的过程中达到稳定状态的，其间任何（x，y）的取值都有可能被选择。以下从政府和企业整个复制动态系统角度去求解双方博弈的演化稳定策略。

使复制动态系统方程 $F_e(x)=0$ 和 $F_g(y)=0$，可得政企博弈动态系统的 5 个均衡状态（0，0）、（0，1）、（1，0）、（1，1）和（$C_g(\alpha_1)/\beta_1 R_e(\alpha_1)$，（$\alpha_2 R_{e-1}(\alpha_1)-C_e)/R_e(\alpha_1)$）。其中在同时满足 $\alpha_2 R_{e-1}(\alpha_1)>C_e$、$C_g(\alpha_1)<\beta_1 R_e(\alpha_1)$ 和 $(\alpha_2 R_{e-1}(\alpha_1)-C_e)<R_e(\alpha_1)$ 时，（$C_g(\alpha_1)/\beta_1 R_e(\alpha_1)$，（$\alpha_2 R_{e-1}(\alpha_1)-C_e)/R_e(\alpha_1)$）才是均衡点。使用雅可比矩阵的局部稳定性求解博弈动态系统的 ESS，雅可比矩阵表达式如下：

$$J = \begin{bmatrix} (1-2x)(R_e(\alpha_1)y+\alpha_2 R_{e-1}(\alpha_1)-C_e) & x(1-x)R_e(\alpha_1) \\ y(1-y)\beta_1 R_e(\alpha_1) & (1-2y)(\beta_1 R_e(\alpha_1)x-C_g(\alpha_1)) \end{bmatrix}$$

由雅可比矩阵，得出行列式（$DetJ$）和轨迹（TrJ）的计算公式为：

$$DetJ = (1-2x)(1-2y)(R_e(\alpha_1)y+\alpha_2 R_{e-1}(\alpha_1)-C_e)$$
$$(\beta_1 R_e(\alpha_1)x-C_g(\alpha_1))-xy(1-x)(1-y)R_e(\alpha_1)\beta_1 R_e(\alpha_1)$$

$$TrJ = (1-2x)(R_e(\alpha_1)y+\alpha_2 R_{e-1}(\alpha_1)-C_e)+(1-2y)$$
$$(\beta_1 R_e(\alpha_1)x-C_g(\alpha_1))$$

将 5 个均衡状态的 x、y 值分别代入行列式与轨迹公式中，通过观察结果的正负符号判断稳定状态的局部稳定性，满足 $DetJ(x，y)>0$ 和 $TrJ(x，y)<0$ 时，即为演化稳定策略（ESS）。通过表 4.2 列出的公式可知，$DetJ(x，y)$ 和 $TrJ(x，y)$ 的最终取值依赖于政府和企业的初始状态，即主要取决于政府的间接收益（$\beta_1 R_e(\alpha_1)$）、政府的协调成本（$C_g(\alpha_1)$）、企业损失的过往收益（$\alpha_2 * R_{e-1}(\alpha_1)$）、企业的现时收益 $R_e(\alpha_1)$ 以及企业乡村振兴的投入（C_e）的初始值，以下分 6 种情景进行分析。

表 4.2　系统演化博弈局部稳定性分析

均衡点	$DetJ$	TrJ
$(0,0)$	$C_g(\alpha_1)(C_e-\alpha_2 R_{e-1}(\alpha_1))$	$\alpha_2 R_{e-1}(\alpha_1)-C_e-C_g(\alpha_1)$
$(0,1)$	$C_g(\alpha_1)(R_e(\alpha_1)+\alpha_2 R_{e-1}(\alpha_1)-C_e)$	$R_e(\alpha_1)+\alpha_2 R_{e-1}(\alpha_1)-C_e+C_g(\alpha_1)$
$(1,0)$	$(C_e-\alpha_2 R_{e-1}(\alpha_1))(\beta_1 R_e(\alpha_1)-C_g(\alpha_1))$	$(C_e-\alpha_2 R_{e-1}(\alpha_1))+(\beta_1 \cdot R_e(\alpha_1)-C_g(\alpha_1))$
$(1,1)$	$(R_e(\alpha_1)+\alpha_2 R_{e-1}(\alpha_1)-C_e)(\beta_1 R_e(\alpha_1)-C_g(\alpha_1))$	$-(R_e(\alpha_1)+\alpha_2 R_{e-1}(\alpha_1)-C_e)-(\beta_1 R_e(\alpha_1)-C_g(\alpha_1))$
$(C_g(\alpha_1)/\beta_1 R_e(\alpha_1),$ $(\alpha_2 R_{e-1}(\alpha_1)-C_e)/R_e(\alpha_1))$	$(C_e-\alpha_2 R_{e-1}(\alpha_1))C_g(\alpha_1)\cdot(R_e(\alpha_1)+\alpha_2 R_{e-1}(\alpha_1)-C_e)\cdot(\beta_1 R_e(\alpha_1)-C_g(\alpha_1))/(R_e(\alpha_1)\cdot\beta_1 R_e(\alpha_1))$	0

情景一：$\beta_1 R_e(\alpha_1)>C_g(\alpha_1)$ 且 $\alpha_2 R_{e-1}(\alpha_1)>C_e$。情景一所对应的 $DetJ$ (x,y) 和 $TrJ(x,y)$ 取值符号分析如表 4.3 所示。情景一中存在唯一的演化稳定策略（ESS），即（1，1）策略组合。从政府角度来说，$\beta_1 R_e(\alpha_1)>C_g(\alpha_1)$ 说明政府选择｛支持｝策略的间接收益大于政府的协调成本，其现实内涵是在不考虑企业｛应合｝策略给政府带来的直接收益情况下，政府从｛支持｝策略执行过程中获得了额外收益，这部分额外收益可以帮助政府去履行其他的社会责任，这一结果映射出企业乡村振兴产生了社会效益溢出效应[①]，也即政府社会综合收益溢价。从企业角度来说，$\alpha_2 R_{e-1}(\alpha_1)>C_e$ 表明过往收益损失大于乡村振兴投入，当企业选择｛应合｝策略时，过往收益损失会被挽回，那也意味着挽回的过往收益大于乡村振兴投入，在不考虑政府选择｛支持｝策略带来的新增收益情况下，企业仅通过挽回的过往收益与投入成本之差便实现了收益增加，即产生了经济效益溢出效应[②]，并且政策性资源价值（α_1）越高，挽回的过往收益越大，经济效益的溢出效应越突出。此外，过往收益损失大于乡村振兴投入这一局面也迫使企业只能选择｛应合｝策略，体现出企业参与乡村振兴的应合心理，并且应合心理会随着政策性资源价值的上升

---

① 我们把政府间接收益与协调成本的差额用于评价企业乡村振兴带来的社会效益溢出效应，差额为正则产生溢出效应，即帮助政府实现直接收益外还产生了额外收益；负则产生削减效应，即政府间接收益不足以抵扣协调成本的部分仍需直接收益进一步补偿。站在政府端，溢出效应等同于政府社会综合收益溢价，削减效应则是政府社会综合收益折价的体现。

② 与社会效益溢出效应原理相同，我们将过往收益与乡村振兴投入的差额用于评价企业乡村振兴带来的经济效益溢出效应，差额为正则为溢出效应，负则为削减效应。

而变得更强烈。综上可知：第一，过往收益损失越大，其与乡村振兴投入成本差异越大，企业越倾向于〔应合〕策略，并且产生的经济效益溢出效应越强；第二，企业现时收益越高，政府间接收益就越高，政府越倾向于〔支持〕策略，企业选择〔应合〕策略产生的社会效益溢出效应越强；第三，以上两种溢出效应会伴随着政策性资源价值的上升而增强。总之，企业在政策性资源驱动下表现出应合式乡村振兴，政企策略互动后博弈系统达到ESS，此时在社会效益和经济效益方面出现双溢出效应。换言之，站在全社会的角度，〔应合，支持〕演化稳定策略组合是实现政府、企业和贫困人员多方共赢的一个上好结果。

表4.3 系统演化博弈局部稳定性分析：情景一

均衡点	$DetJ$	TrJ	稳定性
(0，0)	负	不确定	鞍点
(0，1)	正	正	不稳定
(1，0)	负	不确定	鞍点
(1，1)	正	负	ESS
$(C_g(\alpha_1)/\beta_1 R_e(\alpha_1)$，$(\alpha_2 R_{e-1}(\alpha_1)-C_e)/R_e(\alpha_1))$	负	0	中心点

情景二：$\beta_1 R_e(\alpha_1)<C_g(\alpha_1)$ 且 $\alpha_2 R_{e-1}(\alpha_1)>C_e$。情景二所对应的 $DetJ(x, y)$ 和 $TrJ(x, y)$ 取值符号分析如表4.4所示。情景二中 (1，0) 点是唯一的ESS。条件 $\beta_1 R_e(\alpha_1)<C_g(\alpha_1)$ 表明政府间接收益补偿协调成本之后仍需冲减部分直接收益，企业乡村振兴产生社会效益削减效应，即政府社会综合收益折价，这一结果会使政府质疑政策性资源的使用效率，从而采取消极策略——选择〔不支持〕策略来维系政策性资源高回报的社会需要。从企业角度来看，由于政府选择〔不支持〕策略，企业失去获得现时收益的机会，因此本情景中不存在经济效益溢出的现象。但 $\alpha_2 R_{e-1}(\alpha_1)-C_e>0$ 意味着过往收益损失大于乡村振兴投入，此时即便在政府选择〔不支持〕策略前提下，从维护自身经济利益出发，企业仍会选择〔应合〕策略并达到博弈稳定状态。这一博弈结果充分说明企业乡村振兴的应合心理及行为表现，并且随着政策性资源价值的上升，过往收益损失越大，应合心理就越发凸显。

表 4.4　系统演化博弈局部稳定性分析：情景二

均衡点	$DetJ$	TrJ	稳定性
(0, 0)	负	不确定	鞍点
(0, 1)	正	正	不稳定
(1, 0)	正	负	ESS
(1, 1)	负	不确定	鞍点

情景三：$\beta_1 R_e(\alpha_1) > C_g(\alpha_1)$且$0 < C_e - \alpha_2 R_{e-1}(\alpha_1) < R_e(\alpha_1)$。情景三所对应的$DetJ(x, y)$和$TrJ(x, y)$取值符号分析如表 4.5 所示。情景三中存在两个 ESS，即（0, 0）和（1, 1）点。从企业角度来说，$C_e > \alpha_2 R_{e-1}(\alpha_1)$说明企业乡村振兴产生经济效益削减效应。进一步将条件$0 < C_e - \alpha_2 R_{e-1}(\alpha_1) < R_e(\alpha_1)$分解成两种情况分析，如果$R_e(\alpha_1) - (C_e - \alpha_2 R_{e-1}(\alpha_1)) > \alpha_2 R_{e-1}(\alpha_1)$，即企业现时收益在扣除乡村振兴投入与挽回的过往收益之差后仍大于企业挽回的过往收益，说明企业乡村振兴创造的边际收益（MR_e）大于 0，企业在策略互动中有内在动力去选择〔应合〕策略；如果$0 < R_e(\alpha_1) - (C_e - \alpha_2 R_{e-1}(\alpha_1)) < \alpha_2 R_{e-1}(\alpha_1)$，则表明企业边际收益（$MR_e$）小于 0，企业缺乏向〔应合〕策略收敛的内在动力，从而转向〔不应合〕策略。从政府角度来说，$\beta_1 R_e(\alpha_1) > C_g(\alpha_1)$在情景一已述及，此时政府策略更倾向于〔支持〕策略，但产生$\beta_1 R_e(\alpha_1)$是以企业选择〔应合〕策略并获得现时收益为前提的。本情景中受到企业乡村振兴的边际收益影响，企业未必一定选择〔应合〕策略，当企业选择〔不应合〕策略时就不会获得政策性资源的回馈，就没有现时收益，政府也就不存在间接收益，那么政府显然也不会为支持企业而发生额外成本，最终策略收敛于〔不支持〕；当企业因边际收益大于 0 而选择〔应合〕策略时，政府的策略在条件$\beta_1 R_e(\alpha_1) > C_g(\alpha_1)$带动下会收敛于〔支持〕。综上所述，在情景三中企业乡村振兴产生经济效益削减效应，使得政企双方最终的策略选择取决于企业的边际收益，当边际收益大于 0 时，在总收益增加作用下政企达到〔应合，支持〕ESS 状态，在此状态下，企业乡村振兴仍然产生社会效益的溢出效应；当边际收益小于 0 时，总收益下降迫使企业只能选择〔不应合〕策略，从而将政企 ESS 状态稳定在〔不应合，不支持〕。

表4.5 系统演化博弈局部稳定性分析：情景三

均衡点	$DetJ$	TrJ	稳定性
(0, 0)	正	负	ESS
(0, 1)	正	正	不稳定
(1, 0)	正	正	不稳定
(1, 1)	正	负	ESS

情景四：$\beta_1 R_e(\alpha_1) > C_g(\alpha_1)$ 且 $C_e - \alpha_2 R_{e-1}(\alpha_1) > R_e(\alpha_1)$。情景四所对应的 $DetJ(x, y)$ 和 $TrJ(x, y)$ 取值符号分析如表4.6所示，只存在一个ESS，即 (0, 0) 策略组合。条件 $C_e - \alpha_2 R_{e-1}(\alpha_1) > R_e(\alpha_1)$ 意味着企业边际收益小于0，即企业即时收益还不足以补偿乡村振兴投入成本与挽回的过往收益之差，意味着企业总收益下降，从经济利益上考虑企业会倾向于〔不应合〕策略，政府会根据企业策略将自己策略调整为〔不支持〕并达到稳定状态。

表4.6 系统演化博弈局部稳定性分析：情景四

均衡点	$DetJ$	TrJ	稳定性
(0, 0)	正	负	ESS
(0, 1)	负	不确定	鞍点
(1, 0)	正	正	不稳定
(1, 1)	负	不确定	鞍点

情景五：$\beta_1 R_e(\alpha_1) < C_g(\alpha_1)$ 且 $0 < C_e - \alpha_2 R_{e-1}(\alpha_1) < R_e(\alpha_1)$。情景五所对应的 $DetJ(x, y)$ 和 $TrJ(x, y)$ 取值符号分析如表4.7所示。

情景六：$\beta_1 R_e(\alpha_1) < C_g(\alpha_1)$ 且 $C_e - \alpha_2 R_{e-1}(\alpha_1) > R_e(\alpha_1)$。情景六所对应的 $DetJ(x, y)$ 和 $TrJ(x, y)$ 取值符号分析如表4.8所示。

从表4.7和表4.8可知，情景五和情景六与情景四博弈结果一致，在此一并分析。两个情景都存在约束条件 $\beta_1 R_e(\alpha_1) < C_g(\alpha_1)$，表明政策性资源并未达到高回报的社会需要，政府社会综合收益折价迫使政府选择〔不支持〕策略。政府的策略选择使企业的 $R_e(\alpha_1) = 0$，加之 $C_e > \alpha_2 R_{e-1}(\alpha_1)$ 条件的共同作用，企业的边际收益小于0，面对总收益下降的局面，企业最终将策略稳定在〔不应合〕。

表 4.7 系统演化博弈局部稳定性分析：情景五

均衡点	$DetJ$	TrJ	稳定性
(0，0)	正	负	ESS
(0，1)	正	正	不稳定
(1，0)	负	不确定	鞍点
(1，1)	负	不确定	鞍点

表 4.8 系统演化博弈局部稳定性分析：情景六

均衡点	$DetJ$	TrJ	稳定性
(0，0)	正	负	ESS
(0，1)	负	不确定	鞍点
(1，0)	负	不确定	鞍点
(1，1)	正	正	不稳定

综上分析，动态博弈系统中，政府和企业双方初始状态的差异决定了动态博弈过程中利益主体最终的策略选择，每种情景都充分体现了双方利益平衡的过程，并最终达到稳定状态。根据结果来看，政府在博弈模型中显然处于强势一方，利益主体间在竞争博弈中的不平等地位驱使弱势一方（企业）必然采取服从或迎合策略以维护已有和创造未有的经济利益，在结果上表现出应合式乡村振兴。在整个博弈过程中，企业应合式乡村振兴决策临界点位于边际收益等于 0 处。当边际收益大于 0 时，无论政府的策略选择如何调整，企业都会选择应合策略，并产生社会效益溢出效应。特别地，当政府社会综合收益溢价时，政企策略组合为〔应合，支持〕，企业应合式乡村振兴将实现社会效益和经济效益双溢出的良好局面。这与前文的分析结论比较吻合，推动企业应合式乡村振兴的不仅仅是制度对行为的调和力量，企业逐利本性在连和利益相关者禀赋的政策性资源上的体现才是促进企业应合式乡村振兴的根本驱动力。此外，根据上述分析，模型中所涉核心利益（政策性资源）对企业来说是关键资源，甚至关乎企业的生存和发展（比如企业合法性等），具有不可再生性和不可替代性。基于这个事实，本书认为企业过往收益损失大于乡村振兴投入的情景（情景一和情景二），即 $\alpha_2 R_{e-1}(\alpha_1) > C_e$ 的动态博弈系统的分析结果更贴近于现实。

四、数值仿真分析

研究结论的可信度不仅需要理论推演的铺垫，而且还要经得起数据的检验。本节运用 MATLAB 软件对前述博弈过程进行仿真模拟，通过对参数赋值来观察政府和企业策略互动过程并验证博弈分析的稳定状态，以期能够对企业应合式乡村振兴决策机制加深理解。根据不同情景的参数钩稽关系分别进行仿真模拟，假设企业和政府策略选择的初始状态（x，y）由（0.3，0.7）及（0.7，0.3）两种情况作为代表，横轴代表时间 t，纵轴代表博弈双方策略互动的演化过程及结果。

对情景一的参数进行赋值，在条件 $\beta_1 R_e(\alpha_1) > C_g(\alpha_1)$ 且 $\alpha_2 R_{e-1}(\alpha_1) - C_e > 0$ 约束下，令 $R_e(\alpha_1) = 100$，$\alpha_2 R_{e-1}(\alpha_1) = 50$，$C_e = 40$，$\beta_1 = 0.5$，$C_g(\alpha_1) = 30$，数值仿真结果如图 4.4 所示。企业和政府策略选择概率在不同初始值情况下最终收敛于 1，验证了理论分析结论。从整个演化过程中看，企业更早达到稳定状态，随后政府才逐渐稳定自己的策略至｛支持｝。此外，在图 4.4（a）中，当 x，y 曲线相交前，政府的策略选择向｛不支持｝收敛，当 x 曲线位于 y 曲线上方后拉着 y 曲线逐渐上升最终收敛于｛应合，支持｝策略组合，图 4.4（b）也说明了这一规律。这个运动轨迹表明企业策略从博弈开始那一刻始终收敛于｛应合｝，其间并未受到政府策略选择的影响而发生波动；反之，政府策略在企业策略选择概率与本身策略选择概率之对比中进行调整，博弈双方的这一策略互动逻辑验证了企业在博弈中的弱势地位和执着的应合心理。通过增加 $R_e(\alpha_1)$，$\alpha_2 * R_{e-1}(\alpha_1)$，$C_g(\alpha_1)$ 的值模拟政策性资源价值上升，仿真结果表明最终均衡仍收敛于｛应合，支持｝策略组合。通过观察细节发现 x 曲线更陡峭，即企业到达｛应合｝策略的用时在缩短，表明政策性资源价值越高，企业选择｛应合｝策略越急迫，应合心理越显现。以上参数赋值在满足约束条件阈值范围内进行调整后，结果并无本质差异。

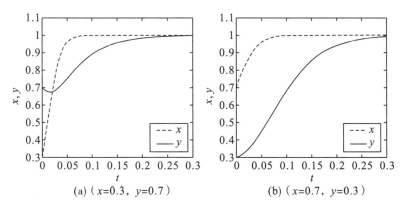

(a)（$x=0.3$, $y=0.7$）　　　　　(b)（$x=0.7$, $y=0.3$）

图 4.4　政企博弈动态演化过程：情景一

对情景二参数进行赋值，在满足 $\beta_1 R_e(\alpha_1) < C_g(\alpha_1)$ 且 $\alpha_2 R_{e-1}(\alpha_1) - C_e > 0$ 前提下令 $R_e(\alpha_1)=100$，$\alpha_2 R_{e-1}(\alpha_1)=150$，$C_e=100$，$\beta_1=0.5$，$C_g(\alpha_1)=60$，仿真结果详见图 4.5，在不同的策略概率取值情况下博弈双方中的拥有政策性资源的企业策略收敛于｛应合｝，政府策略收敛于｛不支持｝，最终保持稳定，验证了前文得出的企业乡村振兴应合行为的分析结论。通过模拟政策性资源价值上升，结果显示拥有政策性资源的企业和政府都缩短了达到各自稳定策略的时间，也验证了政策性资源价值越高，乡村振兴应合心理越凸显的结论。以上参数赋值在满足约束条件阈值范围内进行调整后，结果并无本质差异。

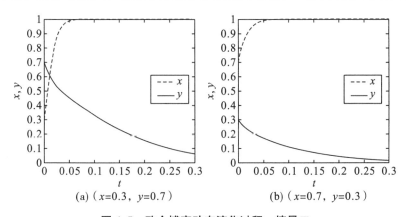

(a)（$x=0.3$, $y=0.7$）　　　　　(b)（$x=0.7$, $y=0.3$）

图 4.5　政企博弈动态演化过程：情景二

对情景三的参数进行赋值以满足 $\beta_1 R_e(\alpha_1) > C_g(\alpha_1)$ 且 $0 < C_e - \alpha_2 R_{e-1}(\alpha_1) < R_e(\alpha_1)$ 的约束条件。根据理论分析，情景三存在两个 ESS，主因是企业的策略选择受制于其边际收益的大小，为此将仿真分析分为两部分。首先验证边际收益小于 0 的情景，令 $R_e(\alpha_1)=100$，$\alpha_2 R_{e-1}(\alpha_1)=100$，$C_e=150$，

$\beta_1 = 0.5$，$C_g(\alpha_1) = 40$，数值仿真结果如图 4.6 所示。企业和政府策略选择概率在不同初始值情况下始终收敛于 0，验证了理论分析结论。在经过参数赋值变更后，仿真结果并无本质差异。其次验证边际收益大于 0 的情景，令 $R_e(\alpha_1) = 200$，$\alpha_2 R_{e-1}(\alpha_1) = 100$，$C_e = 150$，$\beta_1 = 0.5$，$C_g(\alpha_1) = 80$，数值仿真结果如图 4.7 所示。企业和政府策略选择概率在不同初始值情况下仿真结果出现差异，对参数赋值和策略选择概率取值多次调整后并检验，最终稳定状态在（0，0）和（1，1）之间切换。因此当企业边际收益大于 0 时，最终博弈结果还取决于博弈双方策略选择概率的初始值。在反复模拟过程中发现以下规律：第一，当 $x \geqslant 0.48$ 且 $y \geqslant 0.48$ 时，演化仿真结果趋于〈应合，支持〉策略组合；第二，当 $x + y \geqslant 0.96$ 时，结果趋于〈应合，支持〉策略组合；第三，其他情形下仿真结果趋于〈不应合，不支持〉策略组合。仿真模拟过程的这一发现是对理论分析结论的一次延展，受其他因素影响（比如决策者的道德水平较低），企业应合式乡村振兴决策临界点将从边际收益 0 点处轻微右移。

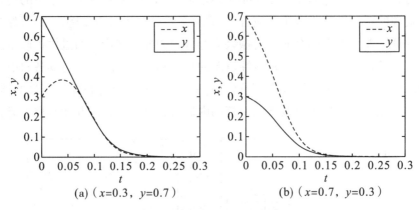

图 4.6 政企博弈动态演化过程：情景三，$MR_e < 0$

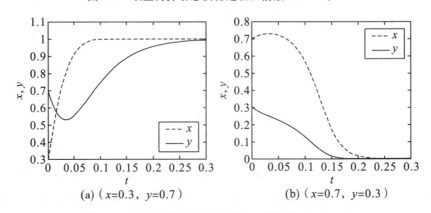

图 4.7 政企博弈动态演化过程：情景三，$MR_e > 0$

根据前文的分析结论，将情景四、情景五和情景六的仿真结果集中展示。为满足条件约束，分别对三种情景的参数进行如下赋值：情景二令 $R_e(\alpha_1)=100$，$\alpha_2 R_{e-1}(\alpha_1)=100$，$C_e=250$，$\beta_1=0.5$，$C_g(\alpha_1)=40$，仿真结果如图 4.8 所示；情景五令 $R_e(\alpha_1)=100$，$\alpha_2 R_{e-1}(\alpha_1)=100$，$C_e=150$，$\beta_1=0.5$，$C_g(\alpha_1)=60$，仿真结果如图 4.9 所示；情景六令 $R_e(\alpha_1)=100$，$\alpha_2 R_{e-1}(\alpha_1)=100$，$C_e=250$，$\beta_1=0.5$，$C_g(\alpha_1)=60$，仿真结果如图 4.10 所示。根据仿真结果，三种情景中企业和政府策略选择概率在不同初始值情况下始终收敛于 0，并在变更参数取值后仿真结果并无本质差异，验证了上文的分析结论。

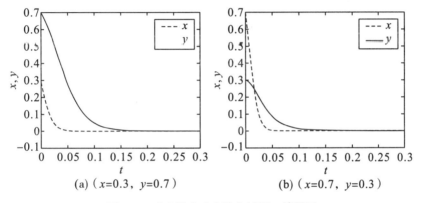

(a)（$x=0.3$，$y=0.7$） (b)（$x=0.7$，$y=0.3$）

图 4.8 政企博弈动态演化过程：情景四

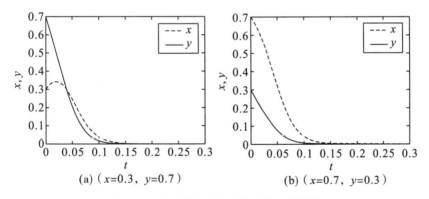

(a)（$x=0.3$，$y=0.7$） (b)（$x=0.7$，$y=0.3$）

图 4.9 政企博弈动态演化过程：情景五

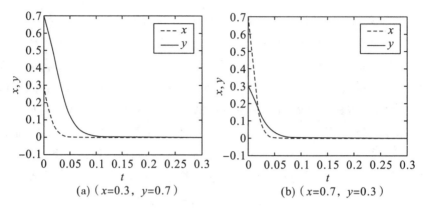

(a)（*x*=0.3，*y*=0.7）　　　　　(b)（*x*=0.7，*y*=0.3）

图 4.10　政企博弈动态演化过程：情景六

五、小结

通过演化博弈和数值仿真分析，我们对政府和企业利益主体在重复动态博弈过程中最终策略选择的演变轨迹加深了理解。分析结果揭示了在政策性资源驱动下企业应合式乡村振兴的行为特征，总体上得出以下结论：

第一，企业应合式乡村振兴策略选择取决于政策性资源收益水平。从演化博弈分析可知，企业乡村振兴的策略选择以边际收益等于 0 为临界点，当边际收益大于临界点时企业策略为应合式乡村振兴；当小于临界点时企业总收益下降的压力迫使企业不参与乡村振兴。此外，在数值仿真分析过程中发现，受到政企利益主体初始策略选择概率的影响，企业应合式乡村振兴决策临界点会从边际收益 0 点处轻微右移。当然，如果考虑政策性资源对企业的重要性因素，我们不认为企业乡村振兴的投入能够轻易超过政策性资源收益，那么企业的边际收益始终会大于 0。但是演化博弈模型并没有放宽这个假定，即模型中存在边际收益小于 0 的情形，分析结果也向我们清晰地展示了如果边际收益小于 0，企业确实会停止乡村振兴行为。换言之，在政策性资源驱动下，企业应合式乡村振兴行为能够带来企业总收益的增加，这符合市场法则赋予企业的逐利本性和资本增值的生存需要。

第二，政府回馈政策性资源策略选择取决于企业的社会表现水平。政府社会综合收益溢价是企业获取政策性资源的关键，而是否溢价又由政府间接收益决定。政府间接收益虽然是企业收益向政府转化的部分，但其内涵也是一种间接方式的企业社会表现（比如政府增加的税收用于社会福利）。企业社会表现水平越高，政府越倾向于选择〔支持〕策略。因此，政府在对价时将更看重企业的社会表现，这一结论也符合现实中政府在配置政策性资源时的偏好。

第三，如果考虑政策性资源对企业经营的重要性因素，那么企业政策性资源收益水平会变得很高，政府间接收益也会随之增加，政企博弈的演化稳定策略组合会持续保持为｛应合，支持｝策略。根据模型分析结果，这一稳定策略组合下的企业应合式乡村振兴行为将产生经济效益和社会效益双溢出效应。因此，从更符合现实的这个结论看，企业应合式乡村振兴的确是最佳策略。

第四节　企业应合式乡村振兴的产权定式假说与研究假设

一、理论分析

政策性资源动机是企业应合式乡村振兴行为表现产生的前提。在政策性资源驱动下，企业在政企间资源互惠隐性契约中处于弱势地位，采取应合策略是企业权衡利弊并谋求利益最大化的最优选择。然而，不同产权性质的企业对待政策性资源的态度显然存在差异，从而会导致企业乡村振兴在产权性质上的差异表现。本节主要探讨这种差异表现的形成过程，并在此基础上提出产权定式假说。产权定式假说扩展了企业应合式乡村振兴的内涵，构成企业应合式乡村振兴的基本内容。

从企业扶贫历史演进的视角来看，在乡村振兴阶段，国家对多元扶贫主体的需求比以往任何阶段都要强烈，在提出形成"政府、市场、社会协同的扶贫格局"后，对企业参与扶贫寄予更高的期待，从一系列乡村振兴支持政策可以判断，政府与企业在扶贫上的关系已经从"主导—配合"型转变成"协同—共赢"型。然而，这种转变体现在国有企业和民营企业上是有区别的。

对大部分国有企业而言，参与贫困治理已经内化于企业的生产经营中，成为行为惯性和历史传统。从 20 世纪 80 年代作为挂钩单位参与定点扶贫，到 90 年代的东西部扶贫协作，再到现阶段的乡村振兴，国有企业始终高度配合国家层面的扶贫战略实施。政策指向一直是国有企业扶贫举止的观瞻，政府对国有企业参与扶贫的定位也更多倾向于是履行政治任务。显然，由于国有企业所承受的政策压力和政府期望更大，因此其更易于在扶贫观念上与政府达成一致，进而积极地响应政策和配合政府完成政治任务（张敏等，2013），表现出积极的参与度。但是表达观念的认同并非一定要投入大量的资金，并且观念认同的程度在不同的国有企业之间也有差别。对某些"被动"观念认同的国有企业来说，是否参与乡村振兴比如何参与乡村振兴更重要，加上经济责任考核目标的压力，这些国有企业逐渐会产生消极应对的心理。此外，国有企业往往还要承担扩大就业、维持社会稳定、协调经济均衡发展等社会职能（Bai, et al., 2000），完成这些职责所投入的资源可能会挤占乡村振兴的投入。

从乡村振兴带给国有企业的后果考虑：一方面，不参与乡村振兴意味着不认同政府的主张，在国有企业与政府存在天然联系的背景下，政府把握着国有企业的人事任命（尤其是高层管理人员）、投资审批等重要权力，这种不认同的后果可能是严重的，面临政策性资源损失的风险；另一方面，国有企业获取政策性资源的渠道较多，获取难度相对较小，长期以来政策性资源收益已然成为经营绩效的一个正常组成部分，国有企业并没有足够的动机再通过乡村振兴去谋求提升企业绩效的途径。总之，国有企业不参与乡村振兴的代价要远远高于参与乡村振兴的收益，而支出水平高的乡村振兴行为带来的收益未必显著高于支出水平低的情况，因此形成了普遍参与但支出水平低的乡村振兴局面。政府与国有企业在贫困治理关系上的界线比较模糊，"主导—配合"向"协同—共赢"的关系转变在国有企业身上体现得并不明显，甚至可以说并没有转变。

而对于民营企业而言，政府和企业之间在贫困治理关系上的转变具有重要意义。改革开放以来，大量民营企业在政策红利的推动下获得快速发展，这个过程使民营企业深刻体会到政策性资源对其生存发展的重要性。"协同—共赢"关系传递了强烈的政策性资源配置倾向的信号，也蕴含着政企资源互惠的机会，使乡村振兴对民营企业来说不仅仅是观念认同，更是获取政策性资源的一个重要手段，政策性资源给民营企业带来的法律保护、合法性等各种关键资源收益在很多情况下是无法用金钱衡量的，重要性不言而喻。"协同—共赢"关系激发了民营企业对乡村振兴支出的价值观转变，从成本观转变为投资观，增加乡村振兴支出水平为企业带来更多的政策性资源收益，从而表现出更高的乡村振兴投入水平。但是民营企业的参与度并不高，钟宏武等（2016）对 2015年国有企业和民营企业前 100 强的扶贫情况进行调研，数据表明 63 家定点扶贫的企业中，仅有 2 家是民营企业，占比只有 3.2%；如果放在 200 个企业的大样本来看，占比仅 1%。参与度不高可能的原因是：第一，民营企业乡村振兴始终贯彻了自愿参与原则。在扶贫历史上来看，政府主要通过政策引导和资源激励的方式鼓励民营企业参与扶贫[1]，民营企业并没有在扶贫方面像国有企业那样的政策性压力，不参与也不会有太多损失。第二，受限于政策性资源的稀缺性，政府在配置资源时只能惠及少部分企业或过往"表现"尚可的企业，这提高了政策性资源竞争舞台的门槛，使大部分企业只能游离于竞争之外或等待竞争的机会[2]。第三，参与竞争是需要成本的，不是所有企业都有多余的资源耗费在乡村振兴上。总之，在乡村振兴带来的后果方面，民营企业与国有企业形成鲜明对比，不参与乡村振兴的代价要远远小于参与乡村振兴的收益，而支出水平高的乡村振兴行为带来的收益很可能大于支出水平低的情况，因此民营企业的乡村振兴呈现出参与度低但支出水平高的局面。

从企业社会责任经验研究的视角来看，不同产权性质的企业对政府的依赖程度存在显著差异（Tan, et al., 2007；周林洁和邱汛，2013），因此政策性资源的重要程度对不同产权性质的企业来说也不同。相对于国有企业而言，民营企业显然对政策性资源的依赖程度更大（梁建等，2010；张建君和张志学，2005）。Feng, et al.（2016）提出，民营企业在诞生之初即缺乏政治地位，和国有企业相比，仍有诸多体制上的制约和歧视，经营环境明显更恶劣。梁建等（2010）在研究中也指出，历史积淀而形成的所有权歧视使民营企业长期缺乏足够的合法性保障，只有积极地与政府保持良好关系，才能从政府那里获取关键的合法性地位（张建君，2013）。合法性是驱动民营企业履行社会责任的主要因素（田志龙等，2005）。民营企业对产权保护的依赖也远大于国有企业，拥有政策性资源对民营企业来说更像是一种保护机制，可以保护企业的合法权益免受侵犯（潘红波等，2008）。民营企业有更强烈的动机通过寻租、政治参与等方式获取政策性资源（Ma and Parish, 2006；梁建等，2010）。Xin and Pearce（1996）指出，相对于国有企业而言，民营企业更依赖与政府的关系，愿意投入更多的资源维护和创建这种关系，从而获得法律保护和政府信任。因此，相对于国有企业来说，获得政策性资源对民营企业更重要（Wang and Qian, 2011）。履行社会责任被视为获取政策性资源的重要手段（Ma and

---

[1] 虽然也存在"劝募""摊派"等非市场化行为（高帆和汪亚楠，2015；麦磊，2014），但往往基于过往利益互惠交换为前提（比如为企业经营提供过便利、享受过政策优惠、存在政治关联等），总体上民营企业参与扶贫坚持了自愿原则。并且随着市场经济的深入，法制逐渐健全，这种"强制性"行为在逐渐消失。

[2] 分析数据表明，虽然民营上市公司乡村振兴整体参与度不如国有上市公司，但至2018年底，民营上市公司乡村振兴的参与度达26.5%，已经远远超过钟宏武等（2016）研究报告中的参与度。正如前文所述，政府在乡村振兴上的政策力度暗示着政策性资源的竞争秩序被打乱，给予重新洗牌的可能，这对很多民营企业来说，就是极佳的参与政策性资源竞争的机会。

Parish, 2006; Shleifer and Vishny, 1994; 张建君, 2013)。毫无疑问，企业乡村振兴更符合社会价值观和良好企业公民形象，也更容易获得政府和公众的认可，从而成为民营企业获取政策性资源的重要渠道 (Su and He, 2010)，民营企业愿意在乡村振兴上投入更多以换取稀缺的政策性资源带来的收益。

而对国有企业而言，其所有权属性往往使它们在获取信贷资源、产权保护、合法性等关键资源方面具有压倒性优势 (Brandt and Li, 2003)，没有必要像民营企业一样采取激进的企业社会责任手段去获取政府的信任和好感 (戴亦一等，2014)，国有企业对因乡村振兴行为产生的政策性资源收益的期待远没有民营企业高。田利辉和张伟 (2013) 的研究表明，政治关联对企业长期绩效的提升只在民营企业中才显著，与国有企业并无关联。这也表明国有企业与政府的天然联系已经内嵌于生产经营中，从而使企业长期绩效并不会因某一高管的政治关联而产生较大的影响，而民营企业显然更沉湎于发挥政治关联的作用，借以提升自身竞争力和财务绩效。但是，国有企业公有资产的标签使其不能仅以利润最大化为全部目标，还要承担一些扩大就业、维持社会稳定、协调经济均衡发展等社会职能 (Bai, et al., 2000)，长期承担非经济功能也使国有企业背负了更多政府和公众的期待 (张建君，2013)，这种政策、舆论的外部压力显然要高于民营企业。此外，政府几乎控制着国有企业高层管理人员的人事分配权 (刘慧龙等，2010)，并且国有企业高管与政府官员存在职位交替通道，政治升迁的激励不仅体现在积极的创造效益上，还体现在是否能够积极响应政府的诉求上 (张建君，2013)。因此，国有企业更易于响应政策和配合政府完成包括乡村振兴在内的各项社会任务 (张敏等，2013)。

基于以上分析，我们提出企业应合式乡村振兴产权定式假说。定式时常作为围棋术语，棋手在长期对弈实践中形成的角上着子的程序，因此定式的涵义是指长时期逐渐形成的固定方式或模式。受此启发，我们将产权定式定义为，在政治、历史和制度环境的长期影响下，不同产权性质的企业逐渐形成的比较妥当且固定的行为方式。产权定式是差异化的政企关系在产权性质上的体现。

企业应合式乡村振兴产权定式假说的基本涵义是：在政策性资源驱动前提下，由产权性质差异引起的国有企业与民营企业在乡村振兴行为上的差异化表现。具体地，国有企业与政府在乡村振兴上更突出观念共识，表现出认同感和义务感，并由此产生了国有企业顺应式乡村振兴，即企业乡村振兴观念共识的顺应模式，是一种维护政策性资源效力的保险机制，具备自动性特征；民营企业与政府在乡村振兴上更突出资源互惠和协同互助，并由此产生了民营企业联合式乡村振兴，即企业乡村振兴机会共创的联合模式，是一种创建和维系政策性资源的增值机制，具备主动性特征。在国有企业乡村振兴的观念共识－顺应模式下，政策性资源驱动企业有更大的乡村振兴意愿和更小的乡村振兴规模；在民营企业乡村振兴的机会共创－联合模式下，政策性资源驱动企业有更小的乡村振兴意愿和更大的乡村振兴规模。观念共识－顺应模式和机会共创－联合模式共同构成了企业应合式乡村振兴的基本内容。

二、研究假设

本部分在企业应合式乡村振兴产权定式假说基础上提出先验性假设。需要强调的是，正如前文已述及的原因，产权性质因素并非企业乡村振兴的前置决定因素，产权性质与企业乡村振兴目前并无直接的理论联系。根据本书的分析结论，产权性质对政策性资源动机下的企业乡村振兴行为产生异质性影响，产权定式假说是政策性资源驱动的企业乡村振兴行为结果在差异的产权性质上的体现。因此，对产权定式假说的研究和检验不能脱离政策性资源动机的前提，否则产权性质与企业乡村振兴直接实证的结果只具备统计上的意义。鉴于此，本书借助拥有政策性资源的企业乡村振兴行为在产权性质上的差异化表现来验证产权定式假说，并提出以下假设：

H5：相对于民营企业，国有企业的产权性质会正向作用于政策性资源与乡村振兴意向的正相关关系，表现为国有企业的政策性资源对企业乡村振兴意愿的驱动力更大。

H6：相对于民营企业，国有企业的产权性质会正向作用于政策性资源价值与乡村振兴意向的正相关关系，表现为国有企业的政策性资源价值对企业乡村振兴意愿的驱动力更大。

H7：相对于国有企业，民营企业的产权性质会正向作用于政策性资源与乡村振兴规模的正相关关系，表现为民营企业的政策性资源对企业乡村振兴规模的驱动力更大。

H8：相对于国有企业，民营企业的产权性质会正向作用于政策性资源价值与乡村振兴规模的正相关关系，表现为民营企业的政策性资源价值对企业乡村振兴规模的驱动力更大。

本章小结

本章是"动机—行为"研究逻辑的理论分析部分，主要揭示企业应合式乡村振兴的概念、决定因素和基本内容，并在分析结论基础上提出先验性假设。首先，本章给出了企业应合式乡村振兴的概念和内涵。企业应合式乡村振兴的实质是政策性资源驱使下企业应合心理在乡村振兴行为上的体现。从资源的竞争关系、重要程度、竞争方式和损失风险几个方面简要论证了企业应合心理的形成和激化。其次，本章以制度理论、资源依赖理论和利益相关者理论为切入点，开展多理论、多层次的分析，并构建了企业乡村振兴解释性理论框架。研究结果表明制度理论发挥了调和剂作用、催化剂作用和黏合剂作用。具体地，调和剂作用通过缓解企业内外部利益矛盾来推动企业乡村振兴，但调和作用并不能完整解释企业的乡村振兴行为；催化剂作用通过强化政策力度向企业传递了政策性资源配置的承诺（也传递了政策性资源损失的风险），在资源依赖理论指导下企业积极参与乡村振兴；黏合剂作用通过系结政府和贫困人员形成连和利益相关者，在利益相关者理论的支撑下企业积极推进乡村振兴。此外，分析制度同构效应对企业乡村振兴产生的影响可知，制度理论又发挥了同构企业行为的作用。因此，延续最初的观点，我们认为外部因素是企业乡村振兴的前置决定因素，而政策性资源是核心的驱动力。再次，本章运用演化博弈方法分析了政企间资源互惠行为，通过动态博弈系统演绎了政企博弈的演化稳定策略形成过程，并运用MATLAB进行数值仿真分析，研究结论为政策性资源驱动下的企业应合式乡村振兴行为提供了学理依据。最后，本章论证了产权性质对政策性资源动机下的企业乡村振兴行为产生的异质性影响，在解释不同产权性质下的企业乡村振兴行为表现时提出了产权定式假说。假说指出，国有企业表现出观念共识－顺应模式的乡村振兴行为，民营企业则表现出机会共创－联合模式的乡村振兴行为。产权定式假说构成了企业应合式乡村振兴的基本内容。理论分析部分需要接受经验数据的实证检验，第五章将针对"动机－行为"理论分析结论逐项进行实证研究。

第五章　企业应合式乡村振兴的实证研究

先验性假设成立的前提不仅需要理论的支撑，而且还需要接受经验数据的检验。本章主要对前章理论分析结论中提出的研究假设进行实证检验，主要包括政策性资源驱动和产权定式假说两个方面。

第一节　政策性资源驱动的实证分析

一、样本选择与数据来源

（一）样本选择

本书借助上市公司乡村振兴数据综合反映企业乡村振兴的全貌。为排除新冠疫情对上市公司年报数据的非正常影响，考虑到年度数据连续性、公司 IPO 或退市行为会导致上市公司总数产生动态变化等，本书选取 2016—2018 年沪深 A 股市场的上市公司作为初始研究样本，分别为 2016 年公司样本数量 3113 家，2017 年公司样本数量 3485 家，2018 年公司样本数量 3527 家，共 10125 个公司年度数据。样本数量来由已在第三章第三节"中国 A 股上市公司乡村振兴的结构特征"详细说明，这里不再复述。为确保分析结构的稳健性（张建君，2013），本书剔除了上市不满三年的公司样本及年度数据，共剔除 828 个公司年度数据，最终剩余 3099 家上市公司的 9297 个公司年度数据，详见表5.1。

表 5.1　研究样本年度分布

年度	初始公司样本（家）	剔除样本数量（家）	剩余样本数量（家）	研究样本占初始样本比例（%）
2016	3113	14	3099	99.6
2017	3485	386	3099	88.9
2018	3527	428	3099	87.9
合计	10125	828	9297	91.8

（二）数据来源

乡村振兴数据沿用第三章第三节"中国 A 股上市公司乡村振兴的结构特征"中所使用的数据。需要强调的是，对于乡村振兴数据的获取本书并没有采取数据库直接提取的方式，主要原因是前文已提及的部分上市公司乡村振兴数据存在规范性和完整性问题。为避免数据对研究结论产生重大影响，本书通过重分类和筛选方式手工提取乡村振兴数据，最大限度地确保数据准确性。

政治关联数据从公司年报高管简历数据中手工整理得到。稳健性检验中涉及的法治水平和金融发展水平相关数据来源于各地区统计年鉴和《中国社会统计年鉴》《中国金融年鉴》《中国法律年鉴》。其他数据来源于 CSMAR 和 RESSET 数据库，部分数据运用搜索引擎填补和检验。对主要数据进行了 winsor 处理，避免异常值带来的影响。

二、研究设计与变量定义

（一）研究设计

为检验政治关联与企业乡村振兴之间的关系，即第四章所提假设 H1 和假设 H2，本书构建以下模型：

$$Tpa\_d_{i,t} = \beta_0 + \beta_1 \cdot Pc\_d_{i,t} + \varphi \cdot Control\_variables_{i,t} + \varepsilon_{i,t}$$
$$(5-1)$$

$$Tpa\_d_{i,t} = \beta_0 + \beta_1 \cdot Pc\_r_{i,t} + \varphi \cdot Control\_variables_{i,t} + \varepsilon_{i,t}$$
$$(5-2)$$

$$LnTpa_{i,t} = \beta_0 + \beta_1 \cdot Pc\_d_{i,t} + \varphi \cdot Control\_variables_{i,t} + \varepsilon_{i,t} \quad (5-3)$$

$$LnTpa_{i,t} = \beta_0 + \beta_1 \cdot Pc\_r_{i,t} + \varphi \cdot Control\_variables_{i,t} + \varepsilon_{i,t} \quad (5-4)$$

为检验行业同构效应对政策性资源与乡村振兴关系产生的影响，即假设 H3 和假设 H4，本书构建以下模型：

$$\beta_1 = \alpha_0 + \alpha_1 \cdot Influence\_variables_{i,t} + \mu_{i,t} \tag{5-5}$$

将式（5-5）代入式（5-1）～（5-4）中，并对扰动项、常数项整合后得到以下简化模型，式（5-6）～（5-13）用于检验 H3 和 H4 假设。

$$Tpa\_d_{i,t} = \beta_0 + \beta_1 \cdot Pc\_d_{i,t} + \beta_2 \cdot Pc\_d_{i,t} \cdot Indus\_tpap_{i,t}$$
$$+ \varphi \cdot Control\_variables_{i,t} + \varepsilon_{i,t} \tag{5-6}$$

$$Tpa\_d_{i,t} = \beta_0 + \beta_1 \cdot Pc\_d_{i,t} + \beta_2 \cdot Pc\_d_{i,t} \cdot Indus\_lntpaa_{i,t}$$
$$+ \varphi \cdot Control\_variables_{i,t} + \varepsilon_{i,t} \tag{5-7}$$

$$Tpa\_d_{i,t} = \beta_0 + \beta_1 \cdot Pc\_r_{i,t} + \beta_2 \cdot Pc\_r_{i,t} \cdot Indus\_tpap_{i,t}$$
$$+ \varphi \cdot Control\_variables_{i,t} + \varepsilon_{i,t} \tag{5-8}$$

$$Tpa\_d_{i,t} = \beta_0 + \beta_1 \cdot Pc\_r_{i,t} + \beta_2 \cdot Pc\_r_{i,t} \cdot Indus\_lntpaa_{i,t}$$
$$+ \varphi \cdot Control\_variables_{i,t} + \varepsilon_{i,t} \tag{5-9}$$

$$LnTpa_{i,t} = \beta_0 + \beta_1 \cdot Pc\_d_{i,t} + \beta_2 \cdot Pc\_d_{i,t} \cdot Indus\_tpap_{i,t}$$
$$+ \varphi \cdot Control\_variables_{i,t} + \varepsilon_{i,t} \tag{5-10}$$

$$LnTpa_{i,t} = \beta_0 + \beta_1 \cdot Pc\_d_{i,t} + \beta_2 \cdot Pc\_d_{i,t} \cdot Indus\_lntpaa_{i,t}$$
$$+ \varphi \cdot Control\_variables_{i,t} + \varepsilon_{i,t} \tag{5-11}$$

$$LnTpa_{i,t} = \beta_0 + \beta_1 \cdot Pc\_r_{i,t} + \beta_2 \cdot Pc\_r_{i,t} \cdot Indus\_tpap_{i,t}$$
$$+ \varphi \cdot Control\_variables_{i,t} + \varepsilon_{i,t} \tag{5-12}$$

$$LnTpa_{i,t} = \beta_0 + \beta_1 \cdot Pc\_r_{i,t} + \beta_2 \cdot Pc\_r_{i,t} \cdot Indus\_lntpaa_{i,t}$$
$$+ \varphi \cdot Control\_variables_{i,t} + \varepsilon_{i,t} \tag{5-13}$$

（二）变量定义与回归模型选择

1. 变量定义

因变量：借鉴 Brown，et al.（2006）、Galaskiewicz（1997）、戴亦一等（2014）的做法，本书用乡村振兴意愿（Tpa_d）和乡村振兴规模（$LnTpa$）两种方法定义企业乡村振兴。其中乡村振兴意愿为虚拟变量，当年参与乡村振兴取 1，否取 0；乡村振兴规模变量采用实际支出数额的自然对数。

自变量：借鉴 Fan，et al.（2007）、Wu，et al.（2018）、贾明和张喆

（2010）的做法，以上市公司董事长或总经理是否为前任或现任各级人大代表、政协委员、政府官员来定义政治关联变量。具体地，采用是否具有政治关联的哑变量（Pc_d）和政治关联级别（Pc_r）两种方式获取政治关联数据。企业具有政治关联时 Pc_d 赋值为 1，否则为 0；政治关联级别按照中央、省、市、县分别赋值 4、3、2、1。董事长和总经理同时具有政治关联时，以政治关联级别高者定义。

调节变量（$Influence\_variables$）：行业同构效应。借鉴张建君（2013）、刘柏和卢家锐（2018）的做法，本书运用上市公司所在行业参与乡村振兴的公司数量占全行业公司数量之比（$Indus\_tpap$）和行业内参与乡村振兴的企业实际支出额的平均值（$Indus\_lntpaa$）作为行业同构效应的两个代理变量。

本书从宏观、企业和高管三个层面选择模型必要的控制变量（$Control\_variables$）。借鉴 Kolk and Van Tulder（2006）、Ragodoo（2009）的研究结论和做法，宏观层面的控制变量主要有地区（$Province$）、行业（$Indus$）和年度（$Year$）（高勇强等，2012；张建君，2013）。地区以省为单位划分，行业划分依据为证监会发布的《上市公司行业分类指引》（2012 年修订），年度以 2016 年为参照年。

企业层面的控制变量主要有以下五个。①产权性质（$Right\_type$），中央国有企业取值 1，地方国有企业取值 2，民营企业取值 3，其他（集体企业、外资企业等）取值 4。②内外部代理成本。基于代理理论，董事会规模越大，搭便车现象越普遍，希望从乡村振兴中获取利益的个人越多，贾明和张喆（2010）的研究表明董事会规模正向影响企业的捐赠意向和捐赠水平。借鉴 Brown, et al.（2006）、贾明和张喆（2010）的做法，用董事会规模（$Board$）作为内外部代理成本的代理变量。③研发投入（$Lnresearch$）。McWilliams and Siegel（2000）的研究结果表明公司的研发投入正向作用于企业的慈善捐赠，考虑到乡村振兴的捐赠特征，将研发投入取自然对数后放于模型中予以控制。④现金持有量。企业的各项经营指标中，现金持有量对企业乡村振兴支出意愿和程度的影响是最直观的，因此本书借助贾明和张喆（2010）的做法，分别用现金持有量（$Lncash$）和现金持有比率（$Cash\_r$）表示。⑤本书还控制了公司存续期（$Date$）、资产收益率（ROA）和规模（$Lnasset$）（Barkemeyer，2011；高勇强等，2012；梁建等，2010）。

高管层面主要控制了具备政治关联的高管的年龄（Age）、性别（$Gender$）和受教育程度（$Education$）等个人特征（梁建等，2010）。上述变量的表达符号、取值和计算公式详见表 5.2。

表 5.2 研究变量的定义

变量		表达符号	取值或计算公式
因变量	乡村振兴意愿	Tpa_d	当年有乡村振兴支出取1，否取0
	乡村振兴规模	$LnTpa$	企业乡村振兴支出的自然对数
自变量	政治关联哑变量	Pc_d	存在政治关联取1，否取0
	政治关联级别	Pc_r	根据政治关联级别，中央、省、市、县分别取4、3、2、1
调节变量	行业乡村振兴占比	$Indus\_tpap$	行业乡村振兴企业数量/行业企业数量
	行业乡村振兴均值	$Indus\_lntpaa$	ln（行业乡村振兴支出总额/行业企业数量）
宏观层面控制变量	地区	$Province$	以省为单位划分
	行业	$Indus$	证监会《上市公司行业分类指引》（2012年修订）
	年度	$Year$	2016—2018年，以2016年为参照年
企业层面控制变量	产权性质	$Right\_type$	央企、地方国企、民营企业和其他，分别取值1、2、3、4
	董事会规模	$Board$	董事会人数
	研发投入	$Lnresearch$	研发投入金额的自然对数
	现金持有量	$Lncash$	ln（货币资金＋交易性金融资产净额＋衍生金融资产净额），用于Tobit模型
	现金持有比率	$Cash\_r$	现金持有量/总资产，用于Probit模型
	公司存续期	$Date$	当年度－成立年度
	资产收益率	ROA	净利润/平均总资产
	规模	$Lnasset$	总资产的自然对数
高管层面控制变量	年龄	Age	以实际年龄列示
	性别	$Gender$	女性，取值1；男性，取值2
	受教育程度	$Education$	中专及以下，取1；大专，取2；本科，取3；硕士，取4；博士，取5；其他，取6

2. 回归模型选择

为了结果更稳健，根据因变量取值特征，本书采用面板Probit二值选择模型和面板Tobit归并回归模型。具体来说，由于政治关联哑变量和级别、董事会规模、产权性质、性别、受教育程度等重要变量在组间取值并无差异或者部分年份无差异，这些不随时间而变的样本会被固定效应模型删除，从而造成样本丢失过多，因此面板 Probit 固定效应模型不适合于本研究，本书采用面板 Probit 随机效应模型对乡村振兴意愿及其影响因素进行分析。乡村振兴规模因变量模型的求解属于典型的边角解情形，即乡村振兴支出为 0 或者大于 0 的一个正数，如果用 OLS 模型进行回归分析可能会造成不一致的估计，因此，本书采用面板 Tobit 随机效应模型对乡村振兴规模及其影响因素进行分析。由于无法获取充分的个体异质性统计量，面板 Tobit 并不适用固定效应模型。此外，两个模型都控制了时间固定效应，避免其带来的估计偏差。

三、描述性统计与回归结果

（一）描述性统计结果

表 5.3 展示了描述性统计分析结果。从表 5.3 可知，乡村振兴意愿均值为 0.3，说明有 30％的上市公司参与了乡村振兴，为回归分析提供了较多的样本。乡村振兴支出均值为 528.24 万元，总体上表明企业乡村振兴投入力度较大，通过最大取值也可略见一二。乡村振兴支出标准差为 6440.38 万元，离散程度较大。另外，70％的上市公司乡村振兴支出金额为 0，验证了乡村振兴规模变量模型的边角解特征。41％的上市公司存在政治关联，政治关联级别均值为 1.14，总体上来说存在政治关联的上市公司数量较多。行业乡村振兴均值为 497.11 万元，标准差为 707.07 万元，离散程度明显小于上市公司乡村振兴规模数据。产权性质均值 2.62，说明民营企业数量占比略大。董事会人数均值为 8.55，标准差 1.81，表明董事会规模存在一定差异。现金持有量比率均值 0.26，标准差 0.38，说明上市公司现金持有水平存在较大差异。其他变量的分布规律总体来说较为合理。

表 5.3 变量描述性统计分析结果

Variable	Mean	Std. Dev.	Min	P50	Max
Tpa_d	0.30	0.46	0.00	0.00	1.00
Tpa	528.24	6440.38	0.00	0.00	268395.00
Pc_d	0.41	0.49	0.00	0.00	1.00
Pc_r	1.14	1.48	0.00	0.00	4.00

Variable	Mean	Std. Dev.	Min	P50	Max
Indus _ tpap	0.30	0.14	0.00	0.28	0.88
Indus _ tpaa	497.11	707.07	0.00	461.51	6969.04
Right _ type	2.62	0.75	1.00	3.00	4.00
Board	8.55	1.81	3.00	9.00	18.00
Research	17467.85	76208.50	0.00	4141.64	2104500.00
Cash	43.78	272.25	−42.99	6.17	12816.90
Cash _ r	0.26	0.38	−0.13	0.16	12.54
Date	19.95	5.89	2.00	19.00	76.00
ROA	0.03	0.10	−2.18	0.04	0.47
Asset	707.31	8760.03	0.26	43.74	276995.00
Age	53.19	7.20	24.00	53.00	82.00
Gender	1.95	0.22	1.00	2.00	2.00
Education	3.41	0.86	1.00	3.00	6.00

注：*Tpa* 与 *Indus _ tpaa* 单位万元，*Research*、*Cash*、*Asset* 单位亿元。

表5.4展示了变量间的相关系数。分析结果表明，乡村振兴意愿和乡村振兴规模与核心解释变量政治关联哑变量和政治关联级别在1‰显著性水平上存在正相关关系，与本书假设基本一致。从控制变量与因变量的正负相关系数来看，总体上与代表性文献的研究结论较为吻合，比如行业乡村振兴占比和行业乡村振兴均值与因变量存在正相关关系，表明存在一定的行业同构效应。产权性质与乡村振兴意愿存在显著的负相关关系，表明国有企业比民营企业更积极地参与乡村振兴，但是产权性质与乡村振兴规模也存在显著的负相关关系，这与前文研究企业乡村振兴结构特征时分析的结论不一致，下文根据回归分析的显示结果再进一步分析这种差异形成的原因。董事会规模与因变量的正相关关系表明代理成本变动会影响企业乡村振兴。研发投入、现金持有量等与因变量均存在正相关关系。另外，方差膨胀因子分析（VIF）结果显示，Probit 和 Tobit 两个模型对应变量的 *vif* 值均小于2，不存在多重共线性问题。

表 5.4　主要变量相关系数

变量	Tpa_d	$LnTpa$	Pc_d	Pc_r	$Indus\_tpap$	$Indus\_lntpaa$	$Right\_type$
Tpa_d	1	0.98***	0.09***	0.11***	0.26***	0.20***	−0.21***
$LnTpa$	0.88***	1	0.10***	0.12***	0.28***	0.22***	−0.21***
Pc_d	0.09***	0.10***	1	0.96***	0.03***	0.01	0.06***
Pc_r	0.12***	0.14***	0.93***	1	0.03***	0.00	0.05***
$Indus\_tpap$	0.30***	0.35***	0.03***	0.04***	1	0.72***	−0.18***
$Indus\_lntpaa$	0.20***	0.23***	0.02*	0.01	0.66***	1	−0.06***
$Right\_type$	−0.21***	−0.19***	0.07***	0.05***	−0.17***	−0.06***	1
$Province$	0.13***	0.08***	0.01	−0.02**	0.00	0.06***	0.06***
$Indus$	0.01	0.04***	0.04***	0.05***	0.04***	−0.43***	−0.03**
$Board$	0.19***	0.22***	0.07***	0.10***	0.23***	0.09***	−0.19***
$Lnresearch$	−0.05***	−0.04***	−0.03***	−0.02*	−0.34***	−0.05***	0.09***
$Lncash$	0.18***	0.24***	0.03***	0.06***	0.17***	0.07***	−0.18***
$Cash\_r$	−0.03***	−0.02**	−0.05***	−0.05***	−0.05***	−0.08***	0.01
$Date$	0.10***	0.09***	−0.03***	−0.02**	0.14***	0.10***	−0.12***
ROA	0.04***	0.05***	0.01	0.02*	−0.07***	−0.02**	0.01
$Lnasset$	0.36***	0.47***	0.08***	0.15***	0.43***	0.22***	−0.31***
Age	0.07***	0.08***	0.17***	0.18***	0.04***	0.07***	−0.02*
$Gender$	0.03***	0.04***	−0.01	−0.01	0.04***	0.04***	−0.06***
$Education$	0.07***	0.09***	0.04***	0.07***	0.07***	0.00	−0.11***

变量	$Lnresearch$	$Lncash$	$Cash\_r$	$Date$	ROA	$Lnasset$	Age
Tpa_d	0.13***	0.03***	0.16***	0.05***	0.29***	−0.04***	0.11***
$LnTpa$	0.12***	0.04***	0.18***	0.06***	0.33***	−0.04***	0.11***
Pc_d	0.02	0.03***	0.06***	−0.01	0.05***	−0.05***	−0.03***
Pc_r	0	0.04***	0.08***	0.01	0.09***	−0.05***	−0.02**
$Indus\_tpap$	0.01	0.04***	0.11***	−0.21***	0.20***	−0.13***	0.20***
$Indus\_lntpaa$	0.05***	−0.34***	0.05***	0.01	0.07***	−0.13***	0.12***
$Right\_type$	0.04***	−0.07***	−0.20***	0.03**	−0.28***	0.01	−0.17***

续表

变量	Lnresearch	Lncash	Cash_r	Date	ROA	Lnasset	Age
Province	1	−0.10***	−0.01	−0.05***	−0.08***	−0.02*	0.05***
Indus	−0.09***	1	0.07***	−0.30***	0.19***	0.07***	0.15***
Board	−0.04***	0.07***	1	0.02**	0.24***	−0.04***	0.11***
Lnresearch	−0.03***	−0.34***	−0.08***	1	0.27***	0.03***	−0.14***
Lncash	−0.06***	0.12***	0.19***	−0.01	1	0.35***	0.15***
Cash_r	−0.01	0.08***	−0.02"	−0.06***	0.13***	1	−0.05***
Date	0.06***	0.10***	0.11***	−0.21***	0.08***	−0.03***	1
ROA	0.01	−0.06***	0.01	0.09***	0.07***	0.09***	−0.08***
Lnasset	−0.11***	0.16***	0.37***	−0.08***	0.51***	−0.13***	0.15***
Age	−0.03***	−0.08***	0.09***	0.04***	0.06***	−0.03***	0.04***
Gender	−0.01	−0.05***	0.04***	0.01	0.01	−0.04***	−0.02
Education	−0.03***	0.09***	0.11***	0	0.11***	0	0.03**

变量	ROA	Lnasset	Age	Gender	Education	—
Tpa_d	0	0.33***	0.08***	0.03***	0.06***	—
Tpa	0	0.37***	0.08***	0.04***	0.08***	—
Pc_d	0.01	0.08***	0.17***	−0.01	0.04***	—
Pc_r	0.01	0.12***	0.18***	−0.01	0.06***	—
Indus_tpap	−0.14***	0.29***	0.07***	0.03***	0.03***	—
Indus_lntpaa	−0.11***	0.15***	0.08***	0.03***	0.01	—
Right_type	0.14***	−0.30***	−0.03***	−0.06***	−0.08***	—
Province	−0.02*	−0.07***	−0.05***	0	0.01	
Indus	−0.06***	0.17***	−0.08***	−0.04***	0.08***	—
Board	−0.02**	0.27***	0.09***	0.04***	0.08***	—
Lnresearch	0.15***	0.28***	0.05***	0.05***	0.07***	—
Lncash	0.02**	0.84***	0.07***	0.03***	0.12***	—
Cash_r	0.23***	−0.15***	−0.02**	−0.03***	0.03***	—
Date	−0.15***	0.20***	0.05***	−0.01	0	—
ROA	1	−0.10***	0.02**	−0.02**	−0.05***	—

变量	ROA	Lnasset	Age	Gender	Education	—	
Lnasset	0.03**	1	0.08***	0.05***	0.11***	—	
Age	0.06***	0.09***	1	0.04***	−0.12***	—	
Gender	−0.01	0.05***	0.04***	1	0.03***	—	
Education	−0.02*	0.15***	−0.15***	0.03***	1	—	

注：相关系数矩阵以系数 1 为界线，左下部分为 Pearson 检验结果，右上部分为 Spearman 检验结果。

*表示 $p < 0.1$，**表示 $p < 0.05$，***表示 $p < 0.01$（下文同）。

（二）回归结果及分析

1. 假设 H1 和假设 H2 回归结果

表 5.5 展示了假设 H1 和 H2 的回归结果。表 5.5 的第（1）列和第（2）列展示了 Probit 模型的分析结果，第（3）列和第（4）列展示了 Tobit 模型分析结果。从第（1）列数据可知，政治关联哑变量与企业乡村振兴意愿在 1% 的显著性水平上存在正相关关系，即相比于无政治关联的企业，政治关联企业的乡村振兴参与度更高；根据第（3）列数据，政治关联哑变量与企业乡村振兴规模同样在 1% 的显著性水平上存在正相关关系，即相比于无政治关联的企业来说，政治关联企业的乡村振兴规模更大。以上结论表明政治关联对企业乡村振兴行为产生积极影响，假设 H1 得到验证。从第（2）列数据可知，政治关联级别与企业乡村振兴意愿在 1% 的显著性水平上存在正相关关系，说明政治关联级别越高，企业乡村振兴参与度也越高。从第（4）列数据可知，政治关联级别与企业乡村振兴规模在 1% 的显著性水平上存在正相关关系，说明政治关联级别越高，企业乡村振兴规模越大。以上结论表明政治关联级别对企业乡村振兴行为产生积极影响，假设 H2 得到验证。研究结论证实了政策性资源是企业乡村振兴的重要驱动力。

表 5.5 H1 和 H2 假设回归结果

Variables		(1) Probit－H1 Tpa_d	(2) Probit－H2 Tpa_d	(3) Tobit－H1 $LnTpa$	(4) Tobit－H2 $LnTpa$
Pc_d		0.491***	—	0.797***	—
Pc_r		—	0.182***	—	0.298***
宏观层面	$Province$	0.054***	0.055***	0.095***	0.096***
	$Indus$	−0.044***	−0.045***	−0.083***	−0.083***
	17. $year$	1.025***	1.028***	1.630***	1.637***
	18. $year$	1.299***	1.306***	2.018***	2.082***
企业层面	$Right\_type$	−0.614***	−0.615***	−0.881***	−0.886***
	$Board$	0.117***	0.116***	0.137***	0.135***
	$Lnresearch$	−0.014*	−0.015*	−0.002	−0.002
	$Cash\_r$	0.043	0.041	—	—
	$Lncash$	—	—	−0.010	−0.010
	$Date$	0.018*	0.018*	0.030	0.030
	ROA	1.129***	1.143***	2.011***	2.022***
	$Lnasset$	0.915***	0.904***	1.822***	1.804***
高管层面	Age	0.003	0.002	0.001	−0.001
	$Gender$	0.089	0.095	0.110	0.118
	$Education$	0.049	0.043	0.044	0.034
N		9297	9297	9297	9297

注：出于篇幅考虑，在回归结果中隐去了标准误取值和常数项等统计量结果，仅显示回归系数与显著性（下文同）。

控制变量与因变量的相关关系及系数符号与预期基本相符，但也存在一些出入。具体地，产权性质在 Probit 和 Tobit 模型中的实证结果均显示与企业乡村振兴意愿和乡村振兴规模在 1% 的显著性水平上存在负相关关系，表明相对于民营企业，国有企业的乡村振兴在参与意愿和支出规模上都更高。在乡村振兴参与意愿方面的结果与前文分析一致，但在支出规模上存在分歧，根据第三章第二节"中国 A 股上市公司乡村振兴的结构特征"的描述，民营企业比国有企业有更高的乡村振兴支出均值。出现差异主要原因在于：第一，公司样本选择上存在差异。前文的研究是以参与乡村振兴的上市公司为分析样本，而本节是以全部上市公司为分析样本。第二，由于民营企业参与度较低，回归模型的均值分析思想使民营企业乡村振兴规模被全样本稀释，均值会显著降低，在一定程度上低估了参与乡村振兴的民营上市公司的支出水平。全样本下民营企业乡村振兴规模变量的回归系数符号恰巧旁证了民营企业参与度很低的客观现实。我们将在下一节内容中将样本公司缩小至仅包含参与乡村振兴的上市公司，来检验乡村振兴规模在产权性质方面体现出的异质性，以扩大研究结论在产权性质视角上的指导意义。当然，我们也会将本节涉及的其他变量在缩小公司样本后进行稳健性检验，以观察是否具有与产权性质类似的表现。其他控制变量，比如董事会规模在 Probit 和 Tobit 模型中均与企业乡村振兴意愿和企业乡村振兴规模呈显著正相关关系，验证了代理成本对企业乡村振兴行为产生的积极影响。研发投入和公司存续期只有在 Probit 模型中具有显著性。资产收益率和公司规模均表现出显著的正相关关系，表明业绩越好和规模越大的企业乡村振兴表现越积极；现金持有量及比率、高管层面的控制变量的实证检验结果显示与因变量并无显著性，表明这些变量对企业乡村振兴意愿和规模未产生影响，但将这些变量放入模型中予以控制也有利于规避其对其他自变量产生的干扰带来的内生性问题。

2. 假设 H3 和 H4 回归结果

表 5.6 展示了假设 H3 和 H4 的回归结果。表 5.6 的第（1）列至第（4）列展示了 Probit 模型的分析结果，第（5）列至第（8）列展示了 Tobit 模型分析结果。从第（1）列数据可知，政治关联哑变量与行业同构效应的代理变量——行业乡村振兴占比（以下简称行业占比）的交互项系数在 1% 的显著性水平上显著为正，表明行业占比正向作用于政治关联哑变量与企业乡村振兴意愿的正相关关系，即行业占比越大，政治关联与企业乡村振兴意愿的正向关系越强。第（2）列数据显示政治关联哑变量与行业同构效应的另一个代理变量——行业乡村振兴均值（以下简称行业均值）的交互项系数并无显著性，表明行业均值并没有对政治关联哑变量和企业乡村振兴意愿之间的关系产生影响。第（5）列的数据表明，政治关联哑变量与行业占比的交互项系数在 10% 的显著性水平上显著为正，表明行业占比正向作用于政治关联哑变量与企业乡村振兴规模的正相关关系，即行业占比越大，政治关联与企业乡村振兴规模的正向关系越强。第（6）列数据表明，政治关联哑变量与行业均值的交互项系数并无显著性。总体来说，虽然行业均值不显著，但行业占比显著作用于政治关联哑变量与企业乡村振兴意愿和规模的正相关关系，一定程度验证了假设

H3。从第（3）列数据可知，政治关联级别与行业占比的交互项系数在5%显著性水平上显著为正，说明行业占比正向作用于政治关联级别与企业乡村振兴意愿的正向关系，即行业占比越大，政治关联与企业乡村振兴意愿的正向关系越强。第（4）列数据表明行业均值并不显著。第（7）列和第（8）列数据表明行业占比和行业均值都不显著，表明它们对政治关联级别和企业乡村振兴规模之间的关系没有影响。因此，相比于假设H3来说，假设H4只得到部分验证。总体而言，从行业占比代理变量的表现来看，行业同构效应能够对政策性资源动机下的企业乡村振兴行为产生显著影响。此外，政治关联哑变量和政治关联级别两个主要变量在含有交互项模型中仍表现出与企业乡村振兴意愿和规模显著的正相关关系。控制变量也基本延续了在假设H1和H2中的表现，这里就不再重复说明。

表 5.6　H3 和 H4 假设回归结果

Variables	(1) Probit—H3 Tpa_d	(2) Probit—H3 Tpa_d	(3) Probit—H4 Tpa_d	(4) Probit—H4 Tpa_d	(5) Tobit—H3 LnTpa	(6) Tobit—H3 LnTpa	(7) Tobit—H4 LnTpa	(8) Tobit—H4 LnTpa
Pc_d	0.461***	0.484***	—	—	0.744***	0.780***	—	—
Pc_r	—	—	0.177***	0.182***	—	—	0.289***	0.296***
$Pc\_d \cdot Indus\_tpap$	1.957***	—	0.424**	—	1.579*	—	—	—
$Pc\_r \cdot Indus\_tpap$	—	0.109	—	—	—	0.112	0.253	—
$Pc\_d \cdot Indus\_lntpaa$	—	—	—	—	—	—	—	—
$Pc\_r \cdot Indus\_lntpaa$	—	—	—	0.017	—	—	—	−0.013
宏观层面　$Province$	0.054***	0.054***	0.054***	0.095***	0.055***	0.094***	0.095***	0.095***
$Indus$	−0.042**	−0.038**	−0.043**	−0.076**	−0.042**	−0.082***	−0.083***	−0.081**
17. $year$	0.938***	0.981***	0.974***	1.582***	1.008***	1.554***	1.601***	1.622***
18. $year$	1.187***	1.253***	1.237***	1.965***	1.286***	1.925***	1.988***	2.015***

续表

Variables		(1) Probit—H3 Tpa_d	(2) Probit—H3 Tpa_d	(3) Probit—H4 Tpa_d	(4) Probit—H4 Tpa_d	(5) Tobit—H3 LnTpa	(6) Tobit—H3 LnTpa	(7) Tobit—H4 LnTpa	(8) Tobit—H4 LnTpa
企业层面	Right_type	−0.607***	−0.620***	−0.612***	−0.887***	−0.618***	−0.875***	−0.884***	−0.888***
	Board	0.097***	0.100***	0.096***	0.123***	0.098***	0.119***	0.118***	0.123***
	Lnresearch	−0.006	−0.010	−0.008	0.003	−0.011	0.005	0.003	0.002
	Cash_r	−0.009	0.003	−0.003	0.006	—	—	—	—
	Lncash	—	—	—	—	−0.013	−0.013	−0.013	−0.013
	Date	0.012	0.011	0.012	0.022	0.011	0.023	0.023	0.022
	ROA	1.181***	1.151***	1.175***	2.031***	1.151***	2.052***	2.040***	2.027***
	Lnasset	0.794***	0.818***	0.791***	1.695***	0.810***	1.674***	1.670***	1.682***
高管层面	Age	0.003	0.002	0.001	0.001	0.001	0.001	−0.001	−0.001
	Gender	0.027	0.031	0.035	0.016	0.035	0.010	0.023	0.025
	Education	0.019	0.017	0.013	0.002	0.012	0.003	−0.007	−0.006
	N	9297	9297	9297	9297	9297	9297	9297	9297

四、稳健性检验

为确保实证结果稳健，本书主要从以下几个方面开展稳健性检验，最终检验结果与原有结论并无本质区别。

第一，工具变量。通过前文检验，在政策性资源驱动下企业表现出积极的乡村振兴行为，企业与政府的资源互惠策略选择的博弈并非一次性的，而是在决策中相互影响、不断学习和调整的重复动态博弈过程（李维安等，2015；张敏等，2013）。一方面，企业当期兑现参与乡村振兴的承诺很可能是过往的政策性资源收益在驱使它这么做，这也是目前回归模型主要解决的问题，即政策性资源驱动企业参与乡村振兴。另一方面，企业乡村振兴行为也可能反作用于政府，使其提供更多的政策性资源给企业。因此，政策性资源与企业乡村振兴之间或许存在双向因果关系带来的内生性问题。为此，本书选择公司所在地法治水平和金融发展水平两个变量作为政治关联的工具变量，并采用两步法的Probit 工具变量模型和 Tobit 工具变量模型对假设进行估计，尽可能降低可能存在的内生性影响。法治水平和金融发展水平会对企业的政治关联或政治参与产生影响（Faccio, et al., 2006；Li, et al., 2006；Li and Zhao, 2015），符合工具变量与内生变量相关性条件；而当地的法治水平和金融发展水平对企业在贫困地区的乡村振兴行为并无直接的理论联系，符合工具变量外生性条件。借鉴卢峰和姚洋（2004）、余明桂和潘红波（2008）的做法，用当地律师人数占常住人口的比例作为法治水平的代理变量，用金融深度（商业银行贷款余额/地区生产总值）作为金融发展水平的代理变量。为减少时间干扰和工具变量内生性问题，本书对收集的数据均进行滞后一期三年移动平均法处理，对个别数据不满三年的情况，将这些数据的平均数按照实际年数计算。根据弱工具变量和过度识别检验结果，确定金融发展水平作为政治关联哑变量的工具变量，法治水平和金融发展水平作为政治关联等级的工具变量。表 5.7 展示了假设 H1和假设 H2 的工具变量稳健性检验回归结果，表 5.8 展示了包含交互项的假设H3 和假设 H4 工具变量稳健性检验回归结果，从系数符号可知，结论与前文基本一致。需要注意的是，在工具变量模型中，一些控制变量的显著性发生了变化。从表 5.7 可知，公司存续期、现金持有比例、高管层面的控制变量等从之前不显著到现在至少 5% 的显著性水平上显著相关，这一变动也说明在一定程度避免内生性问题情况下，这些变量呈现出对企业乡村振兴的显著影响。而内部代理成本变为不显著，也表现出代理问题可能在企业乡村振兴决策中作用并不显著。从表 5.8 可知，除以上变动以外，政治关联级别与行业均值交互项系数在1%的显著性水平上显著为正，表明在排除政治关联自变量内生性干扰后行业同构效应的代理变量——行业均值也能对政策性资源动机下的企业乡村振兴行为产生积极影响。

表 5.7　H1－H2 假设的工具变量稳健性检验回归结果

Variables		(1) IVprobit－H1 Tpa_d	(2) IVprobit－H2 Tpa_d	(3) IVtobit－H1 $LnTpa$	(4) IVtobit－H2 $LnTpa$
Pc_d		3.718***	—	18.037***	—
Pc_r		—	1.154***	—	5.595***
宏观层面	$Province$	0.018***	0.021***	0.077***	0.092***
	$Indus$	−0.032***	−0.034***	−0.140***	−0.153***
	17. $year$	0.438***	0.455***	2.037***	2.120***
	18. $year$	0.611***	0.636***	2.816***	2.938***
企业层面	$Right\_type$	−0.463***	−0.444***	−2.005***	−1.906***
	$Board$	−0.001	0.001	−0.042	−0.038
	$Lnresearch$	0.004	−0.001	0.030	0.008
	$Cash\_r$	0.302***	0.233***	—	—
	$Lncash$	—	—	0.070	0.066
	$Date$	0.019***	0.017***	0.089***	0.079***
	ROA	0.870***	0.795***	5.664***	5.155***
	$Lnasset$	0.225***	0.166***	1.131***	0.855***
高管层面	Age	−0.035**	−0.036***	−0.174**	−0.180***
	$Gender$	0.251**	0.219**	1.216**	1.083**
	$Education$	−0.104**	−0.145**	−0.496**	−0.695***
N		9297	9297	9297	9297

注：使用聚类（cluster）稳健标准误进行估计，原结论依然稳健。

表5.8 H3和H4假设的工具变量稳健性检验回归结果

Variables		(1)	(2)	(3)	(4)	(5)	(6)	(7)	(8)
		IVprobit-H3	IVprobit-H3	IVprobit-H3	IVprobit-H4	IVtobit-H3	IVtobit-H3	IVtobit-H4	IVpobit-H4
		Tpa_d	Tpa_d	Tpa_d	Tpa_d	$LnTpa$	$LnTpa$	$LnTpa$	$LnTpa$
Pc_d		4.087***	3.905***	—	—	20.625***	19.389***	—	—
Pc_r		—	—	0.581**	0.888***	—	—	2.619**	4.238***
$Pc\_d \cdot Indus\_tpap$		3.062***	—	—	—	9.773***	—	—	—
$Pc\_r \cdot Indus\_tpap$		—	—	1.238***	—	—	—	4.469***	—
$Pc\_d \cdot Indus\_lntpaa$		—	0.108	—	—	—	0.420	—	—
$Pc\_r \cdot Indus\_lntpaa$		—	—	—	0.092***	—	—	—	0.427***
宏观层面	$Province$	0.017***	0.018***	0.021***	0.021***	0.075***	0.077***	0.091***	0.091***
	$Indus$	−0.030***	−0.029**	−0.020***	−0.017*	−0.144***	−0.135***	−0.093***	−0.076*
	17. $year$	0.323***	0.404***	0.271***	0.345***	1.678***	1.923***	1.368***	1.606***
	18. $year$	0.461***	0.578***	0.368***	0.498***	2.374***	2.698***	1.825***	2.270***

续表

Variables		(1) IVprobit—H3	(2) IVprobit—H4	(3) IVprobit—H3	(4) IVprobit—H4	(5) IVtobit—H3	(6) IVtobit—H3	(7) IVtobit—H4	(8) IVpobit—H4
		Tpa_d	Tpa_d	Tpa_d	Tpa_d	$LnTpa$	$LnTpa$	$LnTpa$	$LnTpa$
企业层面	$Right\_type$	−0.488***	−0.483***	−0.329***	−0.407***	−2.180***	−2.124***	−1.286***	−1.701***
	$Board$	−0.012	−0.002	0.010	0.010	−0.109	−0.060	0.012	0.001
	$Lnresearch$	0.014***	0.005	0.009***	0.001	0.071***	0.039*	0.048***	0.022
	$Cash\_r$	0.295***	0.310***	0.127*	0.185***	—	—	—	—
	$Lncash$	—	—	—	—	0.108***	0.097***	0.055***	0.066***
	$Date$	0.022**	0.020**	0.012***	0.014***	0.108***	0.097***	0.055***	0.066***
	ROA	0.910***	0.864***	0.879***	0.800***	5.831***	5.674***	5.322***	5.125***
	$Lnasset$	0.173***	0.215***	0.178***	0.178***	0.859***	1.047***	1.010***	0.924***
高管层面	Age	−0.039**	−0.038**	−0.014	−0.026**	−0.205**	−0.192**	−0.064	−0.129**
	$Gender$	0.248*	0.256**	0.133	0.178**	1.249**	1.260**	0.646**	0.873*
	$Education$	−0.123**	−0.113**	−0.068	−0.109**	−0.617**	−0.555**	−0.288	−0.511**
	N	9297	9297	9297	9297	9297	9297	9297	9297

第二，高管变更。本书关注到上市公司高管变更这个细节，高管政治关联如果从无到有，表明企业有明显的获取政策性资源的动机，根据上文的分析，这一类企业在面对政府对企业乡村振兴的诉求时，应该表现出积极的乡村振兴行为；而对于高管政治关联从有到无，表明企业降低了对政策性资源收益的预期，将政治关联不作为生产经营重点去维系的一个关系，这一类企业的乡村振兴意愿会下降。为了验证这些推论，本书对发生高管（董事长或总经理）变更的上市公司数据进行手工整理，筛选出高管政治关联从无到有和从有到无的公司数据，作为两个变量替代政治关联哑变量和政治关联等级变量放入 Probit 和 Tobit 模型中对假设 H1 进行稳健性检验。经过筛选，共获取 240 家上市公司的 720 个年度样本。变量 No_yes 定义为政治关联从无到有，赋值规则为：上年度 7 月 1 日后至当年 6 月 30 日前变更的取值 1，否为 0；变量 Yes_no 定义为政治关联从有到无，赋值规则类似，即上年度 7 月 1 日后至当年 6 月 30日前变更的取值 1，否为 0。表 5.9 展示了回归结果。从第（1）列和第（3）列结果中可知高管政治关联从无到有的变更与乡村振兴意愿和乡村振兴规模显著正相关，表明了企业乡村振兴的政策性资源动机，验证了假设 H1；第（2）列和第（4）列结果显示高管政治关联从有到无的变量系数并不显著，说明政治关联从有到无的变更对企业乡村振兴没有产生显著影响，主要原因可能是政治关联是企业长期维护的结果（罗党论和唐清泉，2009），其影响已经内化于企业生产经营中而产生行为惯性，其消失在短期内并不会对企业产生显著影响。这一结果也体现出政策性资源对企业影响的长期性和重要性，旁证了企业乡村振兴的应合心理。

表 5.9　高管变更稳健性检验回归结果

Variables		(1)	(2)	(3)	(4)
		Probit—H1	Probit—H1	Tobit—H1	Tobit—H1
		Tpa_d	Tpa_d	$LnTpa$	$LnTpa$
No_yes		0.949***	—	1.533***	—
Yes_no		—	0.421	—	0.842
宏观层面	$Province$	0.057***	0.057***	0.119***	0.119***
	$Indus$	−0.153***	−0.140***	−0.284***	−0.270***
	17. $year$	0.258***	0.312***	1.382***	1.476***
	18. $year$	0.119***	0.169***	1.743***	1.879***

续表

Variables		(1)	(2)	(3)	(4)
		Probit－H1	Probit－H1	Tobit－H1	Tobit－H1
		Tpa_d	Tpa_d	$LnTpa$	$LnTpa$
企业层面	$Right\_type$	−0.498**	−0.528**	−0.915**	−0.968**
	$Board$	−0.016	−0.033	−0.029	−0.068
	$Lnresearch$	−0.040*	−0.040*	−0.026	−0.033
	$Cash\_r$	0.548	0.598	—	—
	$Lncash$	—	—	1.385	1.511
	$Date$	0.056*	0.061*	0.098*	0.099*
	ROA	−1.141	−1.191	−2.330	−2.353
	$Lnasset$	1.130***	1.108***	2.350***	2.299***
高管层面	Age	−0.041***	−0.032**	−0.086***	−0.069**
	$Gender$	0.396	0.545	0.506	0.775
	$Education$	−0.055	−0.028	−0.183	−0.105
	N	720	720	720	720

第三，政府补助。根据政策性资源的涵义，政府补助是政策性资源在企业端的外在表现，获得政府补助的结果显然是企业拥有政策性资源的象征。政府补助对企业而言往往是一笔可观的收入（赵璨等，2015），会驱使企业通过转变部分经营方向、调整财务绩效等方式来迎合政府补助发放的偏好（王红建等，2014）。企业为提高政府补助"青睐"的可能性，有一定动力积极参与乡村振兴来传递与政府主张趋同的信号，由此，政府补助能够对企业乡村振兴发挥驱动作用。本书使用政府补助（取自然对数）作为政策性资源的另一代理变量替代政治关联作为模型自变量对假设进行稳健性检验。获取政府补助在企业中是较为普遍的现象，在9297个公司年度样本中，有8368个存在不同程度政府补助的公司年度样本，占比达90.1%，因此没有必要对假设H1和假设H3进行检验；通过政府补助代理变量主要对假设H2、H4进行检验。另外，考虑到政府补助对企业行为影响的滞后性，比如激励企业做出参与乡村振兴决策的很可能是上年获取的政府补助情况，因此，选取前一期政府补助数据放入模型进行假设检验。表5.10展示了回归结果，与前文的结论基本一致。样本数量的损失主要归因于政府补助数据的缺失，并且缺乏有效途径补齐这些缺失数

据。尽管如此，充足的样本数量使缺失数据并不影响结论的代表性。

表 5.10　政府补助稳健性检验回归结果

Variables		(1)	(2)	(3)	(4)	(5)	(6)
		Probit－H2	Tobit－H2	Probit－H4	Probit－H4	Tobit－H4	Tobit－H4
		Tpa_d	Tpa_d	Tpa_d	Tpa_d	$LnTpa$	$LnTpa$
$Lnbuzhu$		0.068**	0.121**	0.087***	0.079**	0.102*	0.097*
$Lnbuzhu \cdot Indus\_tpap$		—	—	0.305***	—	0.382***	—
$Lnbuzhu \cdot Indus\_lntpaa$		—	—	—	0.014***	—	0.022***
宏观层面	$Province$	0.052***	0.095***	0.052***	0.051***	0.092***	0.093***
	$Indus$	−0.036**	−0.069**	−0.015	−0.003	−0.052	−0.020
	17. $year$	0.978***	1.611***	0.476***	0.771***	0.943***	1.289***
	18. $year$	1.233***	1.983***	0.553***	1.009***	1.118***	1.618***
企业层面	$Right\_type$	−0.546***	−0.801***	−0.508***	−0.547***	−0.732***	−0.803***
	$Board$	0.091***	0.127**	0.069**	0.090***	0.096*	0.126**
	$Lnresearch$	−0.017**	−0.006	0.007	−0.013	0.022	0.000
	$Cash\_r$	−0.002	—	−0.021	0.003	—	—
	$Lncash$	—	−0.014	—	—	−0.006	−0.012
	$Date$	0.012	0.024	0.014	0.011	0.028	0.023
	ROA	1.188***	2.167***	1.216***	1.215***	2.224***	2.197***
	$Lnasset$	0.814***	1.732***	0.674***	0.766***	1.491***	1.647***
高管层面	Age	0.007	0.007	0.007	0.007	0.007	0.007
	$Gender$	−0.004	0.009	−0.040	−0.009	−0.056	0.005
	$Education$	0.022	0.007	0.025	0.021	0.008	0.003
N		8368	8368	8368	8368	8368	8368

第四，转换回归模型。分别用 Logit 随机效应模型和 FGLS 随机效应模型替代上文所用的 Probit 和 Tobit 模型再次进行回归分析，结果如表 5.11 和表 5.12 所示，结论与前文基本一致。

表 5.11　H1 和 H2 假设的模型转换稳健性检验回归结果

Variables		(1) Logit－H1 Tpa_d	(2) Logit－H2 Tpa_d	(3) FGLS－H1 $LnTpa$	(4) FGLS－H2 $LnTpa$
Pc_d		0.864***	—	0.231***	—
Pc_r		—	0.321***	—	0.099***
宏观层面	$Province$	0.097***	0.097***	0.025***	0.025***
	$Indus$	−0.078***	−0.079***	−0.015	−0.015
	17. $year$	1.815***	1.820***	0.449***	0.452***
	18. $year$	2.308***	2.320***	0.580***	0.585***
企业层面	$Right\_type$	−1.096***	−1.098***	−0.211***	−0.215***
	$Board$	0.178***	0.176***	0.056***	0.056***
	$Lnresearch$	−0.019	−0.020	−0.001	−0.001
	$Cash\_r$	0.035	0.032	—	—
	$Lncash$	—	—	−0.004	−0.004
	$Date$	0.020	0.020	−0.000	−0.000
	ROA	2.014***	2.032***	0.450**	0.454**
	$Lnasset$	1.488***	1.464***	0.671***	0.664***
高管层面	Age	0.005	0.002	0.000	−0.001
	$Gender$	0.054	0.065	0.029	0.030
	$Education$	0.031	0.019	0.019	0.014
N		9297	9297	9297	9297

表 5.12　H3 和 H4 假设的模型转换稳健性检验回归结果

Variables	(1) Logit–H3 Tpa_d	(2) Logit–H3 Tpa_d	(3) Logit–H4 Tpa_d	(4) Logit–H4 Tpa_d	(5) FGLS–H3 LnTpa	(6) FGLS–H3 LnTpa	(7) FGLS–H4 LnTpa	(8) FGLS–H4 LnTpa
Pc_d	0.801***	0.848***	—	—	0.228***	0.234***	—	—
Pc_r	—	—	0.310***	0.320***	—	—	0.097***	0.100***
$Pc\_d \cdot Indus\_tpap$	3.601***	—	0.789**	—	1.800***	—	—	—
$Pc\_r \cdot Indus\_tpap$	—	0.191	—	—	—	—	0.587***	—
$Pc\_d \cdot Indus\_lntpaa$	—	—	—	—	—	0.193***	—	—
$Pc\_r \cdot Indus\_lntpaa$	—	—	—	0.029	—	—	—	0.065***
宏观层面　$Province$	0.096***	0.096***	0.097***	0.097***	0.025***	0.025***	0.025***	0.025***
$Indus$	−0.073**	−0.066**	−0.076**	−0.074**	−0.014	−0.004	−0.014	−0.005
17. $year$	1.658***	1.737***	1.722***	1.787***	0.376***	0.381***	0.386***	0.388***
18. $year$	2.103***	2.225***	2.193***	2.284***	0.484***	0.504***	0.498***	0.513***

续表

	Variables	(1) Logit-H3 Tpa_d	(2) Logit-H3 Tpa_d	(3) Logit-H4 Tpa_d	(4) Logit-H4 Tpa_d	(5) FGLS-H3 LnTpa	(6) FGLS-H3 LnTpa	(7) FGLS-H4 LnTpa	(8) FGLS-H4 LnTpa
企业层面	Right_type	-1.085***	-1.107***	-1.093***	-1.102***	-0.207***	-0.222***	-0.213***	-0.227***
	Board	0.172***	0.178***	0.172***	0.176***	0.052***	0.057***	0.051***	0.055***
	Lnresearch	-0.010	-0.017	-0.014	-0.019	0.003	0.000	0.002	0.000
	Cash_r	-0.005	0.018	0.006	0.025	—	—	—	—
	Lncash	—	—	—	—	-0.004	-0.004	-0.004	-0.004
	Date	0.021	0.020	0.021	0.020	0.000	-0.000	0.000	-0.000
	ROA	2.112***	2.050***	2.094***	2.045***	0.477***	0.465**	0.475***	0.456**
	Lnasset	1.427***	1.472***	1.421***	1.456***	0.643***	0.655***	0.634***	0.647***
高管层面	Age	0.035	0.004	0.002	0.002	0.000	-0.000	-0.001	-0.001
	Gender	0.043	0.058	0.059	0.064	0.028	0.035	0.033	0.034
	Education	0.032	0.028	0.021	0.018	0.017	0.016	0.011	0.011
	N	9297	9297	9297	9297	9297	9297	9297	9297

第五，采用稳健标准误进行模型估计。面板 Probit 随机效应模型采用聚类（cluster）稳健标准误进行估计，面板 Tobit 随机效应模型采用自助（bootstrap）稳健标准误进行估计，最终回归结果与原结论无本质差异。

第六，变更因变量乡村振兴规模的取值。将乡村振兴支出金额分别与平均总资产、总收入和净利润的比值做标准化处理后作为乡村振兴规模变量放入模型中检验假设，回归结果显示与原结论基本一致。

第七，变更样本容量。剔除没有乡村振兴支出的公司样本，模型仅涵盖参与乡村振兴的上市公司，回归结果依然支持本书假设；剔除金融行业样本，排除影响后回归结果依然稳健。第五至第七项稳健性检验结果限于篇幅，并未报告。

五、小结

政策性资源驱动企业乡村振兴是企业应合心理的重要前提。本节运用 2016—2018 年沪深 A 股上市公司披露的乡村振兴数据对企业乡村振兴的政策性资源动机进行实证检验，并考虑制度同构带来的行业同构效应对企业乡村振兴产生的异质性影响。经过严谨的实证检验，总体上支撑了第四章的理论分析结论，具体如下：

第一，政策性资源是企业乡村振兴的驱动因素。在由政策性资源作为自变量的公式中，自变量及其显著为正的系数共同决定了因变量企业乡村振兴意愿和规模的变动逻辑，这足以印证政策性资源对企业乡村振兴的决定性作用。并且政策性资源的价值越高，对企业乡村振兴的驱动力越大。

第二，制度同构效应对政策性资源作用下的企业乡村振兴行为产生显著影响。其表现为行业同构效应正向作用于政策性资源对企业乡村振兴的正相关关系，即行业同构效应越大，政策性资源对企业乡村振兴的影响越大。这一结论也暗指制度因素在企业乡村振兴中发挥了同构企业行为的作用。

第二节　产权定式假说的实证分析

一、样本选择与数据来源

在上节所用样本基础上，做出如下删减：第一，为使研究更贴近主题，本节将产权性质的赋值规则做适当调整，将"中央国有企业"与"地方国有企业"合并，统称为国有企业，将"其他（集体企业、外资企业等）"类型删除，经调整后，仅剩余国有企业与民营企业两种类型。原样本数量为 9297 个，删除 498 个，剩余样本 8799 个，占原有数据比例 94.6％，表明新的研究样本具有一定代表性；第二，在验证假设 H7 和 H8 时，我们将样本变换成仅包括参与乡村振兴的上市公司样本（简称扶贫样本），删除无乡村振兴上市公司年度数据后，扶贫样本数量剩余 2619 个。原 9297 个公司年度样本中含 2796 个扶贫样本，2619 个的新扶贫样本占原扶贫样本的比例为 94.7％，并没有损失样本代表性。在数据来源方面，同本章第一节保持一致。需要强调的是：第一，全样本下对假设 H5～H8 的检验结果与本章第一节产权性质控制变量系数的实证结果相似，出于紧贴研究主题的目的，不再单独展示假设 H7 和 H8 的检验结果；第二，扶贫样本下不存在假设 H5 和 H6 的检验，因为扶贫样本中全是参与乡村振兴的企业，乡村振兴意愿变量取值一致。因此，本节仅展示全样本下对假设 H5 和假设 H6 的检验结果，以及扶贫样本下对假设 H7 和 H8 的检验结果。

二、研究设计与变量定义

（一）研究设计

在式（5-1）～（5-5）基础上，为检验产权定式假说，建立以下模型：

$$Tpa\_d_{i,t} = \beta_0 + \beta_1 \cdot Pc\_d_{i,t} + \beta_2 \cdot Pc\_d_{i,t} \cdot Right\_type_{i,t}$$
$$+ \varphi \cdot Control\_variables_{i,t} + \varepsilon_{i,t} \qquad (5-14)$$

$$Tpa\_d_{i,t} = \beta_0 + \beta_1 \cdot Pc\_r_{i,t} + \beta_2 \cdot Pc\_r_{i,t} \cdot Right\_type_{i,t}$$
$$+ \varphi \cdot Control\_variables_{i,t} + \varepsilon_{i,t} \qquad (5-15)$$

$$LnTpa_{i,t} = \beta_0 + \beta_1 \cdot Pc\_d_{i,t} + \beta_2 \cdot Pc\_d_{i,t} \cdot Right\_type_{i,t}$$
$$+ \varphi \cdot Control\_variables_{i,t} + \varepsilon_{i,t} \qquad (5-16)$$

$$LnTpa_{i,t} = \beta_0 + \beta_1 \cdot Pc\_r_{i,t} + \beta_2 \cdot Pc\_r_{i,t} \cdot Right\_type_{i,t}$$
$$+ \varphi \cdot Control\_variables_{i,t} + \varepsilon_{i,t} \qquad (5-17)$$

（二）变量定义与回归模型选择

因变量和自变量的定义及赋值规则与前节保持一致，只是在调节变量和控制变量的选择和赋值规则上做适当调整。具体为：第一，取消"行业同构效应"调节变量，新增"产权性质"调节变量。产权性质（$Right\_type$）赋值规则为，国有企业取值1，民营企业取值2。第二，在企业层面的控制变量中删除"产权性质"，其他控制变量沿用前文。

在回归模型选择上，仍沿用前章的面板 Probit 二值选择模型和面板 Tobit 归并回归模型，并控制时间固定效应。

三、回归结果及分析

表5.13展示了假设 H5～H8 的回归结果。第（1）列和第（2）列展示了扶贫样本下对假设 H1 和假设 H2 的检验结果，在企业层面的控制变量中，产权性质的系数符号在1%显著性水平上显著为正，表明民营企业比国有企业有更大的乡村振兴投入规模，再结合表5.5中第（1）列和第（2）的检验结果，已经可以证实产权定式假说，即国有企业比民营企业有更高的参与度，但民营企业比国有企业有更大的投入规模。但是，正如我们一再强调的那样，产权性质与乡村振兴的直接实证结果已经脱嵌于政策性资源动机下的企业乡村振兴理论分析框架，所以这一结果只具备统计上的意义。仍需要进一步考察产权性质与政治关联的交互项系数，才符合企业应合式乡村振兴产权定式假说的研究逻辑。表5.13的第（3）和第（4）展示了 Probit 模型的分析结果，第（5）列和第（6）列展示了 Tobit 模型分析结果。从第（3）列数据可知，政治关联哑变量与产权性质的交互项系数在5%的显著性水平上显著为负，表明相比于民营企业，国有企业的政策性资源对企业乡村振兴意愿的驱动力更大，也即在政策性资源动机下，国有企业比民营企业更积极地参与乡村振兴，假设 H5 得以验证。第（4）列数据显示，政策性资源级别与产权性质的交互项系数在1%的显著性水平上显著为负，也即相对于民营企业，国有企业政策性资源价值对乡村振兴参与度的驱动力更大，假设 H6 得以验证。从第（5）列数据可知，政策性资源哑变量与产权性质的交互项系数在1%显著性水平上显著为正，表明相比于国有企业，民营企业的政策性资源对企业乡村振兴规模的驱动力更大，也即在政策性资源驱动下，民营企业比国有企业的乡村振兴投入更多，假设 H7 得以验证。第（6）列数据表明政策性资源级别与产权性质的交互项在1%显著性水平上显著为正，表明相对于国有企业，民营企业政策性资源价值对乡村振兴规模的驱动力更大，假设 H8 得到验证。控制变量的检验结果与上节总体上一致，这里不再赘述。以上检验结果为企业应合式乡村振兴产权定式假说提供了实证支持。

表 5.13 H5～H8 假设回归结果

Variables	(1) Tobit－H1 $LnTpa$	(2) Tobit－H2 $LnTpa$	(3) Probit－H5 Tpa_d	(4) Probit－H6 Tpa_d	(5) Tobit－H7 $LnTpa$	(6) Tobit－H8 $LnTpa$
Pc_d	0.148*	—	2.010***	—	0.448**	
Pc_r	—	0.064**	—	0.617***	—	0.122*
$Pc\_d \cdot Right\_type$	—	—	−0.973**	—	0.441***	—
$Pc\_r \cdot Right\_type$	—	—	—	−0.283***	—	0.139***
宏观层面 Province	0.008**	0.008**	0.050*	0.051***	0.009**	0.009**
宏观层面 Indus	0.009	0.009	−0.060***	−0.058***	0.016	0.014
宏观层面 17. year	0.293***	0.295***	1.014***	1.014***	0.307***	0.311***
宏观层面 18. year	0.384***	0.389***	1.288***	1.292***	0.407***	0.414***
企业层面 Right_type	0.704***	0.694***	—	—	—	—
企业层面 Board	−0.002	−0.003	0.103***	0.104***	−0.013	−0.014
企业层面 Lnresearch	0.014**	0.014**	−0.013	−0.014*	0.018***	0.018***
企业层面 Cash_r	—	—	0.025	0.025		
企业层面 Lncash	0.012	0.012			0.012	0.012
企业层面 Date	0.000	0.000	0.015	0.016	−0.005	−0.005
企业层面 ROA	1.095***	1.092***	0.861**	0.863**	1.154***	1.150***
企业层面 Lnasset	0.695***	0.690***	0.867***	0.861***	0.654***	0.648***
高管层面 Age	−0.005	−0.006	0.006	0.005	−0.007	−0.007
高管层面 Gender	0.418**	0.418**	0.142	0.166	0.321*	0.320
高管层面 Education	0.049	0.045	0.035	0.035	0.021	0.015
N	2619	2619	8799	8799	2619	2619

考虑到样本具有代表性，出于节约篇幅的目的，不再单独展示变量描述性统计分析和主要变量相关系数的检验结果，可参见上节的相应内容。

四、稳健性检验

为确保实证结果稳健，本节主要对产权性质与政治关联的交互项进行工具变量、代理变量替换和模型转换等稳健性检验。

第一，工具变量。沿用上节的变量与数据，用金融发展水平作为政治关联哑变量的工具变量，法治水平和金融发展水平作为政治关联等级的工具变量。表 5.14 展示了检验回归结果，从交互项的系数符号及显著性上来看，结论与前文一致。

表 5.14　H5 和 H6 假设工具变量稳健性检验回归结果

Variables		（1）	（2）	（3）	（4）
		IVprobit－H5	IVprobit－H6	IVtobit－H7	IVtobit－H8
		Tpa_d	Tpa_d	$LnTpa$	$LnTpa$
Pc_d		10.017***	—	4.629*	—
Pc_r		—	2.246***	—	0.629
$Pc\_d \cdot Right\_type$		−3.234***	—	2.362**	—
$Pc\_r \cdot Right\_type$		—	−0.811***	—	0.571***
宏观层面	Province	0.014***	0.019***	0.010***	0.011***
	Indus	−0.059***	−0.043***	0.049	0.013
	17. year	0.451***	0.430***	0.130	0.208*
	18. year	0.629***	0.594***	0.120	0.246**
企业层面	Board	−0.055*	−0.021	0.049	0.009
	Lnresearch	0.023***	0.009**	0.005	0.014**
	Cash_r	0.296**	0.139**	—	—
	Lncash	—	—	0.015	0.014
	Date	0.021**	0.013***	−0.006	0.002
	ROA	0.648**	0.688***	2.200***	1.953***
	Lnasset	0.165***	0.169***	0.703***	0.692***
高管层面	Age	−0.042**	−0.024**	0.002	−0.016
	Gender	0.320**	0.223**	0.346*	0.359*
	Education	−0.175**	−0.131***	0.149	0.048
N		8799	8799	2619	2619

第二，政府补助。采用上节的方法，用政府补助作为政策性资源的另一个代理变量。由于政府补助存在数据缺失，样本量减少，损失 862 个样本，剩余 7937 个样本；扶贫样本损失 297 个样本，剩余 2322 个样本。表 5.15 展示了

检验回归结果，与前文结论一致。正如前文所述，因为政府补助的上市公司数量达 9 成以上，没有必要检验有无政府补助对企业乡村振兴的影响，所以表5.15 中没有展示假设 H5 和假设 H7 的检验回归结果。

表 5.15　政府补助稳健性检验回归结果

Variables		(1)	(2)
		Probit－H6	Tobit－H8
		Tpa _ d	LnTpa
Lnbuzhu		0.172***	0.114***
Lnbuzhu · Right _ type		−0.063***	0.044***
宏观层面	Province	0.049***	0.009***
	Indus	−0.041**	0.012
	17. year	0.990***	0.313***
	18. year	1.265***	0.354***
企业层面	Board	0.070**	0.016
	Lnresearch	−0.015*	0.018***
	Cash _ r	0.015	—
	Lncash	—	0.013
	Date	0.005	−0.000
	ROA	1.043**	1.126***
	Lnasset	0.778***	0.749***
高管层面	Age	0.007	−0.003
	Gender	0.055	0.480**
	Education	0.004	0.035
N		7937	2322

第三，转换回归模型。分别用 Logit 随机效应模型和 FGLS 随机效应模型替代上文所用的 Probit 和 Tobit 模型再次进行回归分析，表 5.16 展示了回归结果，与前文结论一致。

表 5.16　模型转换稳健性检验回归结果

Variables		(1)	(2)	(3)	(4)
		Logit－H5	Logit－H6	FGLS－H7	FGLS－H8
		Tpa＿d	*Tpa＿d*	*LnTpa*	*LnTpa*
Pc＿d		3.650***	—	0.445**	—
Pc＿r		—	1.121***	—	0.122*
Pc＿d·Right＿type		−1.775***	—	0.441***	—
Pc＿r·Right＿type		—	−0.517***	—	0.139***
宏观层面	*Province*	0.089***	0.090***	0.009**	0.009**
	Indus	−0.106***	−0.102***	0.016	0.014
	17. *year*	1.804***	1.803***	0.306***	0.310***
	18. *year*	2.296***	2.302***	0.404***	0.412***
企业层面	*Board*	0.184***	0.186***	−0.013	−0.014
	Lnresearch	−0.022	−0.024*	0.018***	0.018***
	Cash＿r	0.061	0.060	—	—
	Lncash			0.012	0.012
	Date	0.026	0.028	−0.005	−0.005
	ROA	1.511**	1.515**	1.173***	1.169***
	Lnasset	1.559***	1.544***	0.654***	0.648***
高管层面	*Age*	0.011	0.009	−0.007	−0.007
	Gender	0.256	0.297	0.320	0.319
	Education	0.060	0.058	0.022	0.015
N		8799	8799	2619	2619

五、小结

本节运用上市公司经验数据对企业应合式乡村振兴产权定式假说进行实证检验，实证结果表明，国有企业有更大的乡村振兴意愿和更小的乡村振兴规模，民营企业有更小的乡村振兴意愿和更大的乡村振兴规模。实证结论较好地支撑了企业应合式乡村振兴产权定式假说，即在政策性资源动机驱动下，国有企业乡村振兴表现出观念共识的顺应模式，是一种维护政策性资源效力的保险机制，具备自动性特征；民营企业乡村振兴表现出机会共创的联合模式，是一种创建和维系政策性资源的增值机制，具备主动性特征。观念共识－顺应模式和机会共创－联合模式共同构成了企业应合式乡村振兴的基本内容。

本章小结

本章是"动机—行为"研究逻辑的实证分析部分，主要运用 2016—2018 年沪深 A 股上市公司乡村振兴经验数据，借助 Probit/Logit 二值选择、Tobit 归并回归、随机效应、工具变量（IV）等回归模型对第四章的理论分析部分提出的研究假设进行严谨的实证检验。检验结果较好地支撑了理论分析部分的研究结论。首先证实了政策性资源是企业乡村振兴的驱动因素，并且政策性资源的价值越高，对企业乡村振兴的驱动力越大，这一实证结论为企业应合式乡村振兴的形成提供了支撑。实证结论还指出制度同构效应对政策性资源驱动下的企业乡村振兴行为产生显著影响，证实了制度因素同构企业行为的作用。其次验证了不同产权性质对乡村振兴行为产生的异质性影响，检验结果表明国有企业比民营企业有更大的乡村振兴参与度，但民营企业比国有企业有更大的乡村振兴投入规模。实证结果符合国有企业观念共识 顺应模式和民营企业机会共创－联合模式的乡村振兴行为逻辑，支持了企业应合式乡村振兴产权定式假说。

至此，通过理论和实证研究，本书较完整地展现了企业应合式乡村振兴概念、决策机制（政策性资源驱动）、形成机理（产权定式假说）的理论框架。接下来需要回答的问题是企业应合式乡村振兴在响应政府号召的同时，企业自身是否发挥了政策性资源的作用而"得偿所愿"。这一问题与"动机—行为"的研究结论息息相关，是衔接"动机—行为—效果"逻辑链的关键环节，将在下一章做出详细的解答。

第六章　企业应合式乡村振兴的
财务替代效应研究

本章主要探究企业应合式乡村振兴的行为效果，将研究逻辑链延伸至"动机—行为—效果"。基于前文的研究，本章主要解决两个关键问题：第一，回答企业应合式乡村振兴是否真正获得了与政策性资源相关的好处，这个问题关系到能否为前文论点提供有力支撑；第二，在回答第一个问题的同时考察企业应合式乡村振兴是否改变了企业的一些财务行为或财务状况，以及这些改变在产权性质上的具体体现。

第一节　替代效应的实质

政府借助制度作用力和政策性资源的配置承诺影响着企业乡村振兴决策，而企业通过乡村振兴为政策性资源搭建了流入企业的通道，政企隐性契约的两个主体运用各自擅长的方式达到自己预想的状态，资源互惠实现了双方对效用的追求。那么，政企在隐性契约中换出去的资源就像是替代品一样，代替主体所需求的各种效用。我们将这种因履行政企间隐性契约而为契约主体带来的各种效用统称为契约标的实现的替代效应。替代效应是契约主体支出资源与换回效用之间替代关系的概念化表达。图 6.1 展示了替代效应的形成逻辑。

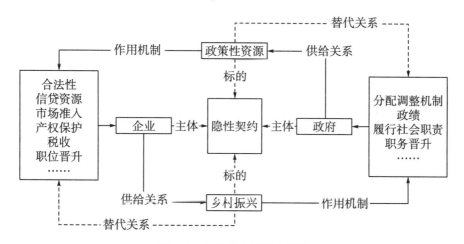

图 6.1 替代效应的形成逻辑

企业端的契约标的是企业参与乡村振兴，履行隐性契约可获取政策性资源的支持，那么企业乡村振兴的替代效应体现为发挥政策性资源作用，助力企业的生产经营或达到企业渴望的财务效果。政府端的契约标的是政策性资源，履约推动企业积极投身贫困治理，那么政策性资源实现的替代效应体现为企业应合式乡村振兴行为帮助政府实现的各种效用。企业乡村振兴的替代效应时常以其实现的财务效果为载体来体现，为此，本书将企业端的替代效应称为企业应合式乡村振兴的财务替代效应。

政府的主要职责是尽可能使财富在社会各个参与主体之间公平分配（Ite，2005）。政府机制只能是确保公民最基本的需要，不可能面面俱到地涉及社会存在的所有问题（李炯和印华清，2006）。政府"有形的手"运用乡村振兴政策实施第二次收入分配时，存在政策执行度、资金使用效率、监督有效性等局限，并且随着乡村振兴精准程度的提高，发挥政府分配作用的成本也就越高，第二次收入分配在调节贫富差距时很可能出现局部失灵。政府此时需要一双"温柔的手"来帮助它疏解社会矛盾，第三次收入分配即这双"温柔的手"（商文成，2004）。厉以宁（1997）提出的三次分配理论将出于自愿的捐赠视为第三次收入分配，并指出第三次分配是前两次分配的重要补充。第三次收入分配主要由经济中的行为主体（企业、非营利性组织等）主导。企业乡村振兴行为显然属于第三次分配的范畴。政府虽然无法控制第三次分配的具体实施，但可以凭借第二次分配中的政策性资源去激励行为主体积极加入第三次收入分配。因此，政企资源互惠的隐性契约可以为衔接、协同和规范第二、三次收入分配搭建一座桥梁，政策性资源的合理配置作用于企业乡村振兴，一定程度替代了政府收入分配调整机制。除此之外，企业乡村振兴行为帮助政府履行维持社会稳定的职责，减轻了政府的社会责任。参与乡村振兴的企业数量越多，表现越积极，这些企业归属地政府的政绩提升越显著。诸如此类，都属于政策性资源标的实现的替代效应。

对企业而言，企业应合式乡村振兴获取的政策性资源支持能够带来的效用更为丰富。从前文的分析可知，政策性资源作为企业关键资源能够为企业在合法性、融资、产权保护、商业准入、税收筹划等诸多方面创造有利条件，显然，企业履约带来的财务替代效应会更显著。然而，企业应合式乡村振兴的财务替代效应并非像政府的替代效应那么直观。对政府来说，企业参与乡村振兴本身就表明政府主体的契约标的已实现一定程度的替代效应。对企业来说，由于政策性资源带来的一些收益往往是隐性的（比如合法性地位等），甚至一些行为也往往是难以察觉的（比如政府游说得来的信贷资源等），那么，企业是否实现了丰富的财务替代效应？这一问题无法通过表象进行判断，还需要将理论分析与经验数据相结合并做进一步论证。

鉴于此，本书主要从税收筹划、债务融资两个较具代表性的财务行为来验证企业是否从政策性资源驱动的企业应合式乡村振兴中获得实惠。选择税收筹划和债务融资的主要原因是两个财务行为与政策性资源的联系比较紧密，税收筹划行为一定程度体现了企业税收激进程度与税务机关容忍程度之间的博弈结果，而债务融资行为一定程度反映了企业搭建融资渠道能力与外部信贷资源认可程度之间的博弈结果。政策性资源在两种财务行为中都能发挥较大作用，符合验证前文研究结论的需要。通过观察避税程度和债务融资水平的差异和变化趋势来判断企业应合式乡村振兴的财务替代效应，并分别定义为纳税替代效应和融资替代效应。

第二节　纳税替代效应研究

一、理论分析与研究假设

理论界普遍认为政策性资源的功能之一是能够对企业的一些行为提供权力的"庇护"（李健等，2012；李增福等，2016），其中也包括企业的税收筹划行为。企业纳税是对社会的重要贡献，而避税行为会降低政府用于社会福利的财政收入，通常被认定为对社会的不负责（Hoi，et al.，2013；Sikka，2010）。政府往往会通过实施各种措施（如增加稽查的频率和强度等）来抑制企业的避税行为（Huseynov and Klamm，2012）。拥有政策性资源的企业能够较轻易地获得政府的信任，执法部门往往不会将这一类企业作为重点检查和监督的对象（罗党论和黄琼宇，2008），可以降低企业的激进税收行为被行政机关查处的概率（李增福等，2016）。企业提高避税程度而不被税务机关稽查是一种变相的税收优惠，节约的税费可以视为应合式乡村振兴行为产生的纳税替代效应。

企业是有一定动机通过提高避税程度来改善经营条件的。具体地，首先，乡村振兴的投入对企业而言，挤占了企业生存发展所需的资金，而政策性资源带来的诸多便利很难在短时间内转化为企业所需的资金，企业通过避税可以将原本该上缴政府的现金留存（Desai and Dharmapala，2009；陈冬等，2016；工雄元等，2018），增加的税后现金流有助于缓解乡村振兴投入可能带来的资金拮据。其次，尽管连和利益相关者的提出能够帮助企业树立乡村振兴的长期利益观，但企业毕竟是由众多效用目标不一致且很容易产生矛盾冲突的利益相关者构成的（陈宏辉和贾生华，2003），未必所有利益相关者都能理解企业应合式乡村振兴行为，企业通过避税获得的收益可以缓解这些紧张的关系。第三，基于委托代理理论，在不考虑履行社会责任带来其他收益的情况下，股东也有动机通过乡村振兴的支出来减少管理层可自由支配的现金流，从而缓解代理问题。而管理层通常可以通过提高避税程度来"找补"可自由支配的现金流（Kim，et al.，2011），政策性资源的"庇护"给管理层激进的避税行为增加了勇气，从而为谋求在职消费、过度投资、提升个人声誉等私人利益创造空间。

一些研究文献也指出企业通过履行社会责任获取合法化、社会认可、推进战略等收益的同时，也在享受着激进的避税行为带来的福利（Carroll，2005；Sikka，2010；高勇强等，2012；邹萍，2018）。Davis，et al.（2016）研究了企业社会责任与企业纳税之间的关系，运用五年期现金有效税率和税收游说支出两个变量作为企业纳税的代理变量，研究结论指出企业社会责任与企业纳税存在负相关关系，也说明两者互为替代品。Carroll（2005）的研究表明积极履行企业社会责任的企业也同时在积极从事着避税活动。Preuss（2010）调查了总部设在"避税天堂"或离岸金融中心从事避税活动的公司，发现这些公司也向主要利益相关者承诺为社会多做贡献。Sikka（2010）研究结论则更为犀利，认为企业通过社会责任的履行获得信誉、合法化的社会认同，但组织文化和实践并非与这些社会认可同步，这些企业同样会沉溺于避税的福利中。国内的研究结论普遍认为企业社会责任提高了避税程度。吕伟等（2015）认为社会表现好的企业受到的监管较少，从而避税行为会更激进。李增福等（2016）从寻租理论视角探讨了民营企业慈善捐赠与避税程度的正相关关系，并提出"慈善捐赠－寻租－避税"假说，揭示了民营企业社会责任的"背离之谜"。邹萍（2018）同样从寻租理论视角以企业社会责任信息披露质量为切入点开展研究，得出了类似的结论，即企业社会责任披露质量会对避税行为产生显著的积极影响。

鉴于以上分析，结合前文的研究结论，本书认为政策性资源驱动下的企业应合式乡村振兴能够对企业的避税程度产生积极影响，并提出以下假设：

H9：相对于没有乡村振兴的企业来说，乡村振兴的企业避税程度更高。

H10：相对于乡村振兴规模小的企业来说，乡村振兴规模大的企业避税程度更高。

此外，根据企业应合式乡村振兴产权定式假说，国有企业与民营企业在乡村振兴模式上存在显著差异。一方面，在国有企业的观念共识－顺应模式下，企业乡村振兴更多的是出于维护政策性资源效力的保险机制，国有企业对通过乡村振兴的方式发挥政策性资源作用的期待并不强[①]，那么通过乡村振兴为避税行为提供"庇护"的需求并不强烈。国有企业具备天然的政策性资源特征，与政府在乡村振兴上的主张更是"心有灵犀"，这也表明国有企业再单独借助乡村振兴的机会提高避税程度没有太多必要性。另一方面，研究表明国有企业在所得税名义税率上普遍低于民营企业（李增福等，2016），这本身就是政策性资源发挥作用的体现。如果国有企业再凭借乡村振兴来提高避税程度，无论是从政府关系角度，还是从社会公众舆论角度，都不算是明智的选择。在民营企业的机会共创－联合模式下，企业乡村振兴更多的是出于创建和维系政策性资源的增值机制，民营企业对政策性资源的期待远远高于国有企业，对发挥政策性资源的作用来改善经营条件有强烈动机。李元旭和宋渊洋（2011）的分析指出，在民营企业的名义所得税税率普遍高于国有企业的情况下，民营企业的实际所得税税率却低于国有企业，充分说明民营企业的避税程度更高。那么民营企业在乡村振兴"庇护"下的避税动机将更凸显。根据产权定式假说及以上分析，提出以下假设：

H11：相对于国有企业而言，民营企业的乡村振兴行为与避税程度的正相

---

① 这里的描述并非意指政策性资源对国有企业来说不重要，"顺应式"本身就是对政策性资源的敬畏。只是国有企业观念共识的顺应模式并不会产生明显的资源互惠动机，相应的避税、融资等行为受到乡村振兴的影响会较小，这与民营企业机会共创的联合模式形成对照。

关关系更强。

H12：相对于国有企业而言，民营企业的乡村振兴规模与避税程度的正相关关系更强。

二、样本选择与数据来源

在第四章 9297 个公司年度样本基础上做一些删除，首先剔除金融业上市公司样本，共 237 个公司年度样本，剩余 9060 个公司年度样本；在此基础上剔除实际税率小于 0 和大于 1 的样本，剔除税前总利润小于 0 和所得税费用小于 0 的样本，最终剩余 7740 个公司年度样本。

企业名义税率数据来源于 WIND 金融数据库，乡村振兴、政治关联等变量数据来源与第四章保持一致，其他数据来源于 CSMAR 和 RESSET 数据库，部分数据运用搜索引擎填补和检验。对主要数据进行了 Winsor 处理，避免异常值带来的影响。

三、研究设计与变量定义及回归模型选择

（一）研究设计

为检验企业应合式乡村振兴与避税程度之间的关系，也即验证假设 H9 和假设 H10，本书构建以下模型：

$$Etr_{i,t} = \beta_0 + \beta_1 \cdot Tpa\_d_{i,t} + \beta_2 \cdot Control\_variables_{i,t} + \varepsilon_{i,t} \quad (6-1)$$

$$Etr_{i,t} = \beta_0 + \beta_1 \cdot LnTpa_{i,t} + \beta_2 \cdot Control\_variables_{i,t} + \varepsilon_{i,t} \quad (6-2)$$

$$Btd_{i,t} = \beta_0 + \beta_1 \cdot Tpa\_d_{i,t} + \beta_2 \cdot Control\_variables_{i,t} + \varepsilon_{i,t} \quad (6-3)$$

$$Btd_{i,t} = \beta_0 + \beta_1 \cdot LnTpa_{i,t} + \beta_2 \cdot Control\_variables_{i,t} + \varepsilon_{i,t} \quad (6-4)$$

$$Detr_{i,t} = \beta_0 + \beta_1 \cdot Tpa\_d_{i,t} + \beta_2 \cdot Control\_variables_{i,t} + \varepsilon_{i,t} \quad (6-5)$$

$$Detr_{i,t} = \beta_0 + \beta_1 \cdot LnTpa_{i,t} + \beta_2 \cdot Control\_variables_{i,t} + \varepsilon_{i,t} \quad (6-6)$$

$$Madetr_{i,t} = \beta_0 + \beta_1 \cdot Tpa\_d_{i,t} + \beta_2 \cdot Control\_variables_{i,t} + \varepsilon_{i,t} \quad (6-7)$$

$$Madetr_{i,t} = \beta_0 + \beta_1 \cdot LnTpa_{i,t} + \beta_2 \cdot Control\_variables_{i,t} + \varepsilon_{i,t} \quad (6-8)$$

对假设 H11 和假设 H12 的检验将在式（6-1）至式（6-8）基础上按照产权性质进行分组检验，通过对比不同组别的乡村振兴意愿或乡村振兴规模的系数 β_1 的大小来判断先验性假设是否成立。

（二）变量定义与回归模型选择

因变量：借鉴李增福等（2016）、叶康涛和刘行（2014）、Chen, et al.（2010）、Dyreng, et al.（2008）等研究，本书使用实际税率（Etr）、会税差异（Btd）、名义税率与实际税率差额（$Detr$）和移动平均 Detr（$Madetr$）四个指标来作为避税程度的代理变量，具体的计算规则参见表 6.1。Etr 越大则说明避税程度越小，Btd、$Detr$ 和 $Madetr$ 三个代理变量都是越大说明避税程度越大。

表 6.1　研究变量的定义

	变量	表达符号	取值或计算公式
因变量	实际税率	Etr	所得税费用/税前总利润
	会税差异	Btd	（税前利润－应纳税所得额）/总资产；其中应纳税所得额＝所得税费用/名义税率
	名义税率与实际税率差额	$Detr$	名义税率－实际税率
	移动平均 Detr	$Madetr$	将（名义税率－实际税率）做 5 年的移动平均
自变量	乡村振兴意愿	Tpa_d	当年有乡村振兴支出取 1，否取 0
	乡村振兴规模	$LnTpa$	企业乡村振兴支出的自然对数
控制变量	政治关联哑变量	Pc_d	存在政治关联取 1，否取 0
	上年亏损	$Loss$	上年度亏损取 1，否取 0
	股权集中度	Ec	前十大股东持股比例之和
	机构投资者持股比例	$Srii$	机构投资者持股比例之和
	资产负债率	Lev	总负债/总资产
	业绩波动	$Sdroa$	当年及过去两年 ROA 的标准差
	业绩指标	ROA	净利润/总资产
	资本密集度	$Cint$	固定资产/总资产
	存货密集度	$Iint$	存货/总资产
	无形资产密集度	$Iaint$	无形资产/总资产
	总资产周转率	$Tato$	营业收入/总资产
	投资收益	Vii	投资收益/总资产

自变量：与前章保持一致，使用乡村振兴意愿（Tpa_d）和乡村振兴规模（$LnTpa$）两个指标定义企业乡村振兴。

在融合前文研究基础上，借鉴李增福等（2016）、叶康涛和刘行（2014）的做法，选择的控制变量为：政治关联的哑变量（Pc_d）、上年亏损（$Loss$）、股权集中度（Ec）、机构投资者持股比例（$Srii$）、资产负债率（Lev）、业绩波动（$Sdroa$）、业绩指标（ROA）、资本密集度（$Cint$）、存货密集度（$Iint$）、无形资产密集度（$Iaint$）、总资产周转率（$Tato$）、投资收益（Vii）。控制变量具体的计算方法参见表 6.1。

回归模型选择：个体效应（公司文化、省份、行业、制度等个体异质性）是面板数据普遍存在的现象，固定效应模型在计算过程中将消掉这些不因时间而变的组内个体效应，从而避免这些个体效应对估计量产生的影响。为确保结果稳健，本书采用稳健标准误的固定效应模型对假设进行统计检验。

四、描述性统计与回归结果

（一）描述性分析

表 6.2 展示了描述性分析结果，其中乡村振兴规模单位为万元。从表 6.2 可知，Etr 均值为 19.3%，小于目前普遍适用的所得税税率 25%，表明普遍存在一定程度的避税行为。会税差异与另外两个避税程度的代理变量从均值的数值符号上相反，需要进一步实证分析判断避税程度。乡村振兴意愿均值 0.3，表明样本中 30% 的上市公司参与了乡村振兴，为实证提供了充足的样本。乡村振兴规模均值 442.78 万元，标准差为 5392.65 万元，两项指标略小于第四章中的样本均值。政治关联哑变量均值 0.4138，表明样本中有 4 成上市公司存在政治关联，体现出政治关联比较普遍。上年亏损变量从均值上看有 6.49% 的上市公司出现上年亏损。前十大股东股权集中度均值 59.61%，前十大股东达到控股的现象比较普遍。其他控制变量从描述性分析结果上来看并无异常，不再逐一赘述。

表6.2　变量描述性统计分析结果

Variable	Mean	Std. Dev.	Min	P50	Max
Etr	0.1930	0.1219	0.0000	0.1630	0.9905
Btd	0.0403	0.2256	-0.5740	0.0208	0.9060
$Detr$	-0.0043	0.1152	-0.8177	0.0070	0.2500
$Madetr$	-0.0076	0.0839	-0.7686	0.0019	0.2500
Tpa_d	0.3010	0.4587	0.0000	0.0000	1.0000
Tpa	442.7800	5392.6500	0.0000	0.0000	268395.0000
Pc_d	0.4138	0.4925	0.0000	0.0000	1.0000
$Loss$	0.0649	0.2463	0.0000	0.0000	1.0000
Ec	0.5961	0.1462	0.0827	0.6073	1.0000
$Srii$	0.3918	0.2360	0.0008	0.4024	0.8873
Lev	0.4118	0.1980	0.0098	0.4014	0.9994
$Sdroa$	0.0232	0.0576	0.0001	0.0134	4.1123
ROA	0.0563	0.0476	0.0001	0.0450	0.4694
$Cint$	0.2015	0.1607	0.0000	0.1652	0.9480
$Iint$	0.1375	0.1309	0.0000	0.1060	0.8984
$Iaint$	0.0468	0.0614	0.0000	0.0330	0.8901
$Tato$	0.6056	0.4990	0.0034	0.5028	9.9371
Vii	0.0083	0.0251	-0.0813	0.0022	1.0556

表6.3展示了变量间的相关系数。从主要变量间的相关性系数来看，总体上符合理论分析的结论预期。实际税率变量与乡村振兴意愿和乡村振兴规模两个变量相关系数均为负，说明乡村振兴与避税程度存在正相关关系。其他避税程度代理变量与乡村振兴代理变量的相关系数普遍不存在显著性，需要进一步分析判断。其他变量在相关系数方面总体上与预期一致。另外，方差膨胀因子分析（VIF）结果显示，对应变量的 VIF 值均小于2，表明变量之间不存在多重共线性问题。

表 6.3 主要变量相关系数

变量	Etr	Btd	Detr	Madetr	Tpa _ d	LnTpa	Pc _ d
Etr	1	−0.75***	−0.80***	−0.58***	−0.05***	−0.06***	0.04***
Btd	−0.60***	1	0.92***	0.68***	0	0.01	−0.06***
Detr	−0.90***	0.71***	1	0.71***	0.01	0.01	−0.05***
Madetr	−0.63***	0.55***	0.70***	1	−0.02	−0.01	−0.05***
Tpa _ d	−0.02**	0.02	0.02	−0.01	1	0.98***	0.07***
LnTpa	0.02*	0.02	0.03**	0	0.13***	1	0.08***
Pc _ d	0.02*	−0.07***	−0.03***	−0.01	0.07***	0	1
Loss	0.12***	−0.02	−0.09***	0.14***	−0.02*	−0.01	−0.04***
Ec	−0.02**	0.03***	0.05***	0.07***	0.06***	0.02*	−0.01
Srii	0.11***	0.02**	0.01	−0.01	0.19***	0.03**	−0.01
Lev	0.24***	−0.14***	−0.13***	−0.17***	0.15***	0.05***	0
Sdroa	−0.01	0.09***	0.04***	0.03***	−0.03**	−0.01	−0.05***
ROA	−0.31***	0.37***	0.28***	0.24***	0.02	−0.01	−0.03***
Cint	0.03***	−0.02**	−0.01	−0.01	0.17***	0.03**	0.05***
Iint	0.16***	−0.10***	−0.11***	−0.14***	0.01	0.01	0.03***
Iaint	0.05***	−0.05***	−0.03***	−0.01	0.06***	−0.01	0.04***
Tato	0.01	0.01	0.02**	−0.01	0.02**	0.03**	−0.06***
Vii	−0.04***	0.17***	0.10***	0.04***	0	−0.01	−0.04***
变量	Loss	Ec	Srii	Lev	Sdroa	ROA	Cint
Etr	0.06***	0.02	0.15***	0.24***	−0.09***	−0.35***	0.01
Btd	−0.04***	0.04***	0	−0.14***	0.08***	0.37***	−0.02
Detr	−0.03***	0.02**	0	−0.11***	0.08***	0.30***	−0.01
Madetr	−0.10***	0.06***	0	−0.15***	0.04***	0.29***	−0.02
Tpa _ d	−0.02*	0.05***	0.18***	0.16***	−0.06***	−0.01	0.15***
LnTpa	−0.03***	0.06***	0.20***	0.18***	−0.07***	0	0.15***
Pc _ d	−0.04***	−0.01	−0.01	0	−0.05***	−0.01	0.06***
Loss	1	−0.11***	−0.02	0.11***	0.29***	−0.21***	0.05***
Ec	−0.11***	1	0.33***	−0.04***	0	0.21***	0.02
Srii	−0.01	0.36***	1	0.24***	−0.11***	−0.02	0.11***

变量	Loss	Ec	Srii	Lev	Sdroa	ROA	Cint
Lev	0.12***	−0.02**	0.24***	1	−0.16***	−0.39***	−0.03**
Sdroa	0.18***	−0.04***	−0.04***	−0.03***	1	0.18***	0.02
ROA	−0.14***	0.19***	0.02*	−0.36***	0.15***	1	−0.04***
Cint	0.06***	0.04***	0.15***	0.02*	−0.01	−0.06***	1
Iint	0	−0.03**	0.04***	0.32***	−0.07***	−0.14***	−0.30***
Iaint	0.01	0.05***	0.06***	0	−0.02*	−0.03***	0.07***
Tato	−0.01	0.03**	0.09***	0.11***	0.04***	0.11***	0.01
Vii	0.15***	−0.07***	0.04***	−0.03**	0.15***	0.19***	−0.09***

变量	Iint	Iaint	Tato	Vii
Etr	0.09***	0.02	−0.01	−0.07***
Btd	−0.09***	−0.07***	0.02**	0.14***
Detr	−0.10***	−0.06***	0.01	0.13***
Madetr	−0.12***	−0.05***	−0.02	0.10***
Tpa_d	0	0.05***	0.05***	0.04***
LnTpa	0	0.05***	0.06***	0.05***
Pc_d	0.02*	0.06***	−0.04***	−0.04***
Loss	−0.01	0.01	−0.05***	0.04***
Ec	−0.05***	0.01	0.04***	−0.01
Srii	−0.02	−0.01	0.06***	0.05***
Lev	0.23***	−0.10***	0.09***	−0.13***
Sdroa	−0.15***	0.02	−0.01	0.06***
ROA	−0.12***	0	0.22***	0.12***
Cint	−0.19***	0.33***	0.15***	−0.13***
Iint	1	−0.10***	0.20***	−0.12***
Iaint	−0.18***	1	0.08***	−0.08***
Tato	0.03**	−0.06***	1	−0.09***
Vii	−0.06***	−0.04***	0.03***	1

注：相关系数矩阵以系数 1 为界线，左下部分为 Pearson 检验结果，右上部分为 Spearman 检验结果。

* 表示 $p < 0.1$，** 表示 $p < 0.05$，*** 表示 $p < 0.01$（下文同）。

（二）回归结果

1. 假设 H9 和假设 H10 回归结果

表 6.4 展示了假设 H9 和假设 H10 的回归结果。第（1）列、第（3）列、第（5）列和第（7）列展示了乡村振兴意愿与四个避税程度代理变量之间的关系，第（1）列的数据表明乡村振兴意愿与实际税率在 10％显著性水平上存在负相关关系，即相对于没有乡村振兴的上市公司来说，上市公司乡村振兴的实际税率更小，则避税程度更大。第（3）、第（5）列和第（7）列的结果表明乡村振兴意愿与其他三个避税程度代理变量至少在 5％显著性水平上存在正相关关系，与第（1）列的结论一致，由此可知，乡村振兴意愿至少在 10％的显著性水平上与企业避税程度呈正相关关系，假设 H9 得到验证。第（2）列、第（4）列、第（6）列和第（8）列展示了乡村振兴规模与四个避税程度代理变量之间的关系。总体上来看，乡村振兴规模也至少在 10％显著性水平上与企业避税程度存在正相关关系，即相对于乡村振兴规模小的上市公司来说，乡村振兴规模大的上市公司避税程度更高，假设 H10 得以验证。综上所述，实证结果支持企业应合式乡村振兴提高了企业避税程度，表明在一定程度上应合式乡村振兴使企业获得了与政策性资源相关的好处，对前文政策性资源驱动下的企业应合式乡村振兴研究结论提供了有力支撑。实证结论也充分印证了企业应合式乡村振兴将会对企业财务行为产生影响，即产生了纳税替代效应。

表 6.4 中一些控制变量与避税程度未表现出显著性，从实证结果上来看这些控制变量对因变量没有产生显著影响，与预期存在一定偏差，但放入模型予以控制也有利于规避控制变量之间的交叉影响带来的内生性问题。从具有相关性的控制变量表现来看，是否政治关联、业绩波动和总资产周转率三个变量与避税程度呈现负相关关系，而业绩指标与避税程度存在显著的正相关关系。

表6.4 H9和H10假设回归结果

Variables		(1) H9 Etr	(2) H10 Etr	(3) H9 Btd	(4) H10 Btd	(5) H9 Detr	(6) H10 Detr	(7) H9 Madetr	(8) H10 Madetr
					FGLS-FE				
Tpa_d		-0.008*	—	0.024***	—	0.009**	—	0.004**	—
$LnTpa$		—	-0.002*	—	0.004***	—	0.002**	—	0.001**
控制变量	Pc_d	0.006*	0.006*	-0.003	-0.003	-0.005*	-0.005*	0.001	0.001
	$Loss$	0.007	0.007	-0.004	-0.004	-0.007	-0.007	-0.019***	-0.019***
	Ec	0.016	0.016	-0.037	-0.039	-0.022	-0.023	-0.015	-0.015
	$Srii$	-0.009	-0.009	0.042**	0.043**	0.009	0.009	0.001	0.001
	Lev	0.023	0.023	0.022	0.023	-0.019	-0.019	0.002	0.002
	$Sdroa$	0.223**	0.222**	-0.085	-0.084	-0.245**	-0.244**	-0.007	-0.007
	ROA	-1.078***	-1.076***	2.338***	2.334***	1.039***	1.037***	0.184***	0.184***
	$Cint$	-0.020	-0.020	0.070	0.069	-0.003	-0.003	0.004	0.003
	$Iint$	0.040	0.040	0.015	0.014	-0.039	-0.039	-0.019	-0.019
	$Iaint$	-0.076	-0.077	0.065	0.067	0.084	0.085	0.045*	0.058*
	$Tato$	0.038***	0.037***	-0.035	-0.034	-0.039***	-0.039***	-0.008	-0.008
	Vii	-0.104	-0.102	0.721**	0.718**	0.149	0.146	0.052	0.051
N		7453	7453	7367	7367	7367	7367	7367	7367

注：因四种避税程度指标在数据搜集中都存在一定程度的数据缺失，故样本数量存在差异，整体上不影响结论代表性。

2. 假设 H11 和 H12 回归结果

表 6.5 和表 6.6 展示了假设 H11 和 H12 的回归结果。对产权性质进行分组检验，观察国有企业组与民营企业组在乡村振兴与避税程度关系上的差异。表 6.5 展示了 Etr 和 Btd 作为因变量的回归结果，其中第（1）列至第（4）列为 Etr 的实证结果，第（5）列至第（8）列为 Btd 的实证结果。从第（1）和第（2）列数据可知，在国有企业组，乡村振兴意愿与 Etr 的系数符号虽为负，但没有显著不等于 0，表明国有企业的乡村振兴意愿对 Etr 并没有产生影响，这与理论部分的分析比较吻合。在民营企业组中，乡村振兴意愿与 Etr 在 10% 显著性水平上存在负相关关系，表明相对于没有乡村振兴的企业来说，乡村振兴显著提高了企业避税程度，这与国有企业组形成鲜明对比，假设 H11 得以验证。第（3）列和第（4）列数据显示与上述规律一致，国有企业组中乡村振兴规模对 Etr 并未产生影响，而民营企业组的企业乡村振兴对 Etr 产生显著的负向影响，也即乡村振兴规模越大，企业避税程度越高，假设 H12 得到验证。观察其他避税程度代理变量可知，Btd 因变量下的国有企业组乡村振兴意愿与 Btd 虽然存在显著正相关关系，但在回归系数上小于民营企业组，也能够支持假设 H11；但乡村振兴规模与 Btd 的检验结果并未支持假设 H12，表现出国有企业的纳税替代效应大于民营企业。表 6.6 展示了 $Detr$ 和 $Madetr$ 作为因变量的回归结果，其中第（1）列至第（4）列为 $Detr$ 的回归结果，第（5）列至第（8）列为 $Madetr$ 的回归结果。总体而言，$Detr$ 和 $Madetr$ 与 Etr 的实证结果类似，表明相对于国有企业而言，民营企业的乡村振兴意愿和乡村振兴规模两个变量与避税程度的正相关关系更强，假设 H11 和假设 H12 得到验证。控制变量的总体表现与检验假设 H9 和假设 H10 的模型表现类似，不再重复说明。

综上分析，一方面，实证结果总体上支撑了前文提出的企业应合式乡村振兴产权定式假说，政策性资源在不同产权性质下发挥的作用存在显著差异；另一方面，在假设 H9 和假设 H10 得到证实的基础上，实证结果也证实企业应合式乡村振兴对企业财务行为的影响在不同产权性质下存在异质性，从而表现出不同程度的纳税替代效应。

表6.5　H11和H12假设回归结果（Etr和Btd代理变量）

Variables	(1) H11 Etr 国有企业组	(2) H11 Etr 民营企业组	(3) H12 Etr 国有企业组	(4) H12 Etr 民营企业组	(5) H11 Btd 国有企业组	(6) H11 Btd 民营企业组	(7) H12 Btd 国有企业组	(8) H12 Btd 民营企业组
						FGLS-FE		
Tpa_d	-0.005	-0.009*	—	—	0.019*	0.027***	—	—
$LnTpa$	—	—	-0.001	-0.002*	—	—	0.004*	0.003*
Pc_d	0.024**	0.010	0.020**	0.009	-0.019	0.003	-0.019	0.003
$Loss$	0.016	-0.005	0.014	-0.004	0.000	-0.003	0.001	-0.003
Ec	0.014	0.026	0.015	0.027	0.033	-0.095	0.031	-0.100
$Srii$	0.009	-0.019	0.011	-0.016	0.007	0.048**	0.006	0.049**
Lev	0.025	0.019	0.040	0.018	-0.069	0.044	-0.071	0.047
$Sdroa$	0.381*	0.180	0.307***	0.026***	0.304	-0.070***	0.305	-0.070***
ROA	-1.433***	-0.967***	-1.315***	-0.964***	2.584***	2.252***	2.577***	2.244***
$Cint$	-0.019	-0.025	-0.011	-0.031	0.014	0.107	0.016	0.105
$Iint$	0.011	0.053	0.028	0.056	0.083	-0.057	0.083	-0.060
$Iaint$	0.079	-0.150	0.068	-0.145	0.061	0.041	0.062	0.041
$Tato$	0.014	0.051***	0.020	0.051***	-0.011	-0.050*	-0.012	-0.048*
Vii	-0.048	-0.072	-0.026	0.114	0.292	0.261	0.292	0.267
N	2491	4962	2491	4962	2425	4942	2425	4942

（控制变量）

注：产权性质赋值规则与第五章一致，即国有企业定义为1，民营企业定义为2（下文同）。

表 6.6　H11 和 H12 假设回归结果（Detr 和 Madetr 代理变量）

Variables		(1) H11 Detr 国有企业组	(2) H11 Detr 民营企业组	(3) H12 Detr 国有企业组	(4) H12 Detr 民营企业组	(5) H11 Madetr 国有企业组	(6) H11 Madetr 民营企业组	(7) H12 Madetr 国有企业组	(8) H12 Madetr 民营企业组
					FGLS—FE				
Tpa_d		0.006	0.009**	—	—	0.004	0.002	—	—
LnTpa		—	—	0.001	0.002*	—	—	0.000	0.001*
Pc_d		-0.019*	-0.014	-0.019*	-0.014	-0.001	0.002	-0.001	0.003
Loss		-0.017	0.004	-0.017	0.004	-0.016***	-0.014***	-0.016***	-0.014**
Ec		-0.014	-0.040	-0.015	-0.041	-0.007	-0.017	-0.006	-0.017
Srii		-0.005	0.017	-0.005	0.017	-0.006	0.007	-0.006	0.007
Lev		-0.044	-0.010	-0.045	-0.009	-0.005	0.007	-0.006	0.007
Sdroa		-0.347	-0.029***	-0.345	-0.029***	-0.273***	0.000	-0.276***	0.001
ROA		1.333***	0.948***	1.330***	0.946***	0.341***	0.141***	0.343***	0.141***
Cint		-0.014	0.010	-0.013	0.010	0.009	-0.000	0.008	-0.000
Iint		-0.026	-0.061	-0.026	-0.062	0.007	-0.050**	0.007	-0.050**
Iaint		-0.009	0.124	-0.009	0.125	0.015	0.063*	0.015	0.064*
Tato		-0.018	-0.052***	-0.019	-0.052***	-0.009	-0.004	-0.009	-0.004
控制变量	Vii	0.079	-0.058	0.080	-0.058	0.163	-0.044	0.162	-0.045
N		2425	4942	2425	4942	2425	4942	2425	4942

169

五、稳健性检验

为确保研究结论的稳健性，本节主要从内生性问题上着手，采取工具变量、倾向得分匹配（PSM）及倾向得分匹配与双重差分模型结合（PSM＋DID）三种方式对实证结论进行稳健性检验。

第一，工具变量。企业应合式乡村振兴提高了企业避税程度，行为的结果也可能成为行为的动机，不能排除企业在享受到避税福利之后会出于避税的目的而开展乡村振兴，即研究很可能存在双向因果的内生性问题。为解决这个问题，本书借鉴张敏等（2013）、李增福等（2016）的做法，将研发支出水平（无形资产净额/总资产）和广告支出水平（销售费用/营业收入）作为乡村振兴意愿和乡村振兴规模的工具变量。此外，本书新引入制度同构效应（以行业同构效应作为代理变量，行业同构效应＝行业乡村振兴企业数量/行业企业总数量）作为自变量的工具变量。前文研究结果显示行业同构效应对企业乡村振兴产生影响，符合工具变量相关性条件，但行业同构效应对企业避税程度并无直接的理论联系，符合工具变量外生性条件。过度识别检验和弱工具变量检验结果也表明，三个工具变量均满足工具变量的使用前提。表 6.7、表 6.8、表 6.9 展示了假设 H9 至假设 H12 的工具变量稳健性检验结果。在一定程度上避免内生性问题干扰情况下，工具变量法的实证结果更好地支持了假设 H9 至假设 H12，也表明前文的结论比较稳健。

第二，倾向得分匹配（PSM）。一方面，企业乡村振兴信息年报披露政策在 2016 年 12 月实施之后，对上市公司参与乡村振兴起到了极大的推动作用，上市公司乡村振兴的参与度和投入规模连年攀升。另一方面，从大部分上市公司以往表现来看，其并未将乡村振兴列入生产经营计划中，年报披露政策对上市公司来说具有外生性特点，因此可以将受到年报披露政策冲击而参与乡村振兴这个过程模拟为一个"准自然实验"。对比上市公司乡村振兴实验前后的避税程度，就可得出更可靠的结论，然而参与乡村振兴的上市公司实验前的数据已不可测。鉴于此，借鉴吴先明和张玉梅（2019）、蒋冠宏（2017）所使用的研究方法，本书借助倾向得分匹配方法根据相关可测变量（协变量）为参与乡村振兴的上市公司（实验组）寻找最接近的没有参与的上市公司作为对照组，并将实验组与对照组在避税程度上的变化来代替参与乡村振兴的上市公司在参与前后的避税程度变化，并以此对假设 H9 进行稳健性检验。倾向得分匹配法通常以这种反事实的解题思路来规避选择偏差带来的估计量无效和内生性问题，还可以有效过滤造成避税行为的其他因素，使研究更有针对性。协变量的选择要遵照可忽略性假设的要求，尽可能选择对处理变量和因变量产生影响的可测变量。结合前文的研究基础，木书最终选择公司存续期（$Date$）、资产负债率（Lev）、政治关联（Pc_d）、股权集中度（Ec）、机构投资者持股比例（$Srii$）、资本密集度（$Cint$）、存货密集度（$Iint$）、无形资产密集度（$Iaint$）、行业同构效应（$Indus\_tpap$）作为协变量逐年对实验组样本进行匹配。为确保结果稳健，共选择近邻 1∶1 匹配、近邻 1∶4 匹配、卡尺近邻 1∶4 匹配、核匹配等四种方法进行倾向得分匹配。表 6.10 展示了倾向得分匹配的平均处理效应的估计结果。通过平衡性检验对协变量在组间的平衡分布进行判断，结果表明平均处理效应拥有显著性的匹配过程都是有效的。由于因变量和匹配方法较多，限于篇幅，不再逐一汇报平衡性检验结果。

　　表 6.10 的估计结果总体而言呈现以下规律[①]：第一，分牛度匹配前的平均处理效应（ATT）并不显著，表明倾向得分匹配前的按年度样本在乡村振兴信息年报披露政策冲击下企业的避税程度并不存在显著变化；第二，分年度匹配后的 ATT 显著性增强，尤其 Etr 作为因变量的模型中，表明匹配后的按年度样本在年报披露政策冲击下企业提高了避税程度；第三，在四种匹配方法下，ATT 估计结果类似，表明实证结论具有稳健性；第四，与其他三个避税程度代理变量相比，$Madetr$ 在匹配前后的 ATT 仅个别存在显著性，表明 $Madetr$ 模型估计结果未能对假设提供支撑。综上所述，除 $Madetr$ 为因变量的模型外，其他三个避税程度的代理变量的模型的倾向得分匹配估计结果能有效地支撑假设 H9，总体上验证了前文研究结论的稳健性。

　　第三，倾向得分匹配与双重差分模型（PSM＋DID）。在上市公司乡村振兴"准自然实验"场景下，本书将倾向得分匹配与双重差分模型相结合，以进一步过滤不可测变量带来的估计偏差和内生性问题。在此，构建双重差分模型对假设 H9 进行稳健性检验。借鉴周黎安和陈烨（2005）、薛安伟（2017）的做法，设定如下双重差分模型：

$$y_{i,t} = \beta_0 + \beta_1 G_i D_t + \varphi \cdot Coves_{i,t} + \mu_i + \lambda_t + \varepsilon_{i,t} \qquad (6-9)$$

---

① 平均处理效应（ATT）按年度估计结果太多，无法逐项说明，仅归纳出总体变动规律。

表 6.7 H9 和 H10 假设工具变量稳健性检验结果

Variables		IVFGLS-FE							
		(1) H9 Etr	(2) H10 Etr	(3) H9 Btd	(4) H10 Btd	(5) H9 Detr	(6) H10 Detr	(7) H9 Madetr	(8) H10 Madetr
Tpa_d		-0.085***	—	0.126***	—	0.091***	—	0.016**	—
LnTpa		—	-0.019***	—	0.027***	—	0.020***	—	0.003**
控制变量	Pc_d	0.020**	0.018**	-0.004	-0.001	-0.018**	-0.016*	-0.002	-0.001
	Loss	0.006	0.004	0.005	0.006	-0.004	-0.002	-0.017***	-0.017***
	Ec	-0.016	-0.005	-0.038	-0.048	0.010	-0.003	-0.020	-0.022*
	Srii	-0.009	-0.010	0.033	0.033	0.009	0.010	0.003	0.003
	Lev	-0.020	-0.021	-0.013	-0.011	0.014	0.014	-0.012	-0.012
	Sdroa	0.218**	0.212**	-0.051	-0.033	-0.253***	-0.249***	-0.134***	-0.133***
	ROA	-1.010***	-0.993***	2.365***	2.346***	0.988***	0.968***	0.158***	0.154***
	Cint	-0.034	-0.033	0.120**	0.120**	0.013	0.012	0.003	0.003
	Iint	0.018	0.016	0.021	0.020	-0.006	-0.006	-0.022	-0.022
	Iaint	-0.087	-0.100	0.049	0.068	0.101	0.112	0.063**	0.065**
	Tato	0.043***	0.044***	-0.047***	-0.047***	-0.047***	-0.048***	-0.002	-0.002
	Vii	0.014	0.053	0.588***	0.533***	0.046	-0.002	0.025	0.017
N		5903	5903	6935	6935	5833	5833	5887	5887

注：虽然工具变量数据存在缺失数据，且与四个避税代理变量出现交叉数据缺失，样本量不同程度地减少，但充足的样本量能确保结论的代表性。

表 6.8 H11 和 H12 假设工具变量稳健性检验结果（Etr 和 Btd 代理变量）

Variables	IVFGLS-FE							
	(1) H11 Etr 国有企业组	(2) H11 Etr 民营企业组	(3) H12 Etr 国有企业组	(4) H12 Etr 民营企业组	(5) H11 Btd 国有企业组	(6) H11 Btd 民营企业组	(7) H12 Btd 国有企业组	(8) H12 Btd 民营企业组
Tpa_d	-0.014	-0.087***	—	—	0.079**	0.221***	—	—
LnTpa	—	—	-0.003	-0.018***	—	—	0.017**	0.046***
Pc_d	0.023**	0.005	0.028**	0.004	-0.044**	0.007	-0.042**	0.009
Loss	0.017	-0.010	0.017	-0.012	-0.000	0.007	-0.000	0.013
Ec	0.055	-0.034	0.057	-0.021	-0.057	0.037	-0.070	0.006
Srii	0.020	-0.017	0.020	-0.017	0.009	0.048*	0.007	0.050*
Lev	-0.005	0.016	-0.003	0.016	0.131*	0.02	0.121	0.020
Sdroa	0.399**	0.179*	0.391**	0.189**	0.537***	-0.288	0.567***	-0.308
ROA	-1.243***	-0.958***	-1.233***	-0.942***	2.410***	2.243***	2.357***	2.201***
Cint	-0.054	-0.052	-0.056	-0.048	0.101	0.164**	0.111	0.155**
Iint	-0.113	0.040	-0.114	0.041	0.250**	0.011	0.255**	0.001
Iaint	0.012	-0.150*	0.008	-0.157**	-0.027	0.058	-0.016	0.079
Tato	0.011	0.068***	0.012	0.065***	0.021	-0.097***	0.016	-0.060***
Vii	0.003	0.138	0.001	0.160	1.124***	0.714***	1.129***	0.641*
N	1665	4238	1665	4238	1642	4245	1642	4245

控制变量

表6.9 H11和H12假设工具变量稳健性检验结果（Detr和Madetr代理变量）

Variables		(1) H11 Detr 国有企业组	(2) H12 Detr 民营企业组	(3) H11 Detr 国有企业组	(4) H12 Detr 民营企业组	(5) H11 Madetr 国有企业组	(6) H12 Madetr 民营企业组	(7) H11 Madetr 国有企业组	(8) H12 Madetr 民营企业组
					IVFGLS-FE				
Tpa_d		0.029	0.099***	—	—	0.014	0.026***	—	—
LnTpa		—	—	0.007	0.021***	—	—	0.003	0.005***
控制变量	Pc_d	−0.026*	−0.008	−0.026*	−0.007	−0.002	−0.001	−0.001	−0.000
	Loss	−0.021*	0.013	−0.021*	0.015*	−0.017***	−0.015***	−0.017***	−0.014***
	Ec	−0.051	0.026	−0.055	0.012	−0.028	−0.008	−0.030	−0.011
	Srii	−0.013	0.018	−0.014	0.018	−0.007	0.008*	−0.007	0.008*
	Lev	0.000	−0.009	−0.003	−0.009	−0.014	−0.000	−0.015	−0.000
	Sdroa	−0.440***	−0.232**	−0.430***	−0.241**	−0.277***	−0.071***	−0.271***	−0.073**
	ROA	1.245***	0.953***	1.224***	0.935***	0.285***	0.149***	0.275***	0.144***
	Cint	0.024	0.030	0.028	0.026	0.003	−0.002	0.005	−0.003
	Iint	0.116	−0.039	0.118	−0.041	−0.003	−0.029	−0.002	−0.030*
	Iaint	0.095	0.119	0.100	0.128	0.056	0.069**	0.058	0.072**
	Tato	−0.007	−0.070***	−0.009	−0.066***	−0.003	−0.005	−0.004	−0.004
	Vii	0.094	−0.102	0.097	−0.133	0.058	−0.090***	0.059	−0.058**
N		1610	4223	1610	4223	1642	4245	1642	4245

表6.10 倾向得分匹配 (PSM) 的平均处理效应 (ATT) 估计结果

变量	方法	样本	2016年 实验组	对照组	ATT	2017年 实验组	对照组	ATT	2018年 实验组	对照组	ATT
Etr	近邻1:1	匹配前	0.2049	0.1955	0.0094	0.1951	0.1893	0.0057	0.1925	0.1907	0.0018
		匹配后	0.2049	0.2246	-0.1970**	0.1951	0.2071	-0.0120**	0.1925	0.2029	-0.0103*
	近邻1:4	匹配前	0.2049	0.1955	0.0094	0.1951	0.1893	0.0057	0.1925	0.1907	0.0018
		匹配后	0.2049	0.2227	-0.0177**	0.1952	0.2096	-0.0143**	0.1927	0.2094	-0.0167***
	卡尺1:4	匹配前	0.2049	0.1955	0.0094	0.1951	0.1893	0.0057	0.1925	0.1907	0.0018
		匹配后	0.2041	0.2231	-0.0190***	0.1938	0.2098	-0.0160***	0.1924	0.2080	-0.0155**
	核匹配	匹配前	0.2049	0.1955	0.0094	0.1951	0.1893	0.0057	0.1925	0.1907	0.0018
		匹配后	0.2045	0.2166	-0.0120*	0.1952	0.2071	-0.0118**	0.1927	0.2089	-0.0162***
Btd	近邻1:1	匹配前	0.0261	0.0285	-0.0024	0.0522	0.0375	0.0146	0.0556	0.0499	0.0056
		匹配后	0.0261	0.0023	0.0237*	0.0522	0.0251	0.0271**	0.0556	0.0361	0.0195*
	近邻1:4	匹配前	0.0261	0.0285	-0.0024	0.0522	0.0375	0.0146	0.0556	0.0499	0.0056
		匹配后	0.0261	0.0087	0.0173	0.0520	0.0247	0.0273**	0.0549	0.0373	0.0176
	卡尺1:4	匹配前	0.0261	0.0285	-0.0024	0.0522	0.0375	0.0146	0.0556	0.0499	0.0056
		匹配后	0.0263	0.0043	0.0219*	0.0524	0.0243	0.0280**	0.0562	0.0336	0.0225*
	核匹配	匹配前	0.0261	0.0285	-0.0024	0.0522	0.0375	0.0146	0.0556	0.0499	0.0056
		匹配后	0.0261	0.0160	0.0100	0.0520	0.0294	0.0226*	0.0553	0.0354	0.0139*

续表

变量	方法	样本	2016年 实验组	对照组	ATT	2017年 实验组	对照组	ATT	2018年 实验组	对照组	ATT
Detr	近邻1:1	匹配前	-0.0109	-0.0099	-0.0009	-0.0007	-0.0028	0.0021	0.0027	-0.0031	0.0058
		匹配后	-0.0109	-0.0259	0.0150*	-0.0007	-0.0104	0.0096*	0.0027	-0.0083	0.0110**
	近邻1:4	匹配前	-0.0109	-0.0099	-0.0009	-0.0007	-0.0028	0.0021	0.0027	-0.0031	0.0058
		匹配后	-0.0109	-0.0218	0.0108	-0.0008	-0.0108	0.0099*	0.0024	-0.0086	0.0111*
	卡尺1:4	匹配前	-0.0109	-0.0099	-0.0009	-0.0007	-0.0028	0.0021	0.0027	-0.0031	0.0058
		匹配后	-0.0108	-0.0228	0.0120*	-0.0003	-0.0117	0.0114**	0.0031	-0.0086	0.0118**
	核匹配	匹配前	-0.0109	-0.0099	-0.0009	-0.0007	-0.0028	0.0021	0.0027	-0.0031	0.0058
		匹配后	-0.0109	-0.0187	0.0077	-0.0008	-0.0078	0.0069	0.0022	-0.0084	0.0107**
Mader	近邻1:1	匹配前	-0.0125	-0.0095	-0.0030	-0.0092	-0.0068	-0.0024	-0.0057	-0.0049	-0.0008
		匹配后	-0.0125	-0.0188	0.0063	-0.0092	-0.0145	0.0052	-0.0057	-0.0081	0.0030
	近邻1:4	匹配前	-0.0125	-0.0095	-0.0030	-0.0092	-0.0068	-0.0024	-0.0057	-0.0049	-0.0008
		匹配后	-0.0125	-0.0194	0.0069	-0.0092	-0.0128	0.0035	-0.0058	-0.0133	0.0075*
	卡尺1:4	匹配前	-0.0125	-0.0095	-0.0030	-0.0092	-0.0068	-0.0024	-0.0057	-0.0049	-0.0008
		匹配后	-0.0134	-0.0184	0.0049	-0.0089	-0.0134	0.0045	-0.0056	-0.0123	0.0067
	核匹配	匹配前	-0.0125	-0.0095	-0.0030	-0.0092	-0.0068	-0.0024	-0.0057	-0.0049	-0.0008
		匹配后	-0.0125	-0.0153	0.0028	-0.0092	-0.0120	0.0028	-0.0060	-0.0111	0.0051

其中 G_i 为实验组虚拟变量，若上市公司参与乡村振兴 $G_i = 1$，否则为 0。G_i 等于 1 的上市公司构成实验组，G_i 等于 0 的上市公司构成对照组。D_t 为实验期虚拟变量，上市公司参与乡村振兴的当年及以后年份 $D_t = 1$，否则为 0。出于稳健性考虑，在式（6-9）中引入协变量 $Coves_{i,t}$，协变量与上文的式（6-1）至式（6-8）中的控制变量保持一致。μ_i 为个体固定效应，λ_t 为时间固定效应。用 G_i 和 D_t 的交互项系数 β_1 来刻画上市公司在政策冲击下参与乡村振兴对避税程度产生的影响。

进一步，为检验假设 H11 的稳健性，构建异质性双重差分模型，将产权性质（$Right\_type$）、G_i 和 D_t 的三重交互项放入模型中，模型如下：

$$y_{i,t} = \beta_0 + \beta_1 G_i D_t + \beta_2 G_i D_t \cdot Right\_type_{i,t} +$$
$$\varphi \cdot Coves_{i,t} + \mu_i + \lambda_t + \varepsilon_{i,t} \tag{6-10}$$

三重交互项的系数 β_2 代表不同产权性质的上市公司应合式乡村振兴在避税程度上的差异。采用近邻 1：1 倾向得分匹配方式对实验组样本逐年匹配形成年度匹配样本。此外，由于上市公司乡村振兴信息年报披露政策于 2016 年颁布，为了确保 2016 年受到政策冲击而参与乡村振兴的样本存在实验前后两期数据，本书基于 2016 年的匹配样本新增 2015 年数据，最终形成包含 2015—2018 年度数据的匹配样本，在匹配样本基础上进行双重差分检验。选择双向固定效应对模型进行估计，以充分控制个体效应和时间效应带来的影响。

表 6.11 展示了基于倾向得分匹配样本的双重差分回归结果。表 6.11 中第（1）列至第（4）列是对假设 H9 的检验结果，从数据可知，在乡村振兴信息年报披露政策冲击下，企业避税程度比政策冲击前显著更高，表明前文对假设 H9 的检验结果比较稳健；第（5）列至第（8）列是对假设 H11 进行的检验，从三重交互项的系数可知，除 Btd 为因变量模型下不显著以外，其余三个避税程度代理变量的模型均表现出不同产权性质的企业在政策冲击下企业避税程度存在显著差异，即相对于国有企业来说，民营企业避税程度提高得更多，实证研究结论支持假设 H11，前文研究结论比较稳健。

表6.11 倾向得分匹配（PSM）与双重差分（DID）稳健性检验结果

Variables		(1) H9 Etr	(2) H9 Btd	(3) H9 Detr	(4) H9 Madetr	(5) H11 Etr	(6) H11 Btd	(7) H11 Detr	(8) H11 Madetr
						PSM+DID			
G_iD_t		−0.282**	0.027***	0.287**	0.005**	−0.008*	0.032***	0.005	0.001
$G_iD_t \cdot Right\_type$		—	—	—	—	−0.010**	0.010	0.010*	0.007*
协变量	Pc_d	0.055	0.002	−0.057	0.002	−0.004	0.002	0.050	0.002
	Loss	0.103	0.056***	−0.108	−0.019***	0.028***	0.056***	−0.041	−0.058***
	Ec	−0.009*	0.001**	0.009*	−0.000	0.000	0.001**	0.009	0.000
	Srii	0.008**	−0.000	−0.008**	0.000	0.000	0.000	−0.008	0.000***
	Lev	−0.534	0.072*	0.563	−0.008	0.024*	0.073*	0.055	−0.052**
	Sdroa	0.038	−0.011	−0.041	−0.002	−0.031	−0.010	−0.027	0.057***
	ROA	−0.166	2.725***	0.109	0.168***	−0.128	2.722***	0.061	0.201**
	Cint	0.493	0.056	−0.524	0.047***	0.007	0.057	0.038	−0.011
	Iint	1.819**	−0.065	−1.845**	−0.027	0.084***	−0.066	−0.076	−0.067***
	Iaint	0.491	−0.251**	−0.504	0.015	0.074***	−0.252**	−0.023	−0.035**
	Tato	0.175	−0.023*	−0.177	−0.008**	0.007*	−0.023*	0.035	−0.004
	Vii	−0.576	−0.249***	0.601	−0.026	−0.076**	−0.250***	0.599***	0.158
N		5139	5055	5055	4898	5886	5055	5802	5659

六、纳税替代滞后效应

以上通过严谨的实证检验表明企业应合式乡村振兴行为提高了企业的避税程度，也即产生了纳税替代效应。但是，目前对企业纳税替代效应的研究是静态的，我们还关心这种效应是否具有持续力，需要进一步分析纳税替代效应随时间而发生的动态变化。通过以上实证分析结果可知，Etr 作为企业避税程度代理变量在实证检验中表现得最为稳健，最具代表性，鉴于此，这部分内容以 Etr 为例分析纳税替代的滞后效应，不再将研究延伸至其他避税程度的代理变量。

延续上市公司乡村振兴的"准自然实验"，运用倾向得分匹配法（PSM）及其结合双重差分模型（DID）的两种方法来分析纳税替代的滞后效应。借鉴薛安伟（2017）和周黎安和陈烨（2005）的做法，在式（6-9）的双重差分模型基础上，重新设计实验期虚拟变量 D_t 及其取值规则，以上市公司参与乡村振兴第 t 年时等于 1，否则为 0，构建 $year\_1$、$year\_2$、$year\_3$ 三个年度虚拟变量，分别代表上市公司参与乡村振兴的第一年、第二年和第三年。PSM 和 PSM+DID 两种方法的具体操作为：在倾向得分匹配估计方法下，对年度虚拟变量（等同于实验组）采用近邻 1：1 匹配、近邻 1：4 匹配、卡尺近邻 1：4 匹配、核匹配等四种方法进行倾向得分匹配，逐年估计乡村振兴不同起始年的倾向得分匹配平均处理效应（ATT），根据平均处理效应的取值变化，观察在倾向得分匹配方法下的纳税替代滞后效应；在双重差分模型检验下，以近邻 1：1 倾向得分匹配方法对年度虚拟变量逐年匹配并形成新的匹配样本[①]，接着在新的匹配样本基础上按照乡村振兴不同起始年，构建起始年与滞后一年的两期数据，运用双重差分模型对纳税替代效应进行实证检验，通过不同起始年的对比判断纳税替代的滞后效应的变动趋势。为确保稳健，两种方法选取的协变量分别与倾向得分匹配、倾向得分匹配与双重差分两种稳健性检验所选取的协变量保持一致。

表 6.12 展示了以上估计和检验的结果。

从倾向得分匹配方法的估计结果来看，首先，以 2016 年为起始年的估计结果显示，除个别年份（近邻 1：4 匹配下的第三年、核匹配下的第二年）的平均处理效应不显著以外，四种匹配方法下的平均处理效应（ATT）的显著

---

① 已剔除实验组在不同起始年中年度虚拟变量取值为 0 的样本，以确保按年度进行倾向得分匹配时为实验组匹配的都是对照组样本。

性水平至少保持在 10% 以上，并且逐年下降，表明纳税替代效应逐渐降低。可能的原因是：第一，2016 年参与乡村振兴的上市公司，第一年（即 2016 年）资金占用的感觉强烈，加之政策的响应速度使其在政策性资源的竞争中抢占先机，有足够的动机和勇气通过提高避税程度进行资金弥补；第二，政府鼓励上市公司参与乡村振兴已经进入常态化、制度化阶段，弱化了企业借助乡村振兴之名行避税之实的动机；第三，从四种匹配方法的第三年（即 2018 年）估计结果可知，平均处理效应的变动幅度已经明显小于上年度，表明企业对纳税替代效应的期待心理趋于平稳，逐渐成为常态化的一个经营事项。

其次，以 2017 年为起始年的估计结果出现反转，第二年（即 2018 年）的平均处理效应高于第一年，表现出纳税替代效应上升趋势。可能的原因是 2017 年才开始参与乡村振兴的企业应合心理更凸显，对政策性资源利益的期待更大，通过提高避税程度"找平"现金流的动机也就更强烈，从而表现出逐年增长的纳税替代效应。

最后，以 2018 年为起始年的平均处理效应不存在显著性。一方面可能因为 2018 年开始乡村振兴的上市公司样本较少，统计数据表明仅有 206 个，还无法判断 2018 年的估计结果有多大代表性；另一方面，2018 年才开始乡村振兴的上市公司，其影响因素更复杂，可能纳税替代效应并非这一类上市公司参与乡村振兴渴望实现的效果。

从倾向得分匹配与双重差分模型结合（PSM+DID）的检验结果来看，总体变动趋势与倾向得分匹配估计结果一致，个别结果存在出入，比如在以 2018 年为起始年的情况下企业纳税替代效应仍然保持 10% 的显著性。实证结果表明上述纳税替代滞后效应分析结论具有一定稳健性。

综上分析，根据不同起始年，纳税替代滞后效应存在显著差异，具体表现为 2016 年为起始年的上市公司纳税替代效应逐年递减，2017 年为起始年的上市公司纳税替代效应表现出上升趋势，而 2018 年起始年则没有产生显著的纳税替代效应。

6.12　倾向得分匹配（PSM）和双重差分（DID）下的纳税替代滞后效应

起始年	第 i 年	PSM				PSM+DID
		近邻 1∶1	近邻 1∶4	卡尺 1∶4	核匹配	
2016	第一年	−0.0197**	−0.0177**	−0.0190***	−0.0120*	−0.0203**
	第二年	−0.0158**	−0.0126*	−0.0130*	−0.0101	−0.0129**
	第三年	−0.0133*	−0.0099	−0.0128*	−0.0116*	−0.0127**

起始年	第 i 年	PSM				PSM+DID
		近邻 1 : 1	近邻 1 : 4	卡尺 1 : 4	核匹配	
2017	第一年	−0.0161*	−0.0130*	−0.0118	−0.0035	−0.0130*
	第二年	−0.0236**	−0.0173**	−0.0135*	−0.0136**	−0.0216***
2018	第一年	−0.0134	−0.0034	−0.0034	0.0100	−0.0200*

注：PSM 分析中仅汇报 ATT 平均处理效应，限于篇幅，其他数据未展示；PSM+DID 仅汇报实验组虚拟变量与实验期虚拟变量的交互项系数及显著性，未汇报协变量的系数与显著性。

七、小结

本节主要目的是验证企业应合式乡村振兴的纳税替代效应。根据理论分析提出先验性假设，并运用上市公司乡村振兴及财务数据进行实证检验，在经过避免内生性的稳健性检验后，结论表明：第一，企业应合式乡村振兴存在纳税替代效应，即相对于没有参加乡村振兴以及乡村振兴规模小的企业，乡村振兴的企业及乡村振兴规模大的企业显著提高了避税程度；第二，纳税替代效应在企业应合式乡村振兴产权定式假说作用下存在异质性表现，即相对于国有企业而言，民营企业的纳税替代效应更大；第三，进一步分析了纳税替代滞后效应，发现企业应合式乡村振兴不同起始年份的纳税替代效应变动趋势存在差异，表现为 2016 年起始年变动趋势为逐年减小并趋于平稳，2017 年起始年则存在上升趋势，2018 年起始年并没有表现出纳税替代效应。

以上研究结论不仅为前文的研究提供了有力支撑，而且还揭示了企业应合式乡村振兴对企业财务行为产生的影响，对加深企业应合式乡村振兴行为效果的理解有重要意义。

第三节 融资替代效应研究

一、理论分析与研究假设

企业应合式乡村振兴获取政策性资源相关收益的第二个特征体现为企业改

善了债务融资条件，债务融资水平的提升可以称为企业应合式乡村振兴的融资替代效应。由于存在税盾效应，即企业向股东支付和债权人相同的回报需要产生更多的利润，因此债务融资比股权融资的成本更低，企业有债务融资偏好。债务融资对企业的生存发展起着举足轻重的作用，债务融资能够完善公司治理和增加企业价值（汪辉，2003），显然，企业非常重视债务融资的渠道多元性与稳定性。学界的研究成果普遍认为企业社会责任是一个"融资工具"（Su and He，2010；Ye and Zhang，2011；高帆等，2014；李维安等，2015；沈艳和蔡剑，2009），社会责任表现优异的企业所面临的融资约束明显更低（Cheng，et al.，2014），企业逐渐形成积极承担社会责任能够获取银行信贷资源的心理预期和思维惯性。预算软约束普遍存在于承担社会性政策负担的企业中（林毅夫和李志赟，2004），当这些企业面临融资约束、财务破产风险等问题时，政府会通过财政补贴、贷款支持等措施帮助企业渡过难关（孙铮等，2005）。

企业应合式乡村振兴至少存在三种可能的途径来优化企业的债务融资环境。首先，国有商业银行在中国金融体系中占主导地位，政府机构作为国有商业银行的大股东，显然对金融资源的分配拥有一定的干预能力（李健等，2012；周林洁和邱汛，2013），在这种干预力长期影响下，企业承担的社会性负担逐渐成为银行信贷资源配置倾向的重要指标（陈德球等，2013）。企业应合式乡村振兴行为是帮助政府承担社会性负担，因此，积极响应政府贫困治理主张，作为回报，政府更倾向于通过协调银行信贷资源的分配来帮助企业解决资金供给问题（李维安等，2015）。

其次，企业通过债务融资解决资金流动性约束问题的同时，也接受了更多来自金融市场、债权人和商业伙伴的监督。外界的监督会影响企业的经营决策，同样地，企业的乡村振兴支出决策也在为企业提供债务融资保障的这些重要利益相关者的注视之中。在信息不对称情况下，根据信号理论，企业社会责任能够发挥一定程度的信号传递作用（Lys，et al.，2015），乡村振兴支出可以向这些利益相关者传递积极的财务信号，有利于缓解过度监督对企业自主经营的影响，降低监督成本。积极参与乡村振兴的行为表明企业可自由支配的现金流充足，向外界传递了经济实力的信号，并且这种信号还蕴含着社会责任表现越好，支出水平越高，企业未来前景就越好的含义（Shapira，2012）。拥有良好发展前景对资本的吸引力是巨大的，这类企业一直是银行贷款业务维系和拓展的重要对象。因此，企业乡村振兴的社会责任行为不仅可以有效规避信贷资源流失风险（李四海等，2016），还能为企业吸引更多的投资者，并搭建更多的融资渠道（肖红军等，2015）。

最后，信誉是信贷资源生存的根本。企业社会责任像是一种信誉机制，会使企业与包括债权人在内的利益相关者的关系比较融洽，从而持续得到他们的资源支持（Frooman，1999）。积极参与乡村振兴，可以不断积累道德资本（Choi and Wang，2007；Godfrey，2005），获取竞争优势（Porter and Kramer，2002；Smith，1994），提升的公众品牌形象（Arendt and Brettel，2010；山立威等，2008），使企业更容易获得正规金融机构的信赖，获得它们的资金支持（沈艳和蔡剑，2009）。此外，拥有政策性资源象征着政府的认可，这种认可也是信誉的体现，可以一定程度替代银行对企业的信誉评估程序，有助于企业更早地获得信贷资源，抢占市场竞争的先机。

总之，我们认为在政策性资源动机下，企业应合式乡村振兴能够为企业创造债务融资上的便利，并提出以下先验性假设：

H13：相对于没有乡村振兴的企业来说，乡村振兴的企业获得的债务融资更多。

H14：相对于乡村振兴规模小的企业来说，乡村振兴规模大的企业获得的债务融资更多。

与纳税替代效应类似的观点，根据产权定式假说，国有企业观念共识－顺应式乡村振兴对政策性资源作用的期待并不强，并且国有产权性质使其在获取国有商业银行借贷资源方面具有民营企业无法比拟的巨大优势（Brandt and Li，2003），国有企业在债务融资方面已经充分发挥了政策性资源的作用，很难再有发挥的空间，通过观念共识－顺应式的乡村振兴行为来提升融资能力的可能性很小。反观民营企业，融资约束明显高于国有企业（李维安等，2015），搭建债务融资渠道的途径更是寥数，并且在信贷资源被国有企业挤压后的狭小空间里仍然存在着激烈的竞争。民营企业的机会共创－联合式乡村振兴对政策性资源在债务融资领域发挥作用的期待更强烈。Su and He（2010）的研究表明慈善捐赠的民营企业更容易获得国有商业银行的贷款支持。高帆等（2014）的研究也表明有政治关联的民营企业将强化慈善捐赠的融资效应。李维安等（2015）揭示了民营企业通过慈善捐赠与政府交换信贷资源的行为逻辑，并提出民营企业的慈善捐赠有助于债务融资。因此，提出以下假设：

H15：相对于国有企业而言，民营企业的乡村振兴与债务融资水平的正相关关系更强。

H16：相对于国有企业而言，民营企业的乡村振兴规模与债务融资水平的正相关关系更强。

二、样本选择与数据来源

运用纳税替代效应章节剔除金融业上市公司样本后的 9060 个公司年度样本，并进一步剔除债务融资代理变量等于 0 的样本，最终剩余 7669 个公司年度样本。

主要数据沿用本章第二节数据，债务融资代理变量及其他控制变量数据从 CSMAR 和 RESSET 数据库收集，部分数据运用搜索引擎填补和检验。不良贷款率的数据来源于《中国金融年鉴》。对主要数据进行了 winsor 处理，避免异常值带来的影响。

三、研究设计与变量定义

（一）研究设计

为验证假设 H13 和假设 H14，本书构建以下模型：

$$Debt1_{i,t} = \beta_0 + \beta_1 \cdot Tpa\_d_{i,t} + \beta_2 \cdot Control\_variables_{i,t} + \varepsilon_{i,t}$$

$$(6-11)$$

$$Debt1_{i,t} = \beta_0 + \beta_1 \cdot LnTpa_{i,t} + \beta_2 \cdot Control\_variables_{i,t} + \varepsilon_{i,t}$$

$$(6-12)$$

$$Debt2_{i,t} = \beta_0 + \beta_1 \cdot Tpa\_d_{i,t} + \beta_2 \cdot Control\_variables_{i,t} + \varepsilon_{i,t}$$

$$(6-13)$$

$$Debt2_{i,t} = \beta_0 + \beta_1 \cdot LnTpa_{i,t} + \beta_2 \cdot Control\_variables_{i,t} + \varepsilon_{i,t}$$

$$(6-14)$$

对假设 H15 和假设 H16 的检验方式借鉴本章第二节的做法，采取按照产权性质分组检验并根据结果予以判断。

（二）变量定义与回归模型选择

因变量：借鉴李维安等（2015）、张敦力和李四海（2012）、余明桂和潘红波（2008）研究中的做法，为确保结果稳健，采用两种借款率（$Debt1$、$Debt2$）作为债务融资的代理变量。第一种借款率 $Debt1$＝总借款/总资产，第二种借款率 $Debt2$＝总借款/总负债，其中总借款＝短期借款＋一年内到期非流动负债＋长期借款。

自变量：与本章第二节保持一致，使用乡村振兴意愿（Tpa_d）和乡村振兴规模（$LnTpa$）两种指标定义企业乡村振兴。

控制变量：结合前文的研究，借鉴李维安等（2015）、张敦力和李四海（2012）的做法，确定使用以下控制变量：政治关联的哑变量（Pc_d）、不良贷款率（Non_loan）、资产负债率（Lev）、业绩指标（ROA）、成长性（$Growth$＝本年营业收入/上年营业收入－1）、资本密集度（$Cint$）、业绩波动（$Sdroa$）。其中未标明计算方法的控制变量沿用前文的计算方法。

回归模型选择与本章第二节保持一致。

四、描述性统计与回归结果

（一）描述性分析

表 6.13 展示了描述性分析结果，乡村振兴规模单位为万元。借款率的两个指标 $Debt1$ 和 $Debt2$ 均值分别为 17.81％和 36.06％，总体表现正常，并无异常值情况。从标准差来看，离散程度适中。乡村振兴意愿均值为 0.3013，与前文基本保持一致，表明样本中约有 30％的上市公司参与了乡村振兴。乡村振兴规模均值为 472.34 万元，标准差为 5823.54 万元。不良贷款率均值为 1.511，离散程度较小。公司成长性均值为负，表明上市公司总体上受经济下行的影响，并不具备成长性。其他指标总体上与前文章节的表现类似，不再重复描述。

表 6.13　变量描述性统计分析结果

Variable	Mean	Std. Dev.	Min	P50	Max
$Debt1$	0.1781	0.1382	0.0004	0.1551	0.6003
$Debt2$	0.3606	0.2167	0.0000	0.3604	0.9640
Tpa_d	0.3013	0.4589	0.0000	0.0000	1.0000
Tpa	472.3400	5823.5400	0.0000	0.0000	268395.0000
Pc_d	0.4143	0.4926	0.0000	0.0000	1.0000
Non_loan	1.5110	0.5655	0.2433	1.4233	3.7800
Lev	0.4619	0.1956	0.0976	0.4528	0.9498
ROA	0.0330	0.0673	−0.2902	0.0346	0.1970
$Growth$	−0.2524	0.5856	−4.3303	−0.1419	0.5931

Variable	Mean	Std. Dev.	Min	P50	Max
$Cint$	0.2105	0.1678	0.0001	0.1712	0.9480
$Sdroa$	0.0315	0.1113	0.0001	0.0151	8.4577

表 6.14 展示了主要变量间的相关系数。主要变量间的相关系数总体上与理论分析的预期一致。乡村振兴意愿和乡村振兴规模两个变量分别与借款率两个变量 $Debt1$ 和 $Debt2$ 的相关系数至少在 5% 显著性水平上为正。其他控制变量与因变量的相关系数都存在较高的显著性水平。对所有变量按照模型设计进行方差膨胀因子分析，结果表明变量间不存在多重共线性。

表 6.14　主要变量相关系数

变量	$Debt1$	$Debt2$	Tpa_d	Tpa	Pc_d	Non_loan	Lev
$Debt1$	1	0.86***	0.09***	0.10***	0.01	0.04***	0.68***
$Debt2$	0.83***	1	0.04***	0.05***	0.04***	0.07***	0.28***
Tpa_d	0.09***	0.04***	1	0.98***	0.07***	0.01	0.12***
Tpa	0.04***	0.02**	0.12***	1	0.08***	0	0.14***
Pc_d	0	0.04***	0.07***	−0.01	1	0.04***	−0.04***
Non_loan	0.04***	0.06***	0	0	0.04***	1	−0.02*
Lev	0.69***	0.27***	0.11***	0.05***	−0.04***	−0.02	1
ROA	−0.25***	−0.12***	0.06***	0	0.02	0.01	−0.29***
$Growth$	−0.01	0	0.02	0	0.02**	0.02	−0.03**
$Cint$	0.24***	0.27***	0.16***	0.04***	0.02**	0.10***	0.03**
$Sdroa$	0.03***	−0.01	−0.04***	−0.01	−0.03***	−0.01	0.05***

变量	ROA	$Growth$	$Cint$	$Sdroa$
$Debt1$	−0.36***	0.02*	0.17***	0.01
$Debt2$	−0.24***	0.01	0.24***	0.03***
Tpa_d	0.04***	0.03***	0.14***	−0.07***
Tpa	0.05***	0.03**	0.14***	−0.09***
Pc_d	0.03**	0.01	0.03***	−0.06***
Non_loan	0.03***	−0.03**	0.13***	0.04***

续表

变量	ROA	Growth	Cint	Sdroa			
Lev	−0.37***	0.04***	−0.03***	−0.04***			
ROA	1	−0.32***	−0.04***	−0.11***			
Growth	−0.02*	1	0.07***	0.06***			
Cint	−0.01	0.03**	1	0.04***			
Sdroa	−0.31***	−0.02	−0.02	1			

注：相关系数矩阵以系数 1 为界线，左下部分为 Pearson 检验结果，右上部分为 Spearman 检验结果。

* 表示 $p<0.1$，** 表示 $p<0.05$，*** 表示 $p<0.01$（下文同）。

（二）回归结果

表 6.15 展示了假设 H13 和 H14 的回归结果。第（1）列和第（3）列汇报了乡村振兴意愿与两个债务融资代理变量之间的关系，第（1）列的数据表明乡村振兴意愿与 Debt1 在 10％显著性水平上存在正相关关系，即相对于没有乡村振兴的上市公司来说，参与乡村振兴的上市公司债务融资水平更高。第（3）列数据表明乡村振兴意愿与 Debt2 在 5％的显著性水平上存在正相关关系，且乡村振兴意愿系数高于 Debt1，由两个债务融资代理变量的实证结果可知，乡村振兴意愿至少在 5％的显著性水平上与企业债务融资水平呈正相关关系，假设 H13 得到验证。第（2）列、第（4）列汇报了乡村振兴规模与债务融资水平之间的关系，整体来看，乡村振兴规模在 10％显著性水平上与企业债务融资水平存在正相关关系，也即相对于乡村振兴规模小的上市公司来说，乡村振兴规模大的上市公司的债务融资水平更高，假设 H14 得以验证。实证结果支持了企业应合式乡村振兴存在融资替代效应，在一定程度上表明企业的乡村振兴行为获得了与政策性资源相关的好处，对前文的研究提供了支撑，同时也表明企业应合式乡村振兴对企业债务融资行为产生影响。

表 6.15 H13—H14 假设回归结果

Variables		FGLS—FE			
		（1）	（2）	（3）	（4）
		H13	H14	H13	H14
		$Debt1$	$Debt1$	$Debt2$	$Debt2$
Tpa_d		0.006*	—	0.012**	—
$LnTpa$		—	0.001*	—	0.002*
控制变量	Pc_d	−0.002	−0.001	−0.013	−0.012
	Non_loan	0.013*	0.099**	0.002	0.018***
	Lev	0.558***	0.559***	0.124***	0.321***
	ROA	−0.087**	−0.079**	−0.195***	−0.029
	$Growth$	0.006***	0.005***	−0.000	0.009***
	$Cint$	0.115***	0.115***	0.055	0.089*
	$Sdroa$	−0.197***	−0.205***	−0.410***	−0.420***
N		7490	7490	7490	7490

注：债务融资代理变量数据搜集中存在一定程度的数据缺失，故样本数量存在差异，整体上不影响结论代表性。

表 6.15 中大部分控制变量与债务融资代理变量之间存在显著性，其中银行不良贷款率与 $Debt1$ 至少在 10% 显著性水平上存在正相关关系，表明不良贷款率中隐含了企业债务融资的成分，与 $Debt2$ 的关系只在乡村振兴规模为自变量的模型中存在 1% 显著性水平上的正相关关系，与 $Debt1$ 的结果一致。企业成长性与债务融资水平的回归系数及显著性水平结果表明成长性越强的上市公司债务融资水平越高，这符合企业发展对资金需求增加的现实逻辑。此外，从业绩波动与债务融资的关系来看，在 1% 显著性水平上呈负相关关系，表明业绩波动越大，企业债务融资水平越低，这也符合信贷资源在选择服务对象上的偏好。业绩指标与债务融资也表现出一定程度的负相关关系，这与业绩波动指标的检验结果形成呼应。其他控制变量整体表现与预期基本相符。

表 6.16 展示了假设 H15 和假设 H16 的回归结果。对产权性质进行分组检验，观察不同产权性质的企业在乡村振兴与债务融资水平关系上的差异。第（1）列、第（2）列、第（5）列和第（6）列汇报了国有企业与民营企业的乡村振兴意愿与两种债务融资代理变量之间的关系。从第（1）列可知国有企业

的乡村振兴意愿与 $Debt1$ 的系数为正，但不具有显著性，表明国有企业的乡村振兴对 $Debt1$ 没有产生影响。从第（2）列的系数可知，民营企业的乡村振兴对 $Debt1$ 在 10% 显著性水平上产生正向影响，这与理论分析的结论一致。$Debt2$ 的分组检验结果展现出与 $Debt1$ 同样的逻辑关系，国有企业乡村振兴对债务融资没有产生影响，而民营企业的乡村振兴在 5% 显著性水平上存在正相关关系。以上结果表明，相对于国有企业而言，民营企业乡村振兴行为对债务融资水平的正向影响更大，假设 H15 得到验证。表 6.16 第（3）列、第（4）列、第（7）列、第（8）列汇报了不同产权性质的企业在乡村振兴规模与债务融资变量关系上的分组检验结果，第（3）列和第（4）列展示的数据表明国有企业乡村振兴规模与 $Debt1$ 的系数与民营企业与 $Debt1$ 的系数均为 0.002，且存在 10% 的显著性水平。0.002 为小数点第四位四舍五入后的结果，第（3）列在 Stata 中的系数为 0.0015897，而第（4）列在 Stata 中的系数为 0.0018315，因此从完整的系数取值来看，国有企业乡村振兴规模对债务融资的影响仍小于民营企业对债务融资的影响。第（7）列数据显示国有企业对 $Debt2$ 没有产生影响，而从第（8）列数据可知，民营企业与 $Debt2$ 在 10% 显著性水平上存在正相关关系。不同产权性质的乡村振兴规模与债务融资水平之间关系的检验结果显示，相对于国有企业，民营企业乡村振兴规模对债务融资水平的正向影响更大，假设 H16 得以验证。控制变量表现基本与表 6.15 在整体上一致，不再重复说明。以上实证结果对企业应合式乡村振兴产权定式假说提供了有力支撑，同时也表明企业融资替代效应在不同产权性质下的表现存在差异。

表6.16 H15和H16假设回归结果

Variables		FGLS-FE							
		(1)	(2)	(3)	(4)	(5)	(6)	(7)	(8)
		H15	H15	H16	H16	H15	H15	H16	H16
		Debt1	Debt1	Debt1	Debt1	Debt2	Debt2	Debt2	Debt2
		国有企业组	民营企业组	国有企业组	民营企业组	国有企业组	民营企业组	国有企业组	民营企业组
Tpa_d		0.004	0.009*	—	—	0.008	0.017**	—	—
LnTpa		—		0.002*	0.002*	—		0.002	0.002*
控制变量	Pc_d	-0.009	0.005	-0.008	0.005	-0.021	-0.005	-0.021	0.000
	Non_loan	0.008*	0.020**	0.008	0.020**	0.000	0.002	0.111**	0.031***
	Lev	0.569***	0.555***	0.570***	0.556***	0.348***	0.110***	0.372***	0.065**
	ROA	-0.093	-0.130***	-0.093	-0.130***	-0.000	-0.253***	0.047	-0.259***
	Growth	0.007**	0.005**	0.007**	-0.000	0.010**	0.008**	0.011**	0.006
	Cint	0.118**	0.106***	0.118**	0.104***	0.201**	-0.052	0.205**	-0.032
	Sdroa	0.000	-0.274**	0.001	-0.295**	-0.002	-0.450***	0.002	-0.569***
N		2582	4908	2582	4908	2582	4908	2582	4908

注：产权性质赋值规则与第五章一致，即国有企业定义为1，民营企业定义为2（下文同）。

五、稳健性检验

为确保实证结果稳健，本节借鉴前文纳税替代效应的稳健性检验做法，主要解决模型设定中可能存在的内生性问题。稳健性检验主要采取工具变量、倾向得分匹配（PSM）、倾向得分匹配与双重差分模型结合（PSM＋DID）三种方式。

第一，工具变量。正如在纳税替代效应工具变量稳健性检验所描述的那样，企业应合式乡村振兴带来了融资便利，那么融资便利的行为效果也可能转变为参与乡村振兴的因，因此同样可能存在双向因果的内生性问题。鉴于此，本书借鉴张敏等（2013）、李维安等（2015）的研究及纳税替代效应的研究，选择研发支出水平、广告支出水平及制度同构引起的行业同构效应作为自变量的工具变量，取值规则同纳税替代效应一致。经过度识别和弱工具变量检验，三个工具变量均满足使用条件。表6.17和表6.18展示了工具变量稳健性检验结果。表6.17数据显示对假设H13和假设H14的检验结果与前述结论一致，并且系数取值和显著性均大幅度提升，融资替代效应更显著。表6.18实证结果显示对假设H15和H16检验结果与前文有些出入，主要体现为第（1）列、第（3）列、第（5）列和第（7）列的数据表明国有企业的乡村振兴意愿和乡村振兴规模普遍与债务融资至少在5％显著性水平上存在正相关关系。尽管如此，其仍小于与其对应的民营企业乡村振兴意愿和乡村振兴规模的系数，同样可以支持先验性假设。总之，通过工具变量法的检验，表明前文的结论比较稳健。

表6.17　H13和H14假设工具变量稳健性检验结果

Variables	IVFGLS－FE			
	(1)	(2)	(3)	(4)
	H13	H14	H13	H14
	$Debt1$	$Debt1$	$Debt2$	$Debt2$
Tpa_d	0.114***	—	0.189***	—
$LnTpa$	—	0.022***	—	0.039***

续表

Variables		IVFGLS－FE			
		(1)	(2)	(3)	(4)
		H13	H14	H13	H14
		*Debt*1	*Debt*1	*Debt*2	*Debt*2
控制变量	*Pc＿d*	0.000	0.002	−0.005	−0.005
	Non＿loan	−0.012**	−0.039	−0.025	−0.017*
	Lev	0.530***	0.529***	0.124***	0.349***
	ROA	−0.098***	−0.104***	−0.244***	−0.042
	Growth	0.006***	0.006***	0.002***	0.009**
	Cint	0.170***	0.169***	0.096***	0.119***
	Sdroa	−0.135***	−0.137***	−0.474***	−0.386***
N		7151	7151	5962	5962

注：工具变量在数据搜集中存在缺失数据，叠加债务融资上的数据缺失，使样本量进一步减少，但充足的样本总量能确保结论的代表性。

第二，倾向得分匹配（PSM）。借鉴在纳税替代效应上的研究思路，将上市公司受到乡村振兴信息年报披露政策冲击下参与乡村振兴的行为过程模拟为一个"准自然实验"场景。运用倾向得分匹配反事实的方法验证政策冲击对企业债务融资产生的影响，进而对假设 H13 进行稳健性检验。倾向得分匹配方法可以有效避免因自选择偏差带来的估计量无效和内生性问题。定义参与乡村振兴的上市公司为实验组，对应的没有参与乡村振兴的上市公司为对照组，为确保估计结果稳健，共选择近邻 1∶1 匹配、近邻 1∶4 匹配、卡尺近邻 1∶4 匹配、核匹配四种方法按年度对样本进行倾向得分匹配。按照纳税替代效应选择协变量的原则，确定将政治关联哑变量（*Pc＿d*）、公司存续期（*Date*）、股权集中度（*Ec*）、机构投资者持股比例（*Srii*）、存货密集度（*Iint*）、无形资产密集度（*Iaint*）、行业同构效应（*Indus＿tpap*）作为匹配过程中的协变量。表 6.19 展示了倾向得分匹配的平均处理效应（ATT）估计结果。对协变量在组间的分布进行平衡性检验，结果表明平均处理效应拥有显著性的匹配过程都是有效的，限于篇幅，不再逐一汇报平衡性检验结果。

表 6.19 的数据整体上呈现以下规律：第一，分年度匹配前的平均处理效应（ATT）普遍存在显著性，表明倾向得分匹配前的按年度样本在乡村振兴

信息年报披露政策冲击下企业的债务融资水平显著提升；第二，分年度匹配后的平均处理效应同样具备显著性，表明匹配后的按年度样本在年报披露政策冲击下企业的债务融资水平显著提升；第三，匹配前的平均处理效应普遍大于匹配后的平均处理效应，说明匹配前的估计结果可能存在一定程度的高估，倾向得分匹配对这一结果进行了修正；第四，四种匹配方法在估计结果上类似，表明结论具有一定稳健性。综上所述，倾向得分匹配估计结果支持假设 H13，也表明前文的实证结论具有稳健性。

表6.18 H15和H16假设工具变量稳健性检验结果

FGLS-FE

Variables	(1) H15 Debt1 国有企业组	(2) H15 Debt1 民营企业组	(3) H16 Debt1 国有企业组	(4) H16 Debt1 民营企业组	(5) H15 Debt2 国有企业组	(6) H15 Debt2 民营企业组	(7) H16 Debt2 国有企业组	(8) H16 Debt2 民营企业组
Tpa_d	0.096***	0.126***	—	—	0.069***	0.269***	—	—
$LnTpa$	—	—	0.021***	0.025***	—	—	0.016**	0.055***
控制变量 Pc_d	−0.007	0.007	−0.004	0.009	−0.019	0.007	−0.018	0.007
Nom_loan	−0.009	−0.013	−0.010*	−0.011	−0.009	−0.001	−0.002	−0.022
Lev	0.579***	0.511***	0.568***	0.453***	0.419***	0.104***	0.468***	0.292***
ROA	−0.065*	−0.144***	−0.021	−0.247***	0.029	−0.320***	0.051	−0.189***
$Growth$	0.008***	0.005	0.010***	0.001	0.000	−0.003***	0.016***	0.003
$Cint$	0.166***	0.164***	0.167***	0.138***	0.268***	−0.031	0.257***	0.002
$Sdroa$	0.061	−0.214***	0.068	−0.437***	0.050	−0.538***	0.074	−0.604***
N	2445	4706	2445	4706	1816	4146	1816	4146

表6.19 倾向得分匹配 (PSM) 的平均处理效应 (ATT) 估计结果

变量	方法	样本	2016年			2017年			2018年		
			实验组	对照组	ATT	实验组	对照组	ATT	实验组	对照组	ATT
Debt1	近邻1:1	匹配前	0.1956	0.1603	0.0352***	0.1974	0.1699	0.0274***	0.1978	0.1795	0.0182***
		匹配后	0.1956	0.1707	0.0248***	0.1974	0.1802	0.0171**	0.1978	0.1863	0.0115*
	近邻1:4	匹配前	0.1956	0.1603	0.0352***	0.1974	0.1699	0.0274***	0.1978	0.1795	0.0182***
		匹配后	0.1952	0.1712	0.0239**	0.1974	0.1778	0.0196***	0.1978	0.1855	0.0122*
	卡尺1:4	匹配前	0.1956	0.1603	0.0352***	0.1974	0.1699	0.0274***	0.1978	0.1795	0.0182***
		匹配后	0.1954	0.1702	0.0251***	0.1973	0.1776	0.016***	0.1978	0.1851	0.0126**
	核匹配	匹配前	0.1956	0.1603	0.0352***	0.1974	0.1699	0.0274***	0.1978	0.1795	0.0182***
		匹配后	0.1952	0.1717	0.0234***	0.1974	0.1790	0.0183***	0.1979	0.1867	0.0112*
Debt2	近邻1:1	匹配前	0.3638	0.3415	0.0222**	0.3752	0.3569	0.0132*	0.3789	0.3678	0.0110
		匹配后	0.3638	0.3353	0.0285**	0.3752	0.3568	0.0183*	0.3789	0.3677	0.012
	近邻1:4	匹配前	0.3638	0.3415	0.0222**	0.3752	0.3569	0.0182**	0.3789	0.3678	0.0110
		匹配后	0.3635	0.3429	0.0205*	0.3745	0.3571	0.0174*	0.3790	0.3627	0.0163
	卡尺1:4	匹配前	0.3638	0.3415	0.0222**	0.3752	0.3569	0.0182**	0.3789	0.3678	0.0110
		匹配后	0.3628	0.3433	0.0194	0.3745	0.3572	0.0173*	0.3789	0.3620	0.0168*
	核匹配	匹配前	0.3638	0.3415	0.0222**	0.3752	0.3569	0.0182*	0.3789	0.3678	0.0110
		匹配后	0.3638	0.3497	0.0141	0.3750	0.3591	0.0159*	0.3789	0.3667	0.0122

第三，倾向得分匹配与双重差分模型（PSM+DID）。为进一步过滤不可测变量带来的估计偏差和内生性问题，继续将倾向得分匹配与双重差分模型相结合来对上文实证结果做稳健性检验。沿袭（6-9）式的模型和实验组、实验期虚拟变量的设定，协变量 $Coves_{i,t}$ 选取与（6-11）式模型中的控制变量保持一致。进一步在双重差分模型中引入三重交互项以验证假设 H15。匹配样本的制作、样本数据涵盖年度、双重差分回归模型选择等沿用纳税替代效应的方法，不再重复说明。表6.20展示了检验结果。第（1）列和第（2）列是对假设 H13 的检验结果，数据表明在乡村振兴信息年报披露政策冲击下，企业债务融资水平显著提高；第（3）列和第（4）列是对假设 H15 的检验结果，三重交互项系数表明在 $Debt1$ 为因变量的模型中，受到政策冲击后，$Debt1$ 显著提高，而 $Debt2$ 并没有受到影响。检验结果总体上表明前文研究具有稳健性。

表6.20 倾向得分匹配（PSM）与双重差分（DID）稳健性检验结果

Variables		PSM+DID			
		（1）	（2）	（3）	（4）
		H13	H13	H15	H15
		$Debt1$	$Debt2$	$Debt1$	$Debt2$
G_iD_t		0.013***	0.014**	0.004	0.006
$G_iD_t \cdot Right\_type$		—	—	0.011**	0.003
协变量	Pc_d	−0.003	0.011**	−0.006	−0.010
	Non_loan	−0.001	0.020***	−0.005	−0.002
	Lev	0.491***	0.321***	0.327***	0.281***
	ROA	−0.745***	−0.753***	−0.407***	−0.274***
	$Growth$	−0.000***	0.000	0.000	0.001
	$Cint$	0.187***	0.195***	0.037*	0.105***
	$Sdroa$	−0.030	−0.395***	−0.002	−0.467***
N		5895	5895	5231	5231

六、融资替代滞后效应

前文验证了企业应合式乡村振兴的融资替代效应，在此基础上，借鉴纳税替代效应的研究思路，本书以 $Debt1$ 为例，运用倾向得分匹配法（PSM）、倾向得分匹配与双重差分模型（DID）两种方法进一步分析融资替代的滞后效应，两种方法选取的协变量分别与融资替代效应中倾向得分匹配、倾向得分匹配与双重差分两种稳健性检验所选取的协变量保持一致。实验期虚拟变量的设计、倾向得分匹配方法的选择、双重差分匹配样本的制作、双重差分样本数据涵盖年度等沿用纳税替代效应中的方法，不再重复说明。

表 6.21 展示了以上估计和检验的结果。两种方法的估计和检验结果大致相似，互相支撑，表明融资替代滞后效应的分析结论具有一定的稳健性。滞后效应具体表现为：

首先，在 2016 年为起始年的情况下，倾向得分匹配的平均处理效应和双重差分模型系数均至少在 10% 显著性水平上显著为正，并且出现"倒 U"形变动趋势，即先增长后下降。一方面表现出融资替代效应的后劲不足；另一方面主要是随着参与乡村振兴的企业增多，对政策性资源的竞争就越激烈，而政策性资源带来的信贷资源同样也是稀缺资源，使得每个参与竞争的企业所获取的份额也会相应减少，这一局面也正是造成企业争相获取政策性资源的主要原因。

其次，在 2017 年为起始年的情况下，观察到的第一个现象是 2017 年起始年的上市公司的融资替代效应普遍低于 2016 年起始年的上市公司第二年（2017 年）的融资替代效应，第二个现象是替代效应在第二年（2018 年）有下降趋势。以上现象可能的合理解释是：第一，融资替代效应再次体现出后劲不足的特征；第二，相对于 2016 年开始的上市公司来说，2017 年才开始参与乡村振兴的上市公司已经失去了竞争政策性资源的先机，融资替代效应相应减弱，这与政策性资源的正常流向趋势比较契合；第三，由于政策性资源和信贷资源稀缺，随着乡村振兴的企业增多，融资替代效应将逐渐降低。融资替代滞后效应的变动趋势也从侧面映射出，为确保上市公司乡村振兴的持续性，政府要不断提升政策性资源价值和政策配套力度。

最后，在 2018 年为起始年的情况下，根据表 6.21 中数据，仅在近邻 1∶4 匹配方法和卡尺近邻 1∶4 匹配方法下存在显著性，虽然能一定程度表明存在融资替代效应，但稳健性一般。其他方法下不具备显著性的原因可能有：一方面，2018 年开始乡村振兴的上市公司样本比较少，估计结果不一定具有代表性；另一方面，2018 年才开始乡村振兴的上市公司的影响因素更复杂，实现融资替代效应并非这类公司渴望达到的效果。

6.21 倾向得分匹配（PSM）和双重差分（DID）下的纳税替代滞后效应

起始年	第 i 年	PSM				PSM+DID
		近邻 1∶1	近邻 1∶4	卡尺 1∶4	核匹配	
2016	第 1 年	0.0248***	0.0239***	0.0251***	0.0234***	0.0169**
	第 2 年	0.0264***	0.0304***	0.0320***	0.0262***	0.0213***
	第 3 年	0.0154*	0.0192**	0.0159*	0.0173**	0.0198***
2017	第 1 年	0.0230**	0.0210**	0.0211**	0.0132	0.0025
	第 2 年	0.0192*	0.0166*	0.0168*	0.0171**	0.0131*
2018	第 1 年	0.0084	0.0191*	0.0192*	0.0013	0.0080

注：PSM 分析中仅汇报 ATT 平均处理效应，限于篇幅，其他数据未展示；PSM+DID 仅汇报实验组虚拟变量与实验期虚拟变量的交互项系数及显著性，未汇报协变量的系数与显著性。

七、小结

本节主要验证了企业应合式乡村振兴的融资替代效应。首先通过理论分析提出研究假设，其次运用上市公司数据予以实证检验，结论表明：第一，企业应合式乡村振兴存在显著的融资替代效应，即相对于没有参加乡村振兴以及乡村振兴规模小的企业，乡村振兴的企业及乡村振兴规模大的企业债务融资水平更高，在尽可能地排除内生性干扰后结论仍然成立；第二，在企业应合式乡村振兴产权定式假说观点下，融资替代效应在不同产权性质的企业之间存在显著差异，即相对于国有企业而言，民营企业的融资替代效应更大；第三，融资替代滞后效应存在显著的差异性，表现为 2016 年起始年融资替代滞后效应表现为"倒 U"形变化趋势，2017 年起始年表现为下降趋势，2018 年起始年只有部分结果支持融资替代效应的存在性。

以上结论不仅为前文的研究提供了支撑，而且继纳税替代效应之后又进一步展示了企业应合式乡村振兴对企业财务行为产生影响的证据，有利于加深对企业应合式乡村振兴行为效果方面的理解。

本章小结

本章是"动机—行为—效果"研究逻辑的最后一个环节，即企业应合式乡村振兴是否对企业行为产生影响，以及这种影响在产权定式假说框架下的具体表现。

首先，本章对政府和企业两个隐性契约主体在资源互惠中产生的替代效应做了简要解释，替代效应是因履行政企间隐性契约而为契约主体带来的各种效用的统称。替代效应是契约主体支出资源与换回效用之间替代关系的概念化表达。在此基础上，由于政策性资源所发挥的作用往往以其实现的财务效果为载体来体现，因此，本书将企业端的替代效应称为财务替代效应。

其次，本章分别从纳税替代效应和融资替代效应两个方面论证了企业应合式乡村振兴的财务替代效应。具体地，在前文研究结论基础上，通过理论分析和严谨的实证检验环节，本章证实了：第一，企业应合式乡村振兴存在显著的纳税替代效应和融资替代效应。第二，纳税替代效应和融资替代效应在不同产权性质的企业中表现出差异性，即民营企业的纳税替代效应和融资替代效应显著强于国有企业，这一结论与产权定式假说形成呼应。第三，对滞后效应的分析认为纳税替代和融资替代因行为主体乡村振兴起始年份的不同而表现出不同的运动轨迹，这种差异不仅存在于每种替代效应之内，而且还存在于两种替代效应之间。纳税替代体现了政策性资源作用下的企业内部行为，融资替代体现了政策性资源作用下的企业外部竞争优势，内部行为和外部竞争优势在作用机制上的差异性决定了企业应合式乡村振兴差异性的财务替代效应。

本章结论不仅为前文的研究提供了重要支撑，而且揭示了企业应合式乡村振兴对企业行为的影响。本章结论也为本书主体逻辑的研究画上一个阶段性的句号。

第七章 研究结论、建议及展望

第一节 研究结论

摆脱贫困的社会性难题不仅需要政府的努力，还需要社会其他主体的广泛参与。改革开放肇始，党和国家领导人就已布局"先富帮后富"的社会主义扶贫路线。国家扶贫发展至乡村振兴阶段，在政策号召下社会各界力量以自己的方式践行"帮后富"的历史承诺。和社会组织、个人等社会参与者不同的是，市场经济体制下的企业在参与乡村振兴时面临两难的困境：一方面，在发展中享受着"先富"政策红利的同时也在成就中深深镶嵌着"帮后富"的使命，并且社会主义的政治制度决定了作为社会最重要的参与主体之一的企业不能只是间接地为"帮后富"做出贡献（增加税收、就业，促进经济发展等），还应该以扶贫主体的角色更直接地参与进来，这也是社会大众对企业的期待；另一方面，几十年的市场经济环境使企业已经熟知优胜劣汰的生存法则，乡村振兴支出至少在短期内会挤占参与市场竞争的资源，这显然与资本天生的、自然的增值意志不相容。那么企业在乡村振兴的"帮后富"实践中能不违背市场赋予企业的逐利本性吗？从上市公司乡村振兴的增长趋势直观判断，答案是肯定的，那又是什么在帮助企业实现逐利目标呢？对这些问题深入剖析显然是十分有意义的，不仅能够解释企业乡村振兴的内在运动逻辑，而且能加深对转型期政企协作效能在社会进程中所发挥作用的理解。

遗憾的是，现有乡村振兴方面的研究主要从社会学、经济学等宏观视角探讨乡村振兴模式创新、乡村振兴成效等，而对微观企业视角开展的研究尚显不足。仅现的几篇文献也大多以"行为—效果"的范式主线开展研究（刘莉莉，2019；张玉明和邢超，2019），这些文献从主题的研究节奏上略显跳跃，没有行为动机的研究结论做支撑，导致针对后果的研究结论缺乏稳立之基。还有个别学者从乡村振兴的影响因素和现状方面开展了研究（杜世风等，2019；杨丽娇和赵立彬，2019）。不难看出，这些研究也无法准确回答企业乡村振兴行为决策产生的动因，并且上述研究普遍缺乏必要的理论分析过程。鉴于此，本书紧紧围绕"动机—行为—效果"的逻辑链条，以更符合揭示事物演变规律的"动机—行为"作为研究的逻辑起点，渐进地展开对企业应合式乡村振兴行为的研究，主要形成了以下具备递进关系的研究结论。

一、界定企业乡村振兴和明确研究思路

本书第二章主要讨论了企业乡村振兴的内涵，并对适用理论和相关领域的研究文献进行系统梳理，掌握研究动态与发展趋势，为后续研究做文献与理论铺垫。第二章首先对企业乡村振兴进行界定，明确企业社会责任是企业乡村振兴归属的研究领域，并理顺研究中涉及的几个关键概念之间的关系，主要包括企业扶贫与企业乡村振兴、企业乡村振兴与企业慈善捐赠等；接着对企业社会责任、慈善捐赠、企业扶贫等领域的理论和文献进行梳理，基本明确了本书的研究思路，即以制度因素为主线的外部因素构成了企业乡村振兴的前置决定因素，同时汇集内部因素共同决定着企业乡村振兴以及企业行为的运动逻辑。

二、摸底企业参与贫困治理现状和探析乡村振兴结构特征

本书第三章首先从国家和企业贫困治理两个层面考察了企业乡村振兴的制度背景和历史沿革，获得了一些启示。第一，国家层面的贫困治理具有持久性、连贯性、系统性特征，不仅为企业扶贫奠定了坚实的制度基础，而且营造了厚重的使命感。第二，政府与企业在贫困治理上的关系定位在不断演变，从计划经济的"指令—服从"到改革开放以来的"主导—配合"，再到近年来的"协同—共赢"。关系定位的转变不仅给企业乡村振兴提出了更高要求，而且也给企业竞争政策性资源创造了机会。第三，制度环境和历史沿革向我们揭示制度因素对企业乡村振兴产生的重大影响，这与研究思路的确立形成呼应，坚定了研究方向。

第三章接着从数量分布、资金支出分布和企业特质三个维度解析企业乡村振兴的结构特征，为解释企业乡村振兴行为提供了丰富的视角。主要发现有：第一，从数量分布和资金支出分布的总体变动情况来看，上市公司乡村振兴呈显著增长态势，表明政策发挥了一定效力；第二，企业乡村振兴行为并非随机的、无序的，而是在行业、地区、公司特质等方面具有显著的结构特征，这为深入研究企业乡村振兴的决定因素和具体的行为表现埋下伏笔；第三，政治关

联对企业的重要性，以及在分析中它与企业乡村振兴呈现的显著正相关性，向我们暗示包括它在内的政策性资源很可能是企业乡村振兴的前置决定因素；第四，产权性质对企业乡村振兴的复杂影响为后续研究提供了极佳的视角；第五，税收筹划、债务融资与政治关联的密切关系，加之上文研究结果展示的其与企业乡村振兴行为显著的结构特征，向我们提示可以将其作为企业乡村振兴的附属效应开展研究。

以上结论进一步厘定了本书的研究起点，即透视企业乡村振兴的政策性资源动机。这一起点至少在两个层面是合理的：第一，中国处在经济转型期，政策性资源在企业生产经营中发挥着重要作用，企业有足够的动力去获取政策性资源以服务于自身的发展，比如响应政策号召；第二，政策性资源所蕴含的能量，能够帮助企业实现经营目标。

三、廓清政策性资源动机理论依据和提出产权定式假说

以"动机—行为"为研究起点，本书第四章从理论视角系统论证了企业应合式乡村振兴概念、决策机制（政策性资源驱动）、形成机理（产权定式假说），研究结论较完整地展现了企业应合式乡村振兴的理论结构。

首先，提出企业应合式乡村振兴的概念，即企业受到具有关键资源禀赋的利益相关者影响而表现出的顺应或联合的乡村振兴行为方式。企业应合式乡村振兴的实质是政策性资源驱使下企业应合心理在乡村振兴行为上的体现。

其次，以制度理论、资源依赖理论和利益相关者理论为切入点，开展多理论多层次的分析，并构建了企业乡村振兴解释性理论框架。研究结论表明制度理论在推动企业乡村振兴中发挥了多重作用：调和剂作用通过缓解企业内外部利益矛盾来推动企业乡村振兴，但调和剂作用并不能完整解释企业的乡村振兴行为；催化剂作用通过强化政策力度向企业传递了政策性资源配置的承诺，在资源依赖理论指导下企业积极参与乡村振兴；黏合剂作用通过系结政府和贫困人员形成连和利益相关者，在利益相关者理论的支撑下，企业积极推进乡村振兴。此外，分析制度同构效应对企业乡村振兴产生的影响可知，制度理论又发挥了同构企业行为的作用。研究结论夯实了外部因素是企业应合式乡村振兴的前置决定因素，而政策性资源是核心的驱动力。

再次，运用演化博弈模型对企业应合式乡村振兴进行分析，研究结果指出：第一，企业应合式乡村振兴是政企双方在动态博弈中策略互动的最终结果，充分体现了政企在乡村振兴上的"协同—共赢"关系。第二，企业应合式乡村振兴策略选择取决于政策性资源收益水平。演化博弈模型分析指出政策性

资源动机下的企业应合式乡村振兴边际收益将大于0，企业总收益增加，这符合市场法则赋予企业的逐利木性和资本增值的生存需要。第三，政府回馈政策性资源策略选择取决于企业的社会表现水平，即政府对弈方在为政策性资源对价时将更看重企业的社会表现，这一结论也符合现实中政府在配置政策性资源时的偏好。这些研究结论印证了政策性资源动机下企业乡村振兴行为应合心理的合理性。

最后，论证了产权性质对政策性资源动机下的企业乡村振兴行为产生的异质性影响，在解释不同产权性质下的企业乡村振兴行为表现时提出了产权定式假说。假说指出国有企业表现出观念共识－顺应模式的乡村振兴行为，是一种维护政策性资源效力的保险机制，具备自动性特征；民营企业则表现出机会共创－联合模式的乡村振兴行为，是一种创建和维系政策性资源的增值机制，具备主动性特征。产权定式假说构成了企业应合式乡村振兴的基本内容。

本书第五章对企业应合式乡村振兴的政策性资源驱动和产权定式假说进行实证检验，实证结论较好地支撑了理论分析的研究。

四、延伸逻辑链和探究企业应合式乡村振兴财务替代效应

本书第六章将研究的逻辑链延伸至"动机—行为—效果"，考察企业应合式乡村振兴的行为效果。首先对政府和企业两个隐性契约主体在资源互惠中产生的替代效应做了简要解释。替代效应是履行政企间隐性契约而为契约主体带来的各种效用的统称。替代效应是契约主体支出资源与换回效用之间替代关系的概念化表达。在此基础上，由于政策性资源所发挥的作用往往以其实现的财务效果为载体来体现，本书将企业端的替代效应称为财务替代效应。

第六章分别从纳税替代效应和融资替代效应两个方面论证了企业应合式乡村振兴的财务替代效应。具体地，在前文研究结论基础上，通过理论分析和严谨的实证检验环节，第六章证实了：第一，企业应合式乡村振兴存在显著的纳税替代效应和融资替代效应。第二，纳税替代效应和融资替代效应在不同产权性质的企业中表现出差异性，即民营企业的纳税替代效应和融资替代效应显著强于国有企业，这一结论与产权定式假说形成呼应。第三，对滞后效应的分析认为纳税替代效应和融资替代效应因行为主体乡村振兴起始年份的不同而表现出不同的运动轨迹，这种差异不仅存在于每种替代效应之内，而且还存在于两种替代效应之间。纳税替代效应体现了政策性资源作用下的企业内部行为，融资替代效应体现了政策性资源作用下的企业外部竞争优势，内部行为和外部竞争优势在作用机制上的差异性决定了企业应合式乡村振兴差异性的财务替代

效应。

前人的理论和研究成果就像巨人的手臂，本书在其指引下通过以上研究展示了一个相对完整的"动机—行为—效果"逻辑链，逻辑链中各个环节也展现了本书对环节中关涉问题的思考和诠释，并最终形成较为明确的研究结论。

第二节　政策建议

为确保政企博弈的演化稳定策略始终保持在有利于经济、社会发展的状态和推进企业乡村振兴行为规范化、制度化、常态化进程，提出以下两个方面的政策建议：

第一，各级行政部门要重视制度因素的桥梁作用，不断提升政策强度，加大引导力度，以扩大参与乡村振兴的企业范围。在演化博弈分析中，企业参与乡村振兴和政府配置政策性资源的策略组合能够产生社会效益和经济效益的双溢出局面，这种"政策性资源收益—经济效益溢出—社会效益溢出"的良性循环本质上是利益主体博弈并从均衡结果中实现向多主体利益传输的共赢结局。在此基础上，政府需要不断引导和鼓励，从而促使更多的企业加入乡村振兴行列。此外，政策制定过程中应明细行为准则，以避免政策泛化带来的缺乏可操作性问题。

第二，优化政策性资源配置机制，提高企业政策性资源收益，进一步激发企业乡村振兴积极性。国家近几年颁布的众多乡村振兴优惠政策正是提升政策性资源收益在政策层面上的有效实践。财政部、税务总局、国家乡村振兴局近几年颁布了多项乡村振兴配套优惠政策，比如《关于企业扶贫捐赠所得税税前扣除政策的公告》明确指出，将企业扶贫捐赠视为正常费用在税前全额抵扣，以避免抵扣上限对企业扶贫的无形约束。其他文件还有《关于加强脱贫攻坚税收优惠政策贯彻落实工作的通知》《支持脱贫攻坚税收优惠政策指引》等。但是，目前政策主要围绕税收优惠，领域略显单一，应扩大政策资源配套范围，比如完善产业配套政策以促进企业核心业务在深度贫困地区的落地生根，以带动区域经济发展。

此外，乡村振兴信息年报政策提供了一个展示上市公司乡村振兴贡献的窗口，目前在信息披露过程中仍存在一些不规范问题，针对此也提出以下政策建议：

第一，进一步细化乡村振兴信息披露相关规定，增强披露数据的可得性和完整性。虽然乡村振兴信息坚持自愿披露原则，但对于已经披露在报表里的乡村振兴信息，需确保内容的规范性、完整性和准确性。建议证监会、沪深交易所出台乡村振兴信息披露索引或指导意见，通过现场培训、远程视频、影像资料等方式进一步明确信息披露的原则、范围、内容和方法，避免上市公司信息披露过程中的理解偏差，减少信息披露的模糊性和随意性。

第二，充分发挥审计监督职能，提高乡村振兴的信息质量。年报中披露的乡村振兴信息存在明显的错误，说明注册会计师在审计年报过程中对这一部分内容不够重视，这会加大上市公司信息披露的随意性，进一步降低信息质量。因此，建议注册会计师能够加大对乡村振兴工作情况的审计力度，激发上市公司积极、准确、完整和规范地披露乡村振兴信息。

第三，加大对上市公司乡村振兴信息的使用和宣传，增加信息披露的监督主体。新闻媒介、财经网站、证监会、沪深交易所等应加强对上市公司乡村振兴信息的使用和宣传，学界也应积极开展乡村振兴的学术研究，使乡村振兴的信息披露接受来自资本市场、会计信息使用者、审计师、投资者、债权人的监督，督促上市公司按照规定要求规范披露乡村振兴信息。

第三节　研究局限及展望

一、研究局限

（一）理论分析中的主观判断

在前文的理论分析过程中，比如在解释企业乡村振兴时，展示了制度理论发挥的综合作用。尽管这种多层次、多理论的分析方法起到了一定效果，但在采用前人的理论和研究文献作为支撑的基础上，也夹杂了一些作者根据现实经验的主观判断，比如制度理论的黏合剂作用形成的连和利益相关者，具有多大程度的实然性，本书并没有更好的手段进一步分析研判，只能抱有即便是错误的也未必是无价值的心态和信念继续开展研究，这些局限也给未来改进指出了方向。

（二）博弈模型中未放宽的假设条件

在运用演化博弈模型分析企业应合式乡村振兴时，虽然考虑了主体策略选择的有限理性，并且研究结论也基于一些合乎逻辑的现实假设，但是博弈主体在实践中的复杂性决定了企业应合式乡村振兴受更多模型未考虑的因素影响，比如股东和管理层之间的代理问题、决策者的道德水平、政府配置资源偏好的差异性等。当演化博弈模型放宽这些假设条件后，是否还具有博弈分析的可行性以及提升的研究难度都超出作者现有的分析能力，构成了本书的研究局限。但放宽假设后，政企博弈是否会呈现其他不同的结果是未来值得挖潜的方向。

（三）实证中代理变量的代表性

在检验政策性资源动机时，本书基于文献采用政治关联和政府补助作为政策性资源的两个代理变量，但政策性资源的涵义非常广泛，代理变量在多大程度上具有代表性，并无有效的方式去验证。在变量代表性方面的局限同样存在于财务替代效应的研究中，尽管本书已竭力解释税收筹划和债务融资的择取原因，但企业经营的复杂性还是难免会对这种选择的代表性提出疑问。在没有更有效的办法规避这些局限性之前，我们只能通过在后续研究中考虑更广泛的分析视角来拓展研究结论的指导性，比如纳税替代效应增加对企业应合式乡村振兴带来税收优惠的关注、增加对投资替代效应的关注等。

（四）财务替代效应的进一步划分

虽然本书采用一些规避内生性的实证方法（工具变量、倾向得分匹配、双重差分等）尽可能过滤掉其他影响避税和融资的因素，并证实了企业乡村振兴确实存在纳税替代效应和融资替代效应，但是，没有统计手段进一步区分纳税替代效应和融资替代效应中究竟多少成分是由政策性资源带来的。比如，融资替代效应中哪些是由企业乡村振兴换回的政策性资源带来的，而哪些纯粹是由乡村振兴行为带来的信誉提升带来的。我们只能根据现有理论和文献的研究成果判断出至少有一部分是来自政策性资源，从而支撑前文的研究结论。我们也曾试图通过财务替代滞后效应的分析来分解出属于政策性资源带来的那部分，比如无论是 PSM 方法还是 PSM+DID 方法，2018 年度相对于 2017 年度的变化幅度明显小于 2017 年相对于 2016 年的变化幅度，书中解释为滞后效应趋于平稳，这部分趋于平稳的变化趋势很可能是政策性资源作用弱化的结果，但这仅仅是一种猜测，还需要进一步的理论分析和统计手段去验证，也可以作为未来可以延伸的研究方向。

二、研究展望

除了在研究局限基础上自然延伸的研究方向以外，本书认为在企业乡村振兴及相关领域的研究仍存在一些值得期待的领域，主要体现在以下两个方面：

第一，制度理论在解释中国企业社会责任及相关领域问题时能够发挥更大的作用。本书的研究分析中制度因素发挥着四重作用，即调和剂作用、黏合剂作用、催化剂作用、同构企业行为作用等，而本书认为制度因素仍然有更大的施展空间。显然，制度因素的作用力与国家治理能力密切相关。在疫情时期，制度因素所发挥的正是与被传染者系结的黏合剂作用，这等同于制度因素解决乡村振兴问题所发挥的与贫困人员系结的黏合剂作用，制度因素还可以系结地震中的灾民等。目前在企业社会责任研究领域中运用的理论（利益相关者理论、资源依赖理论、社会交换理论等）基本是在西方政治环境、制度环境中经过争论、冲突和妥协诞生的，在运用这些理论解释中国企业社会责任问题时经常低估或忽视制度因素的作用。本书认为，中国的制度环境能够为运用制度理论解决现实中的诸多问题创造极佳的条件，我们也期待在企业乡村振兴研究方向上出现更多创新性的理论解释。

第二，企业乡村振兴内部因素存在更多有趣的研究视角。尽管外部因素是企业乡村振兴的前置决定因素，但本书并不否认内部因素（代理问题、寻租问题、信号传递等）作为后置演化因素对企业乡村振兴行为产生的影响，尤其是管理层代理问题、对利益相关者关系处理问题，甚至是继续深化对乡村振兴信息披露的研究等，这些是本书暂时没有延伸但也是本书作者期待在后续研究中继续深耕的重要问题。

主要参考文献

[1] ADAMS M, HARDWICK P. An analysis of corporate donations: United Kingdom evidence [J]. Journal of management studies, 1998, 35: 641–654.

[2] AGUILERA R V, Rupp D E, Williams C A, et al. Putting the s back in corporate social responsibility: a multilevel theory of social change in organizations [J]. The academy of management review, 2007, 32 (3): 836–863.

[3] BERMAN S L, Wicks A C, Kotha S, et al. Does stakeholder orientation matter? The relationship between stakeholder management models and firm financial performance [J]. Academy of management journal, 1999, 42 (5): 488–506.

[4] CAMPBELL D, MOORE G, METZGER M. Corporate philanthropy in the U. K. 1985–2000: some empirical findings [J]. Journal of business ethics, 2002 (1/2): 29–41.

[5] CHENG Beiting, IOANNOU I, SERAFEIM G. Corporate social responsibility and access to finance [J]. Strategic management journal, 2014, 35 (1): 1–23.

[6] DECKOP J R, MERRIMAN K K, GUPTA S. The effects of ceo pay structure on corporate social performance [J]. Journal of management, 2006, 32 (3): 329–342.

[7] DESAI M A, DHARMAPALA D. Corporate tax avoidance and firm value [J]. Review of economics & statistics, 2009, 91 (3): 537–546.

[8] FAN J, WONG T J, ZHANG T. Politically connected ceos, corporate governance, and post–IPO performance of China's newly partially privatized firms [J]. Journal of financial economice, 2007, 84 (2):

330—357.

[9] FROOMAN J. Stakeholder influence strategies [J]. Academy of management review, 1999, 24 (2): 191—205.

[10] FRYE T, SHLEIFER A. The invisible hand and the grabbing hand [J]. American economic review, 1997, 87: 354—358.

[11] HARBAUGH W T. What do donations buy? A model of philanthropy based on prestige and warm glow [J]. Journal of public economics, 1998, 67 (2): 269—284.

[12] HUSEYNOV F, KLAMM B K. Tax avoidance, tax management and corporate social responsibility [J]. Journal of corporate finance, 2012, 18 (4): 804—827.

[13] HUSTED B W, JAMALI D, SAFFAR W. Near and dear? The role of location in csr engagement [J]. Strategic management journal, 2016, 37 (10): 2050—2070.

[14] ITE UWEM E. Multinationals and corporate social responsibility in developing countries: a case study of nigeria [J]. Corporate social responsibility and environmental management, 2004 (11): 1—11.

[15] JAMALI D, LUND—THOMSEN P, JEPPESEN S. SMEs and CSR in developing countries [J]. Business and society, 2017, 56 (1): 11—22.

[16] JAMALI D, MIRSHAK R. Corporate social responsibility (CSR): theory and practice in a developing country context [J]. Journal of business ethics, 2007, 72 (3): 243—262.

[17] JAWAHAR I, MCLAUGHLIN G. Toward a descriptive stakeholder theory: an organizational life cycle approach [J]. Academy of management review, 2001, 26 (3): 397—414.

[18] LANIS R, RICHARDSON G. Is corporate social responsibility performance associated with tax avoidance? [J]. Journal of business ethics, 2015, 127: 439—457.

[19] OSUJI ONYEKA K, OBIBUAKU UGOCHUKWU L. Rights and corporate social responsibility: competing or complementary approaches to poverty reduction and socioeconomic rights? [J]. Journal of business ethics, 2016, 136 (2): 329—347.

[20] SWANSON D L. Addressing a theoretical problem by reorienting the

corporate social performance model [J]. Academy of management review, 1995 (1): 43-65.
[21] ZHANG R, REZAEE Z, ZHU J. Corporate philanthropic disaster response and ownership type: evidence from chinese firms' response to the sichuan earthquake [J]. Journal of business ethics, 2010 (1): 51-63.
[22] 陈德球，刘经纬，董志勇. 社会破产成本、企业债务违约与信贷资金配置效率 [J]. 金融研究，2013 (11): 68-81.
[23] 陈冬，孔墨奇，王红建. 投我以桃，报之以李：经济周期与国企避税 [J]. 管理世界，2016 (5): 46-63.
[24] 陈冬华，陈富生，沈永建，等. 高管继任、职工薪酬与隐性契约——基于中国上市公司的经验证据 [J]. 经济研究，2011 (s2): 100-111.
[25] 贾明，张喆. 高管的政治关联影响公司慈善行为吗? [J]. 管理世界，2010 (4): 99-113.
[26] 鲁品越. 资本与现代性的生成 [J]. 中国社会科学，2005 (3): 59-69.
[27] 罗党论，黄琼宇. 民营企业的政治关系与企业价值 [J]. 管理科学，2008，21 (6): 21-28.
[28] 罗党论，唐清泉. 政治关系、社会资本与政策资源获取：来自中国上市公司的经验证据 [J]. 世界经济，2009 (7): 84-96.
[29] 潘红波，夏新平，余明桂. 政府干预、政治关联与地方国有企业并购 [J]. 经济研究，2008 (4): 41-52.
[30] 潘奇，朱一鸣，郑秀田. 中央企业捐赠两难困境制度纾解的准自然实验研究 [J]. 管理学报，2019，16 (11): 1685-1693.
[31] 潘越，戴亦一，李财喜. 政治关联与财务困境公司的政府补助——来自中国 ST 公司的经验证据 [J]. 南开管理评论，2009 (5): 6-17.
[32] 钱爱民，朱大鹏. 企业财务状况质量与社会责任动机：基于信号传递理论的分析 [J]. 财务研究，2017 (3): 3-13.
[33] 权小锋，吴世农，尹洪英. 企业社会责任与股价崩盘风险："价值利器"或"自利工具"? [J]. 经济研究，2015，50 (11): 49-64.
[34] 山立威，甘犁，郑涛. 公司捐款与经济动机：汶川地震后中国上市公司捐款的实证研究 [J]. 经济研究，2008 (11): 51-61.
[35] 商文成. 第三次分配：一个日益凸显的课题 [J]. 兰州学刊，2004 (4): 208-209.

［36］沈洪涛. 公司特征与公司社会责任信息披露——来自我国上市公司的经验证据［J］. 会计研究，2007（3）：9—16.

［37］沈洪涛，沈艺峰. 公司社会责任思想起源与演变［M］. 上海：上海人民出版社，2007.

［38］沈艳，蔡剑. 企业社会责任意识与企业融资关系研究［J］. 金融研究，2009（12）：127—136.

［39］孙铮，刘凤委，李增泉. 市场化程度、政府干预与企业债务期限结构——来自我国上市公司的经验证据［J］. 经济研究，2005（5）：52—63.

［40］唐伟，李晓琼. 抑制还是促进——民营企业的社会责任表现与税收规避关系研究［J］. 科学决策，2015（10）：51—65.

［41］田志龙，贺远琼，高海涛. 中国企业非市场策略与行为研究——对海尔、中国宝洁、新希望的案例研究［J］. 中国工业经济，2005（9）：82—90.

［42］汪辉. 上市公司债务融资、公司治理与市场价值［J］. 经济研究，2003（8）：28—35.

［43］王红建，李青原，邢斐. 金融危机、政府补贴与盈余操纵——来自中国上市公司的经验证据［J］. 管理世界，2014（7）：157—167.

［44］王雄元，欧阳才越，史震阳. 股权质押、控制权转移风险与税收规避［J］. 经济研究，2018，53（1）：138—152.

［45］卫武，李克克. 基于政府角色转换的企业政策性资源、策略与绩效之间的相互影响［J］. 管理科学学报，2009，12（2）：31—43.

［46］吴联生. 国有股权、税收优惠与公司税负［J］. 经济研究，2009，44（10）：109—120.

［47］吴先明，张玉梅. 国有企业的海外并购是否创造了价值：基于PSM和DID方法的实证检验［J］. 世界经济研究，2019（5）：80—91.

［48］肖红军，阳镇. 中国企业社会责任40年：历史演进、逻辑演化与未来展望［J］. 经济学家，2018（11）：22—31.

［49］肖红军，张哲. 企业社会责任寻租行为研究［J］. 经济管理，2016，38（2）：178—188.

［50］肖红军，郑若娟，铉率. 企业社会责任信息披露的资本成本效应［J］. 经济与管理研究，2015，36（3）：136—144.

［51］薛安伟. 跨国并购提高企业绩效了吗——基于中国上市公司的实证分析［J］. 经济学家，2017（6）：88—95.

[52] 杨宜勇，吴香雪. 中国扶贫问题的过去、现在和未来 [J]. 中国人口科学，2016（5）：2－12.

[53] 余明桂，潘红波. 政治关系、制度环境与民营企业银行贷款 [J]. 管理世界，2008（8）：9－21.

[54] 张建君. 竞争—承诺—服从：中国企业慈善捐款的动机 [J]. 管理世界，2013（9）：118－129.

[55] 张建君，张志学. 中国民营企业家的政治战略 [J]. 管理世界，2005（7）：94－105.

[56] 张敏，马黎珺，张雯. 企业慈善捐赠的政企纽带效应——基于我国上市公司的经验证据 [J]. 管理世界，2013（7）：163－171.

[57] 张玉明，邢超. 企业参与产业精准扶贫投入绩效转化效果及机制分析——来自中国 A 股市场的经验证据 [J]. 商业研究，2019（5）：109－120.

[58] 赵人伟，李实. 中国居民收入差距的扩大及其原因 [J]. 经济研究，1997（9）：19－28.

[59] 钟宏武. 企业捐赠作用的综合解析 [J]. 中国工业经济，2007（2）：77－85.

[60] 周黎安，陈烨. 中国农村税费改革的政策效果：基于双重差分模型的估计 [J]. 经济研究，2005（8）：44－53.

[61] 周黎安，陶婧. 政府规模、市场化与地区腐败问题研究 [J]. 经济研究，2009（1）：57－69.

[62] 邹萍. "言行一致"还是"投桃报李"？——企业社会责任信息披露与实际税负 [J]. 经济管理，2018，40（3）：159－177.

后　记

　　不惑之年，在精力和创作方面已错过人生高峰期，但还是通过坚持不懈的努力完成了本书的写作。这本书是我对一系列问题的思考和研究的结晶，旨在为读者提供深入的研究和全面的视角。完结时，心情五味杂陈，回想起写作时期的艰辛，以及那些刻骨铭心的点滴，已经没有言语能准确表达对一些人和一些事的感激之情。他们是我写作旅程中重要的支持者和引导者。

　　首先，最应该感谢的是我的恩师程宏伟教授。他在学术上严谨、规范的作风深深形塑了我对学术的认知，他那善治善能的治学理念、广博深厚的学术功底以及明德惟馨的道德品质成为我一生追求的标杆。老师从来都是不厌其烦地指导我的写作，总是给出点睛之笔的建议，这些建议也总是能够直击内容的深层逻辑，使我茅塞顿开，这对论文框架的搭建、写作思想的启发大有裨益。思想、学识、作风、品行等，在老师身上所学受用终生。

　　其次，我要感谢我的家人。感谢你们对我的理解、支持和鼓励。你们始终坚定地支持我的学术梦想，给予我无私的关爱和支持。在我研究过程中遇到困难和挫折时，你们从未离开我的身边，总是给予我鼓励和安慰。你们的信任和支持是我前进的动力，也是我坚守初心的力量。

　　最后，我还要感谢所有帮助和支持我的朋友们。他们与我分享着快乐、担忧。感谢他们在我需要帮助时提供建议和鼓励，为我的研究提供了宝贵的意见和建议。他们的帮助和支持使我更加勇敢直面困难，并始终相信自己能够克服一切难题。

　　至此，所有的感激之情无法尽露于纸面，只能用更努力、更积极的学习和工作态度来回馈他们的关怀和期望。只要路是对的，就不怕远，希望未来的生活、学术之路常与他们为伴。